大展好書　好書大展
品嘗好書　冠群可期

大展好書　好書大展
品嘗好書　冠群可期

少林功夫 ⑮

少林十大武藝

吳景川　主編

大展出版社有限公司

少林虎鷹八卦五兵器

十六般武揚吾魂寶

探源求本源

嵩山少林寺　惠善

一九九七年九月十九日

武術門心源

道在深本

少林寺 釋德虔

一九九八年有九日

主編簡介

>>

　　吳景川，係山東省臨沂市羅莊區盛莊鎮吳白莊村人，現在羅莊區委機關工作。

　　吳景川自幼習武，精心研練，遵循能者為師，堅持尺有所短，寸有所長，凡學者如饑似渴。多次擔任臨沂地市武術教練員、武術競賽總裁判長，省級武術比賽裁判員及國際傳統武術比賽裁判員，並借經常參加裁判工作之機，虛心求教，不恥下問，涉足多門拳學。曾受到許多老拳師的精心指導，受益匪淺。

　　吳景川從事武術教學三十餘年，培養了大批武術人才，部分學生曾在全國、省、市各級武術比賽中多次獲得冠軍。現為國家武術一級裁判員，曾任臨沂武術協會副主席兼秘書長、臨沂少林拳研究會會長等職。

5

本書編輯委員會

顧　問：吳樹美　　張西房　　汲振章

主　編：吳景川

副主編：李希憲　　何敬東　　李希恩　　吳彥軍
　　　　丁麒麟　　王崇法　　王振中　　田玉寶
　　　　付秀學　　朱　濤　　邢宗新　　孫蘭欣
　　　　吳景魁　　趙向東　　胡曉林　　聶慶奎

編　委：（按姓氏筆畫為序）
　　　　王洪磊　　王洪濤　　王彥策　　王振軍
　　　　王連坤　　王海龍　　王樹森　　伊廣茂
　　　　李昌厚　　李信厚　　李傳厚　　吳建友
　　　　吳　璇　　吳　豪　　吳　瓊　　姜良辰
　　　　孫勝軍　　孫富勇　　孫　毅　　夏傳彬
　　　　夏傳運　　張洪波　　張紹沈　　焦淑明
　　　　董鳳杰　　楊　軍　　趙占太　　趙建榮
　　　　劉勝全　　顏　強　　魏化璽　　魏修東

編者的話

>>>

中國武術歷史悠久，源遠流長。

少林器械是少林武術拳系中的重要組成部分，具有鮮明的少林武術特點，是當今中華武壇上鮮艷奪目的奇葩。

十大少林武藝是少林武術器械中的一部分，其風格獨特、樸實無華，具有實際鍛鍊價值。此書是山東省臨沂少林拳研究會繼出版《中國十路少林鎮山拳》之後的又一研究成果。為了繼承和發揚少林武術，滿足廣大武術愛好者的迫切需要，我們將陸續挖掘、整理出版一批主要流傳於魯、蘇、豫、皖一帶的傳統套路，供廣大武術愛好者參考。

本書整理的十路少林器械是與十路少林鎮山拳配練的傳統套路，並配以詳細的文字說明和圖解，通俗易懂，利於學練。

本人習武日淺，在整理匯編中，有疏漏和不足之處，敬請武術行家教正。

感謝少林寺首座僧釋素喜大和尚和釋德虔大師為本書提辭，感謝朱信勇、李瑞卿、何曉輝、顧茂森等同志為本書攝影和繪製插圖。

8

目　錄

>>

一、概　述 ……………………………………………… 11

二、十大武藝 …………………………………………… 15

　（一）單　刀 …………………………………… 15

　（二）雙　刀 …………………………………… 52

　（三）三節棍 …………………………………… 105

　（四）四門鞭 …………………………………… 145

　（五）五虎槍 …………………………………… 202

　（六）六合棍 …………………………………… 287

　（七）七星劍 …………………………………… 329

　（八）八掛叉 …………………………………… 362

　（九）九耳連環鑱 ……………………………… 397

　（十）大　刀 …………………………………… 430

三、練功步驟、方法、要求及注意事項 …… 474

一、概　述

少林武術源出少林寺，因寺而得名，是我國武術拳系中最著名的流派之一，其歷史悠久，源流深遠，拳、械紛繁，別具一格，深受武術界志士的喜愛。

少林器械是少林武術中的一部分，它是人類社會發展到一定階段的產物，並隨著人類社會的發展不斷豐富其內容。

遠古時期人類利用木棒和石製的刮削器、砍砸器、尖狀器來維護生存，並在集體勞動過程中發展了簡單武器的攻防格鬥技能。這些簡單的攻防格鬥技能則是武術長、短器械使用的萌芽，這些粗糙的生產勞動工具，則是武術器械的「雛型」。

由於部落之間經常發生的戰爭的需要，最早發明了「五兵」，即：戈、殳、戟、酋矛、夷矛；「五刃」，即：刀、劍、矛、戟、矢。

隨著社會的進步，人們在長期的實踐中，根據各式器械的技擊特點和使用方法，逐步發展成為較為規範的、具有代表性的九種長器械和九種短器械，合稱「十八般兵器」，九種長器械是：槍、棍、戟、叉、鐺、鉞、鈎、槊、環（大刀）；九種短器械是：刀、劍、斧、鐧、鞭、拐、錘、棒、杵。而後隨著兵器的演化和種類的增多，「十八般兵器」即

泛指多種武藝，在各個時期有著不同的說法。

少林武技明顯於世，始於隋末唐初，因十三棍僧參與了討伐王士充的戰役，並打敗王士充，活捉王仁則，為唐王朝的統一天下立下汗馬功勞，受到了李世民的嘉獎，因而名聲大震，四方武林好手雲集，相互交流促進，在拳法、兵仗、功法等各方面都有了長足的發展和雄厚的基礎，後來自成體系，逐漸發展成為少林武術。

少林器械的發展和拳法、功法相輔相承，是僧民結合的產物，其中具代表性的有曇宗、福居、覺遠上人、趙匡胤、俞大猷、白玉峰、李叟等。特別是宋初的福居禪師，曾邀請十八家著名武術家到寺傳技三年，不但傳授了各種拳法，而且傳授了不少器械的使用方法，後經匯集取捨，得到進一步流傳。在歷朝歷代中，有不少武僧在出家前就精通武術，有的慕名而來，有的迫於生計，有的迫於官逼，有的看破紅塵，紛紛投奔到少林寺，削髮為僧。

少林寺倡導眾僧習武，積極鼓勵武僧出山四方訪師求藝，虛心學習各地武林高手之精華，回寺後再把學到的武技授於眾僧，這對少林武術常盛不衰，做出了極大的貢獻。少林寺已成為武林的集散地，僧民廣泛交流武藝，取長補短，推動了少林武術的發展。現存少林寺白衣殿內的壁畫，就生動地表現了當時少林和尚練拳習武的場景。

總之，少林器械的發展不是孤立的，也並非一人所創，它凝結了千百萬僧眾及民間諸家的智慧和心血，隨著歷史的變遷、發展，不斷充實，逐漸自成一體。

目前，在魯南、蘇北一帶流傳的少林器械套路比較多，有十路少林單刀、雪片刀、梅花刀、滾膛刀；少林雙刀、梅

花雙刀、六合雙刀；攔門厥、手梢子棍、大梢子棍、大二節棍、三節棍；四門鞭、梅花鞭；少林槍、五虎斷門槍、六合槍、四門槍、花槍；少林棍、風魔棍、六合棍、五虎群羊棍、行者棍；少林劍、七星劍、提袍劍；月牙鏟、少林馬叉、樸刀、大刀等器械。

其中，隨少林十路鎮山拳配練的器械有五長、五短，合列為少林十大器械，為：一路單刀、二路雙刀、三路三節棍、四路四門鞭、五路五虎槍、六路六合棍、七路七星劍、八路八掛叉、九路九耳連環鏟、十路大刀等。這是清末民初武術名家楊秀山（少林拳二十八世）在沂州（臨沂舊稱）國術館傳授的，後又在臨（沂）、郯（城）、蒼（山）、棗（莊），以及蘇北等地鄉村廣為授徒，又由弟子宋德聚、張如松、何秀奎、吳樹美、郭慶方、楊寶德、沙運金、張西房、于化龍、徐敏武、伊寶友等老拳師再傳至今。

13

少林十大武藝

14

二、十大武藝

>>>

（一）單　刀

1.器械構造

單刀的構造大體包括刀身和刀把兩部分，刀身包括刀尖、刀刃、刀背；刀把包括刀盤、刀柄、刀首、刀彩。（見下圖）

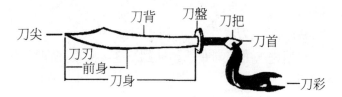

2.基本動作

（1）纏　頭

刀尖下垂，刀背沿左肩貼背過右肩，頭部正直。

（2）裹　腦

刀尖下垂，刀背沿右肩貼背繞過左肩，頭部正直。

（3）劈　刀

刀由上向下為劈，力達刀刃，臂與刀成一直線。掄臂刀沿身體右側或左側掄一立圓；後掄劈要求與轉體協調一致。

（4）砍　刀

刀向右下方或左下方斜劈為砍。

（5）截　刀

刀刃斜向上或斜向下為截，力達刀刃前部。

（6）撩　刀

刀刃由下向前上為撩，力達刀刃前部。

（7）掛　刀

刀尖由前向上、向後或向下、向右為掛，力達刀背前部。上掛向上、向後貼身掛出；下掛向下、向後貼身掛出；掄掛貼身立圓掛一周。

（8）扎　刀

刀刃朝下、朝上或朝左，刀尖向前直刺為扎，力達刀尖，臂與刀成一條直線。

（9）抹　刀

刀刃朝左，由前向左弧形抽回為抹，高度在胸腹之間，刀達刀刃。

（10）斬　刀

刀刃朝左（右），向左（右）橫砍，高度在頭與肩之間，刀達刀刃，臂伸直。

（11）掃　刀

刀刃朝左（右）、向左（右）橫砍，與踝關節同高為掃，力達刀刃。旋轉掃刀要求旋轉一周或一周以上。

（12）雲　刀

刀在頭頂或頭前上方平圓繞環為雲。雲刀時頭要後仰或向左肩側倒。

（13）崩　刀

沉腕，刀尖猛向前上崩，力達刀尖。

（14）點　刀

提腕，刀尖猛向前下點，力達刀尖。

（15）挑　刀

刀背由下向上挑，力達刀尖。臂與刀成一條直線。

（16）按　刀

左手附於刀背或左腕，刀刃朝下，向下平按。

（17）格　刀

刀尖朝下，刀刃朝外，向左、右擺動格檔為格刀。

（18）藏　刀

刀身橫平藏於左腰後為攔腰藏刀；刀身堅直藏於左臂為立藏刀；刀身平直藏於右髖側為平藏刀。

（19）背　刀

右臂上舉，刀背貼靠右臂和後背右側為背後背刀；右臂側平舉，刀背順貼於右臂為肩背刀。

（20）推　刀

刀尖朝下，刀刃朝前，左手附於刀背前部向前推出為立推刀。刀尖朝左為平推刀。

（21）錯　刀

手心朝上，刀刃朝前，刀尖朝右前方，平向後稍壓再向前推出。

（22）架　刀

刀刃朝上，由下橫向上為架，刀高於頭，力達刀身，手心朝裡或朝外。

（23）分　刀

刀尖朝左，左手附於右腕右刀背，兩手由上向左右分開。

（24）帶　刀

刀尖朝前，刀刃朝左，由前向側後抽回為帶刀。

（25）抱　刀

刀柄朝前，兩手相交，刀背貼於左臂，向前平舉為平抱刀。

（26）捧　刀

刀尖朝前，刀刃朝上，將刀平捧於胸前。

（27）背　花

以腕為軸，刀在身前、身後向下貼身立圓繞環，刃背分明，刀和腰部轉動協調一致。

（28）剪腕花

以腕為軸，刀在臂兩側向前下貼身立圓繞環，刃背分明。

（29）撩腕花

以腕為軸，刀在臂兩側向前上貼身立圓繞環，刃背分明。

3. 風格及特點

單刀是歷代重要兵器之一，它流傳廣，實用性強，在諸般兵器中被譽為「百兵之君」，在武術器械中屬短器械。

少林單刀與其他各家刀法基本相同，主要是纏頭裹腦動作，加上劈、砍、撩、掛，扎、斬、掃、架，點、雲、抹、截，崩、錯、分、壓，推、抱、托、帶以及腕花、背花、藏刀等刀法組成的套路練習。

劈刀、砍刀是刀的主要方法，演練單刀時要明確刀為一面刃，利於劈砍和「刀術尚猛」的技法要求，注意不持刀的閑手與身法的密切配合。拳諺云「單刀看手」，主要講的是不持刀的手與刀法、身法的配合要協調一致，這樣才能做到手與刀合，刀與身合，步隨勢變，身械協調，才能充分發揮刀的威力，使動作做得和諧、穩健、有力。

單刀的主要特點是：勇猛、快速、氣勢剽悍。演練起來要突出一個「猛」字，突出一個「快」字，但要注意刀法清晰，要剛勁有力，氣勢逼人，迅疾如風，給人一種氣勢威猛，所向披靡的感覺和凜然的氣概。拳諺云「刀如猛虎」，就說明了刀的基本特點。

4. 重點提要

單刀由謝步挎虎、猛虎抱頭、夜叉探海等動作開勢，全套短小精悍，是快攻急進的路子，要突出一個「猛」字。初接觸刀術有一定的難度，特別是疊刀撲腿、背刀旋風腳、雲刀裹腦、三環套月、鳳凰旋窩、行步帶刀、解懷跳踢、掄背滾身等動作，勢與勢之間要銜接好，要快而不亂，刀法清晰，有的動作需要單練、多練才能配合好。

如：行步帶刀，就需要先把行步走好；攔刀滾身，就要先把滾身練好。平時，要多練習結合其他刀法的纏頭、裹腦動作。

5. 套路歌訣

　　上步按掌抱刀勢，仙人指路掌推前；
　　謝步挎虎寒雞步，猛虎抱頭橫腰攔；
　　披身裏腦合刀勢，夜叉探海側身懸；
　　回身撩袍踩子腳，側身拽帶回頭觀；
　　鷂子翻身掛刀勢，刀劈頑石勢蹬山；
　　仆腿按窩先疊刀，進身竄刀坐山攔；
　　寒雞尋食藏刀勢，疊刀背刀腳橫旋；
　　縮身觀陣攔腰斬，坐山截刀速下攔；
　　黃鷹撲雀提攔勢，老鴉登枝繞頭纏；
　　流星趕月三雲進，推碑藏刀虎蹬山；
　　三環套月連行勢，鳳凰旋窩體速旋；
　　燕子鑽天倒身刺，順水推舟側推攔；
　　勒馬坐山順勢劈，縮身斷蛇急下斬；
　　大莽翻身仆步劈，懷中抱月歇步連；
　　進身錯脖斜展勢，行步帶刀走連環；
　　撥草尋蛇急回頭，金龍探爪身跳旋；
　　雁落丘沙歇步按，豹子跳澗掄批點；
　　撩刀解懷先跳踢，單鞭擊石力在前；
　　寒雞抖翎亮刀勢，搶背滾身刀先攔；
　　猛虎甩尾回頭劈，疊刀仆腿換步按；
　　猛虎抱頭攔腰刀，斜身帶刀勢蹬山；
　　挎虎亮掌接刀勢，謝步請示招法完；
　　若問此路名和姓，少林單刀天下傳。

6. 套路圖解

（1）單刀譜

①抱刀勢	⑯黃鷹撲雀	㉛金龍探爪
②仙人指路	⑰老鴉登枝	㉜雁落丘沙
③謝步挎虎	⑱流星趕月	㉝豹子跳澗
④猛虎抱頭	⑲推碑藏刀	㉞撩刀解懷
⑤夜叉探海	⑳三環套月	㉟單鞭擊石
⑥回身撩袍	㉑鳳凰旋窩	㊱寒雞抖翎
⑦側身拽帶	㉒燕子鑽天	㊲搶背滾身
⑧鷂子翻身	㉓順水推舟	㊳猛虎甩尾
⑨力劈頑石	㉔勒馬坐山	㊴仆腿換步
⑩仆腿按窩	㉕縮身斷蛇	㊵猛虎抱頭
⑪進身竄刀	㉖大蟒翻身	㊶斜身帶刀
⑫寒雞尋食	㉗懷中抱月	㊷挎虎抱刀
⑬疊刀旋風腳	㉘上步錯脖	㊸謝步請示
⑭縮身觀陣	㉙行步帶刀	
⑮坐山截刀	㉚撥草尋蛇	

（2）套路圖解

預備勢

兩腳併攏，成立正姿勢，左手握刀盤於臂前側，刀尖向上，刀刃朝前，貼於左胯側；右手掌心自然貼於右胯側，頭正、頸直、兩眼平視。（圖1）

圖1　　　　圖2　　　　圖3　　　　圖4

① 抱刀勢

左腳向前上一步，同時右手向後向上舉起，掌心向前，右腳跟抬起，兩眼目視前方。（圖2）

上動不停，右腳上步成併步，右掌塌腕，掌心向下，經右耳側下按於體側，掌心向下，掌指向前；同時左手上提，左肘微彎，目視前方。（圖3）

【動作要點】：上步按掌要連貫，右掌下按，力在掌根。

② 仙人指路

右手外旋，拇指向上，掌心向左，直臂前抬，然後向上、向後、向下收於右肩前，再直臂立掌前推，掌心向前，掌指向上，拇指內扣，目視前方。（圖4）

【動作要點】：右推掌要先立掌挑起再推，推掌要連貫、成一立圓、同時，上體微左轉。

③ 謝步挎虎

左腿屈膝下蹲，右腳後撤一步，同時，右手掌外旋，掌心向上，高與肩平，目視前方。（圖5）

圖5　　　　　　圖6　　　　　　圖7

23

上動不停，左手抱刀向右前穿出，向上、向左、向下收抱於左腰側；右手在左穿刀的時候順左臂向下、向右，經腹前再向上舉掌抖腕，掌心向前，掌指向左；同時重心後移，左腿屈膝半蹲，左腿後移，屈膝，腳前掌點地，微內扣，頭左擺，目視前方。（圖6）

圖8

【動作要點】：穿刀成虛步抱刀，穿刀時，左右手盡量外撐畫圓，右擺掌和擺頭要一致。

④猛虎抱頭

右腿直立，左腿屈膝抬起，左腳微內扣；同時左手持刀上舉，右手掌扶於刀把。（圖7）

上動不停，身體左轉90度，左腳前落一步，屈膝成左弓步，右腿挺膝蹬直；同時右手接刀，向右、向下、向左橫掃至左腋下時，右手內旋，使刀刃翻轉向外；左手微擺架於頭上方，掌心向上，掌指向右，目視前方。（圖8）

【動作要點】：提膝和舉刀要一致，接刀後，落弓步和攔腰刀要一致，整個動作要連貫。

⑤ **夜叉探海**

身體右轉90度，右手持刀向右，至右後側時，右手外旋上舉至頭左側，下落於左肩上；同時左手扶於刀把。（圖9）

圖9

上動不停，上體再右轉90度，重心右移，右腿支撐、左腿屈膝提起，同時右手持刀先向下拉於左腰側，再斜向下扎出，左手擺掌上架，上體微右前傾，目視前方。（圖10）

【動作要點】：第一次裹腦轉身時要接著拉刀，右扎刀要和左提膝、左擺掌一致，扎刀角度45度。

⑥ **回身撩袍**

圖10

上身左轉體180度，左腳下落屈膝成左弓步，右腳內扣，右腿伸直；同時左手下落隨轉體，經體前左擺，右手不動，目視左手。（圖11）

上動不停，右腳向前上步成右弓步，同時右手刀前撩，刀尖向前，刀刃朝上，高與肩平，左手向上、向後擺於左肩平，掌指朝後，掌心朝左，目視前方。（圖12）

【動作要點】：轉身上步撩刀要在左轉體時，左手先撩

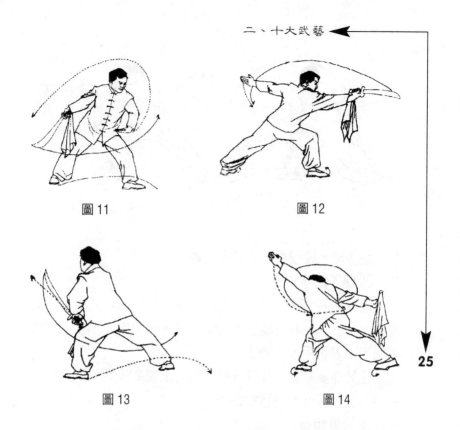

圖11　　　　　　　　　　　圖12

圖13　　　　　　　　　　　圖14

25

再落上步，撩刀時盡量前撩，刀臂要成一直線。另外，轉體左上步，再右上步，也可做成左震腳，再右上步。

　⑦ **側身拽帶**

　　身體左轉180度，成左弓步；同時右手刀向上，隨轉體向前、向下落，刀尖斜向上，左手扶於右手側，目視刀背。（圖13）

　　上動不停，重心後移，左腳抬起後落一步，左腿伸直，腳前掌著地，腳跟抬起；同時右手刀後撩，刀尖向下，刀刃朝後，左手斜上舉，上體微右轉，目視右刀。（圖14）

　【**動作要點**】：轉身插步要連貫，刀隨轉身繞一立圓後

圖 15 　　　　　　　　圖 16

撩，插步時，腰要塌，上體要右轉。

⑧鷂子翻身

翻身轉體180度，兩腳隨轉體碾地，轉成右叉步，同時隨轉體掛刀，停於左腿側，刀尖向後，刀刃朝下，左手扶於右腕，目視右手。（圖15）

【動作要點】：在翻身轉體時，上體要後仰，掛刀時，右手刀要始終保持一臂的距離。

⑨刀劈頑石

上體右轉，右腳上步成右弓步、左腿挺膝伸直；同時右手內旋上舉，隨右轉體掄刀下劈，刀尖向前，刀刃朝下，刀與臂成一直線，高與肩平；左手後擺伸直，高與肩平，掌心向左，掌指朝後，目視前方。（圖16）

【動作要點】：上步掄劈刀要協調一致，左右臂成一直線。

⑩仆腿按窩

右手持刀內旋，使刀尖向下、向臂裡、向上，隨手腕外旋再向下運行，刀尖斜向下。（圖17）

上動不停，右手刀繼續向上運行；同時重心後移左腿支

圖 17

圖 18

圖 19

圖 20

撐，右腿屈膝抬起。（圖 18）

　　上動不停，左腳蹬地屈膝提起，右腳下落支撐，兩手不動。（圖 19）

　　上動不停，右腿屈膝全蹲，左腳前落成仆步，左腳尖微內扣，同時右手下按，左手滑按刀背中段，目視刀背。（圖 20）

　　【動作要點】：本動作由疊刀、跳換步和仆腿按刀組

圖 21

圖 22

成，在疊刀完成的同時要抬左腿，跳換步後接著下落時，按刀和仆步要一致；疊刀本是一個正手花。

⑪ **進身竄刀**

身體上起，左轉90度，重心前移成左弓步；同時右手內旋，斜上舉於面前，刀尖下垂，刀刃朝外，左手背頂扶刀背。（圖21）

上動不停，上體繼續左轉90度，右腳上步，腳內扣，兩腿屈膝成馬步，同時右手刀繼續順左臂向後，經背向右纏頭攔腰至左腋下內旋，使刀刀翻轉向外，左手橫掌架於頭上方，目視右前方。（圖22）

【動作要點】：左轉身時，刀下垂先外撥，接著再轉身、纏頭，成馬步攔腰刀，兩個分解動作要連貫起來，右手內旋刀時要和右擺頭一致。

⑫ **寒雞尋食**

身體上起右轉90度，右腳後落一步，挺膝伸直，左腳內扣，左腿屈膝成左弓步；同時右手刀隨轉體向後平掄，至右後時手腕外旋上提，過頭後落於左肩側，成撤步裹腦刀。

圖 23

圖 24

（圖 23）

　　上動不停，重心後移，右
腿屈膝，左腳後移屈膝成左虛
步；同時右手向體右側後拉
刀，刀尖部貼於右膝外側，左
手立掌前推，目視前方。（圖
24）

　　【動作要點】：這是一個
由馬步轉身，到撤步裹腦刀成

圖 25

虛步藏刀的動作，撤步要和裹腦一致，右揮刀要和轉身一
致，虛步藏刀重心後移的時候，左腳也可以抬一下，再落後
成虛步。

　　⑬疊刀旋風腳

　　身體起立，重心前移，左腳落實，右腳上步屈膝；同時
隨上步右手刀向後，手腕外旋，向上、向前、劈刀再內旋向
下、向裡轉腕，使刀頭斜向下。（圖 25）

　　上動不停，右手刀尖向上，手腕外旋轉刀尖向右下運

圖 26

圖 27

行。（圖 26）

　　上動不停，刀尖向上，手腕內旋再轉向下，插手右腋下；同時重心前移，上體微前傾，左腳腳跟提起，左掌裡合擺於胸前。（圖 27）

　　上動不停，左腳屈膝，抬起，右腳蹬地騰空轉體 360 度，左手攔擊腳掌。（圖 28）

圖 28

　　上動不停，左腳，右腳依次落地，上體微前傾。（圖 29）

　　【動作要點】：以上動作由疊刀、背刀、旋風腳三動組成，不僅每一動要連貫起來，而且，三動都要緊密銜接好，連貫性要強。第一動的疊刀手花前面已學過；第二動背刀時，注意刀向腋下插刀時，上體要隨著前傾，同時右腳上步腳要內扣，左腳同

圖 29

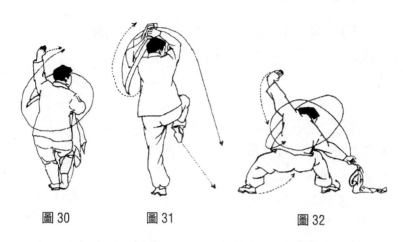

圖30　　　　圖31　　　　　　圖32

時提起腳跟；第三動右腳蹬地和上體的擰轉用力要一致；另外，熟練後，在疊刀右上步時，左腳可加一墊步。

⑭縮身觀陣

上體微左轉，右手抽刀，刀尖向下，向左經背後再向左腋下橫攔刀，至腋下時轉腕，刀刃朝外；同時右腳抬起，貼於左踝處，腳尖點地，左手向左、向上擺架於頭上方，目視右前方。（圖30）

【動作要點】：刀纏頭時，左臂要撐圓，刀背貼左臂向左運行，攔刀和丁步要一致。

⑮坐山截刀

左腿直立支撐，右腿屈膝抬起；右手刀向右平斬，再腕外旋使刀頭下垂，然後貼背向左繞行，過頭停於左肩上，左手扶住刀把，目視右下方。（圖31）

上動不停，左腿屈膝，右腳向右下落步成馬步；同時右手刀左腳外側下按，刀刃向下，刀尖朝前，左手擺架於頭左上方。目視右刀身。（圖32）

【動作要點】：以上動作由提膝裹腦和馬步截刀組成，注意右腳落步時要和下截刀一致。

⑯黃鷹撲雀

身體立起左轉90度，右手刀隨左轉體先纏頭，再向前下攔刀，刀至體前時，右手內旋轉腕，使刀頭上挑，刀刃朝外；同時左腿屈膝上抬，左手扶於右腕處，上體前傾，目視右手。（圖33）

圖33

【動作要點】：左轉身纏頭後，再左下攔刀時要和左提膝一致。

⑰老鴉登枝

上體抬起，左腳前落一步，右手刀纏頭；同時左手擺架於頭左上方。（圖34）

上動不停，重心前移，右腳抬起向前斜上方蹬出，目視前方。（圖35）

圖34

圖35

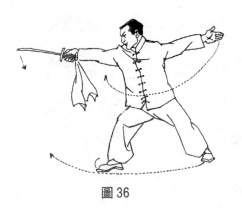

圖 36

圖 37

【動作要點】：纏頭刀要和落步一致，右蹬踢要腳尖上翹。

⑱流星趕月（一）

右腳向前落一步，同時右刀向右前平斬，左手後伸。（圖36）

上動不停，左腳向前上步，上肢右轉，右臂屈肘上抬，左手隨上步擺於胸前，掌心向裡。（圖37）

上動不停，右轉體，同時裹腦。（圖38）

圖 38

流星趕月（二）

身體右轉，右腳隨轉體向前落一步，同時右手刀向右平斬。（圖39）

上動不停，左腳向前上步，上肢右轉，右臂屈

圖 39

肘上抬，左手隨上步擺於胸前，掌心
向裡。（圖40）

上動不停，右轉體，同時裹腦。
（圖41）

流星趕月（三）

身體右轉，右腳隨轉體向前落一
步，同時右手刀右平斬。（圖42）

上動不停，左腳向前上步，腳內
扣，右臂屈肘上抬，左手隨上步擺於
胸前，掌心向裡。（圖43）

圖40

上動不停，右轉體，右腳隨轉體向前落一步，同時裹
腦。（圖44）

【動作要點】：以上動作是三個裹腦雲斬刀，是在一方
向上連續做的三個連續動作，演練時要注意裹腦和轉向要協
調好，勢與勢之間的銜接，一定要注意先雲斬再轉身裹腦速
進。這是一個速進連攻的勢子。

⑲ 推碑藏刀

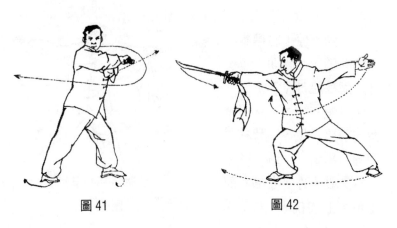

圖41   圖42

圖43 圖44

圖45 圖46

　　身體右轉，重心前移，右腿屈膝，左腿後蹬挺直成右弓步；同時隨轉體右手向下、向後拉刀，刀前內側貼於右膝處，左手立掌前推，目視前方。（圖45）

　　【動作要點】：本勢要接著流星趕月的墊子繼續連做，轉身直接拉成右弓步藏刀勢。

　　⑳三環套月（一）

　　上體微左轉，左腳向左前上步，腳尖外展；同時左手裡合，右手刀繞左臂外向左肩上運行。（圖46）

圖47　　　　　　　圖48　　　　　　　圖49

上動不停，上體繼續左轉，右腳向左前上步，腳尖內扣，同時右手刀纏頭。目視左前方。（圖47）

三環套月（二）

上體繼續左轉，左腳向前上步，腳尖外展。（圖48）

上動不停，右腳向左前上步，腳尖內扣，同時右手刀纏頭。（圖49）

圖50

三環套月（三）

上體繼續左轉，左腳向前上步，腳尖外展。（圖50）

上動不停，右腳向左前上步，腳尖內扣，同時右手刀裹頭。（圖51）

【動作要點】：三環套月是連續三個繞圓行步纏頭刀，三個動作正好走一個圓圈，轉體360度；演練要根據幅度的大小，轉一圈為準；三個動作要一氣呵成。

圖 51

圖 52

㉑ 鳳凰旋窩

上體左轉 90 度，左腳向左前落步，腳尖外展；同時左手向左隨轉體左擺立掌，右手刀順左臂外擺運行到身後，右手屈肘上提，刀尖朝下，刀刃向外。（圖 52）

圖 53

上動不停，身體繼續左轉 270 度，重心前移，左腿支撐，右腳隨轉體裡合上擺，腳掌內扣；同時左手攔擊腳掌；右手拉刀於右體側，目視右腳。（圖 53）

【動作要點】：轉身裡合腿銜接三環套月的第三勢，接其慣性，迅速左擺步，轉體裡合。

㉒ 燕子鑽天

右腿屈膝，右腳下震；左腳向右斜前上一步，上體左側

圖 54

圖 55

傾；右手平刀向斜上扎出，掌心向下；左手貼於胸前，目視刀尖。（圖54）

【動作要點】：右震腳時，要先後拉刀，再隨左上步斜上扎出。上體應側前傾，頭在右臂下，刀、左臂、右體側和右蹬腿要成一斜向直線。

圖 56

㉓順水推舟

上肢立起右後轉體，左腳內扣，左腿挺直支撐；同時右腿屈膝抬起，右手外旋，使刀刃轉向下，拉於體左側，左手按於前刀背。（圖55）

上動不停，身體右轉，右腳向下震腳，左腳向前上一步成左弓步；上體左側傾，兩手將刀向前推出，刀尖朝下，刀刃朝前，右手提刀，左手前掌貼推刀背，目視前方。（圖56）

【動作要點】：此動作應保持重心在左腿，先抬起右

腿，在轉體後右腳再震腳；推刀要
和左上步一致。

⑳ 勒馬坐山

身體右轉，重心右移，左腳內
扣，兩腿屈移成馬步；同時右刀隨
轉體，向上、向右、向下劈刀，刀
尖斜向上，刀刃朝前下；左手擺架
於頭上方，目視右刀。（圖 57）

圖 57

【動作要點】：直接轉馬步成馬步劈刀，右手轉身時就
要用力。

⑳ 縮身斷蛇

重心左移，左腳腳尖貼右踝處點地，後腳跟提起；同時
右手向後、向上舉刀，隨左移向下截刀，刀尖朝前，刀刃斜
朝下，目視右刀。（圖 58）

【動作要點】：右手刀要畫一立圓下劈。

⑳ 大蟒翻身

右腳落地，身體左轉，左腳向前上步；同時左手向右肩
下落，經襠前隨上步前引，右手隨轉體拉刀。（圖 59）

圖 58

圖 59

上動不停，右腳向前擺踢，左腳蹬地，左後轉體；同時右腿前屈，左腿後擺，右手屈肘舉刀，左手隨轉體左擺。（圖60）

上動不停，右腳、左腳依次著地，左腿屈膝全蹲，右腿伸直成右仆步；同時右刀順右腿方向下劈，力點在前段，左手後伸，高於肩，目視刀前部。（圖61）

圖60

【動作要點】：右腳是丁步，先落實再轉體，左上步時，左手先右下落。在向前引手時與右上步要同時跳換步大翻身時，刀要走立圓，仆步要與劈刀一致。

㉗懷中抱月

身體立起，重心左移，右腳抬起向左腿後插，然後屈膝下蹲成歇步；同時右腕外旋，屈肘裡合，拳心向裡拉刀抱於右肩側，左手屈肘裡合，左掌扶於右手背，目視右前方。（圖62）

圖61

圖62

圖 63

圖 64

【動作要點】：插步下蹲成歇步要與拉刀、抱刀一致。

㉘ **上步錯脖**

身體立起右轉，重心右前移，右腳上步屈膝成右弓步，左腿挺膝伸直；同時右手手心向上，平刀向前錯推，刀背斜向右，刀刃斜向前，左手向後平伸，高與肩平，目視前方。（圖 63）

圖 65

【動作要點】：錯刀要斜前推送。

㉙ **行步帶刀**

身體右後轉身，左腿裡合擺腿下落，屈膝；右手刀裡旋，使刀尖向上、向左下落於左肩側，刀尖朝後，刀刃向上；左手隨轉體，臂內旋直臂屈腕，五指捏攏成左勾手，目視左後方。（圖 64）

上動不停，重心前移，右腳前掌扒地抬起。（圖 65）

圖 66

圖 67

上動不停，右腳向前上步，左腳前掌扒地抬起（圖66）。

【動作要點】：行步帶刀走步時腳前掌要扒地，共走六步，不再一一介紹，六步走完時如（圖00）。

圖 68

⑳ 撥草尋蛇

左腳向前上步，腳內扣，右腳跟抬起，同時擺頭微右轉。（圖67）

上動不停，身體右轉，左腿屈膝全蹲，右腿伸直，腳尖內扣成右仆步；同時右手刀隨轉體順右腿方向平掃，刀尖朝右前，刀刃朝後，目視右刀。（圖68）

【動作要點】：要與走行步連起來，第七步不停，直接上步右轉，回身掃斬。

圖 69

圖 70

㉛ 金龍探爪

身體上起左轉，左手裡合，掌心向裡；右手內旋使刀尖朝下，沿左臂外側運行。（圖 69）

上動不停，右腳向前跳步，同時左後轉體 180 度，左腳抬起，向右腳後插落一步；右手刀隨轉體纏頭一周，停於左肩外側，左手扶住右腕。（圖 70）

上動不停，繼續左後轉體 180

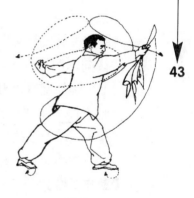

圖 71

43

度，兩腳隨轉體碾地，屈膝成左弓步；同時右手外旋，掌心向上，使刀尖由左翻到右側向前直臂平推，左手後擺直臂成勾手，目視右斜前方。（圖 71）

【動作要點】：此動作是一個上跳換步，轉身成左弓步右推刀，推刀的方向要朝右斜前方，跳轉身時要和纏頭刀協調好。

圖 72

圖 73

㉜雁落丘沙

身體右後轉成交叉步，右手內旋橫刀上舉，左手扶於刀背；然後向兩側分刀，右手的運行路線是向下，經體前向右、向上，腕外旋轉刀刃向上，左手反之。（圖 72）

上動不停，兩腿屈膝下蹲成歇步；同時右手刀繼續向上、向左，這時左手扶刀背，兩手下按，刀刃朝下，刀尖朝左前，上體微前傾，目視刀背。（圖 73）

【動作要點】：右後轉體時，兩手舉刀於頭頂，然後同時分刀；兩手展平後再合刀下按。

㉝豹子跳澗

身體起立，左腳向前上步；同時左手前擺，右手刀向後、向上擺刀轉腕，使刀刃朝後。（圖 74）

上動不停，右腳向前跨一步落地，屈膝半蹲，左腳再向前上一步屈膝成左虛步；同時右手刀從後向前下劈點刀，左手扶於右腕處。（圖 75）

【動作要點】：身體起立時，左腳上一步要和分刀一

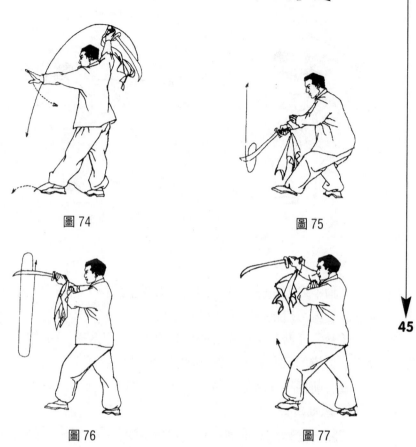

圖 74

圖 75

圖 76

圖 77

45

致，右跨步時，緊接著上左步，重心向下成虛步和點刀一致。

㉞ 撩刀解懷

身體起立，重心前移，右手腕外旋，刀刃轉上，翻腕上撩刀，左手扶於小臂內側。（圖76）

上動不停，右手使刀向左、向下，再向右上運行。（圖77）

圖 78   圖 79

　　上動不停，重心前移，右腿屈膝上抬。（圖 78）

　　上動不停，左腳蹬地，向前上方騰空蹬踢，右刀向上橫架於頭上方，目視左前方。（圖 79）

　　【動作要點】：解懷實際就是撩刀，撩刀時運行路線走橫八字；撩刀只介紹了一個，應該撩兩次，在第二次右上撩時，重心前移，同時抬右腿，左蹬踢要騰空。

　　㉟ 單鞭擊石

　　右腳，左腳依次落地，重心前移，成左弓步，右手刀下落先貼於右胯側，然後再向前直臂扎出，刀高與肩平，左手立掌扶於右臂內側，目視前方。（圖 80）

　　【動作要點】：弓步扎刀要隨重心前移成弓步時扎出，力在刀尖。

　　㊱ 寒雞抖翎

　　身體右轉，左腳腳尖貼近右踝處點地，腳跟抬起；同時右手刀向下，隨右轉體向右，再向上擺架於頭上方，左手後擺成勾手，目視左側。（圖 81）

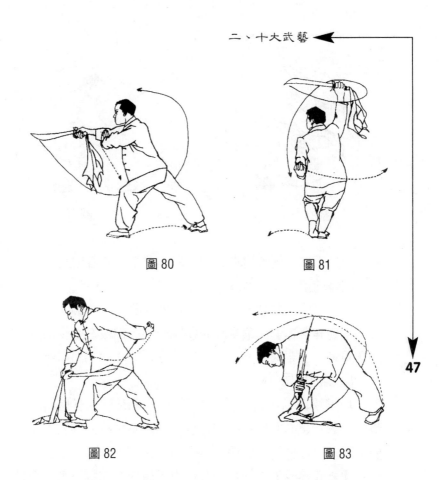

圖80　　　　　　　　圖81

圖82　　　　　　　　　圖83

47

【動作要點】：轉體和丁步，右擺刀和左勾手都要協調
一致。

㉟搶背滾身

　　身體左轉，左腳向前上步，右刀從右上隨轉體向左下橫
攔，至左側時，手腕內旋轉刀使刀刃朝外，同時左勾手隨轉
體擺到身後。（圖82）

　　上動不停，右腳向前上一步，彎腰低頭，左腳跟抬起。
（圖83）

圖 84

圖 85

48

上動不停，兩腳用力蹬地，右肩著地，依次由肩、背、臀部團身前滾。（圖 84）

上動不停，右腳、左腳借慣性依次著地。（圖 85）

【動作要點】：滾身前先要攔一刀，然後右上步滾身，注意團身，不要滾斜方向，滾的速度要快才能容易起身。

㊳ 猛虎甩尾

身體快速右後轉，重心左移，左腳內扣，左腿屈膝全蹲，右腳抬起向右伸直成右仆步；同時右手持刀向右下反臂掄劈，左手後伸，高於肩，目視刀尖。（圖 86）

【動作要點】：抬右腳右仲也可做成：右腳不動，左腳向前上步，再轉體成右仆步。

㊴ 仆腿換步

身體起立，左腿支撐，右腿屈膝抬起，同時右手持刀使刀頭轉向下。（圖 87）

上動不停，身體右轉，右腳下落，左腳抬起，同時右手持刀使刀尖向左、向上，隨腕外轉。（圖 88）

上動不停，身體微右轉，右腿屈膝下蹲，左腳向左前仆步伸直；同時向右上、向左轉，左手扶於刀背，仆步下按，

圖86

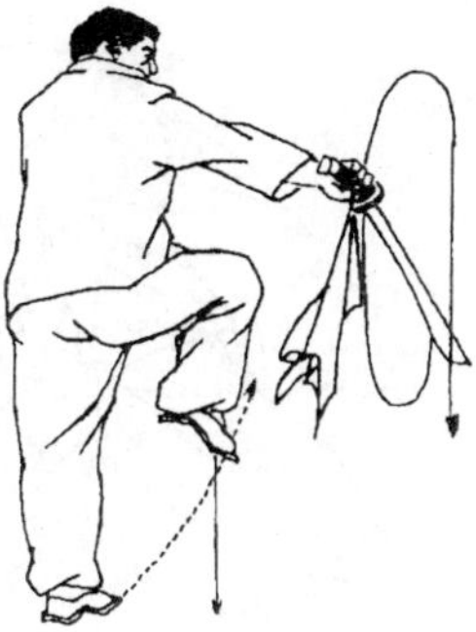

圖87

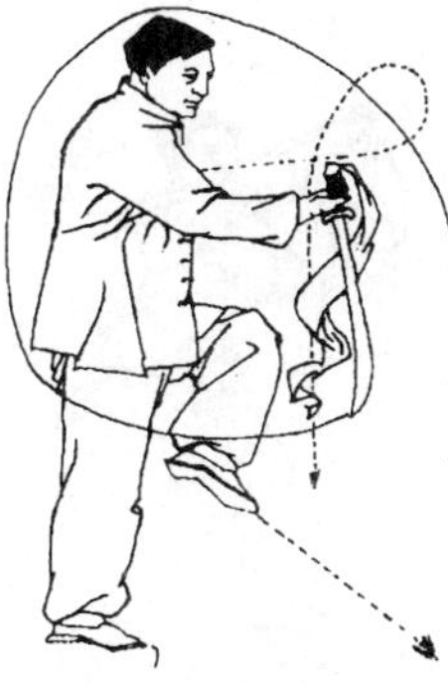

圖88

圖89

49

目視刀身。（圖89）

【動作要點】：前一個動作是翻身右仆腿劈刀，仆步按窩是手刀花跳換步成左仆腿按刀；左手花時抬右腿、右手花時跳換步，然後下按。

⑩猛虎抱頭

重心前移成左弓步，右手持刀纏頭，至左腋下腕內旋，

圖 90

圖 91

轉刀刃朝外，左手擺架於頭上方，目視前方。（圖 90）

【動作要點】：刀要先纏頭後攔掃，纏頭時先繞左臂外側。

㊶斜身帶刀

身體左轉，重心左移成左弓步；同時右手持刀裹腦右帶，刀背貼落左臂，刀刃向上，刀尖朝左下；左手扶於右腕處，目視左側方。（圖 91）

圖 92

【動作要點】：邊裹腦邊轉體，右帶刀與右弓步一致。

㊷挎虎抱刀

左手接刀後微左轉一下，右手右前斜伸，這時左手再抱刀向右斜上穿，同時右手順左臂下滑至腋下。（圖 92）

上動不停，身體微左轉，右腳內扣，右腿屈膝半蹲，左腳抬起前移到右腳前，左腿屈膝，左腳腳前掌著地；同時左

圖93　　　　　　　　圖94　　　　　　　　圖95

手持刀下落收抱於左腰側，右手向下、向
右、向上擺架於頭右側上方，目視左側。
（圖93）

　　【動作要點】：穿刀時上體先活一下再
穿，右擺手、擺頭要和虛步一致。

　　㊵謝步請示

　　左腳向後退一步，左手握刀盤前穿，同
時右手向前落後順左臂下滑。（圖94）

　　上動不停，重心後移，右腳退一步與左
腳併攏；同時左手持刀向右、向下、向左收
抱於腰側，右手向右、向上擺於頭上方，掌心斜向上，目視
前方。（圖95）

圖96

　　【動作要點】：謝步請示穿刀雲手要掄圓。

　　收　勢

　　左手收式持刀落於左胯側，右手下落於右胯側。（圖
96）

（二）雙　刀

1. 器械構造

雙刀與單刀的構造、名稱相同，只是雙刀一般裝入一個刀鞘，因此刀盤、刀柄、刀首部分皆為半圓形。（見下圖）

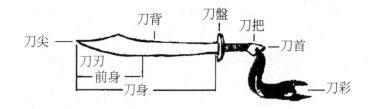

2. 基本動作

雙刀的基本刀法較多，但許多方法與單刀近似，習練時可參考單刀的基本刀法，這裡只介紹由雙手變化出的雙刀的特有刀法。

（1）雙腕花

以腕為軸，兩臂外旋，使刀尖貼臂繞一立圓。

（2）左右纏頭裹腦

刀尖下垂，右、左（左、右）刀背依次沿左（右）肩貼背繞過右（左）肩，頭部正直。

（3）左右繞背纏脖

刀尖下垂，右、左（左、右）刀背依次沿左（右）肩貼背繞過右（左）肩後，繼續向下、向左（右）運行，至左

（右）胸部，貼左（右）頸上提繞纏，頭部正直。

（4）左右掄劈刀

刀由上向下，依次沿身體左、右側掄一立圓，力達刀刃，左右掄劈時要與身步協調一致。

（5）左右剪腕刀

兩腕胸前相絞，以腕為軸，使刀依次在臂兩側向前下貼身立圓繞環，刃背分明。

（6）左右撩腕刀

兩腕胸前相絞，以腕為軸，使刀依次在臂兩側向前上貼身立圓繞環，刃背分明。

（7）左右提撩刀

兩腕胸前相絞，以腕為軸，使刀同時在臂兩側向前上貼身立圓繞環，刃背分明。

（8）左右換花背刀

以腕為軸，刀依次在身前、背後向下貼身立圓繞環，刃背分明，刀和腰部轉動協調一致。

（9）地趟刀花（見圖解）

（10）挾刀旋風腳（見圖解）

3.風格特點

雙刀是雙器械的一種，在用法上近似於單刀，在武術器械中屬短器械。主要是以劈、斬、撩、絞，按、架、雲、掃、截、點、崩、挑等刀法，結合雙手左右的纏頭、左右的轉腕，而變化出繞背纏脖、絞腕提撩、絞腕雙撩、挽花背刀、交臂掄刀、地趟刀等動作組成的套路練習，演練時。兩手各持一刀，要求用力均勻，上下相隨，左右配合，攻防合

理，主次分明，強調身法步的協調性。在刀法上，雖和單刀近似，但雙刀的刀花較多，只有左右協調，上下肢配合好，才能揮舞自如，繁而不亂。拳諺云「單刀看手，雙刀看走」著重強調了上下肢配合協調的重要性。

雙刀的特點是：刀法及各種腕花、背花、纏花、繞花等動作較多，旋進旋出，刀法護身，上架下攔，銀光遮體。

4. 重點提要

這是十路器械中唯一的一路雙器械，演練時有一定的難度。首先，演練時兩手要各持一刀，用力均勻，上下相隨，左右配合，這就增加了難度，特別是左手持械練習的機會少，有許多動作左手要單獨熟練後，才能與右手配合；其次是雙手各持一刀，上下肢的配合非常重要，只有上下協調，身械協調，才能突出「雙刀看走」。

演練雙刀前，最好把難度動作練習熟練後，再整套練習，否則，有些動作就成了攔路虎。如：本套路中的雲摩蓋頂、十字雙掄、蝴蝶斗脈、二馬分鬃、金絲纏葫蘆、金犬咬尾、仙人撩衣、鳳擺荷葉、地趟滾刀等動作，都有一定的難度。個別動作還要徒手練習熟練後，再持械練習，如地趟滾刀，就要先會滾，開始往往橫著滾不繞圈，原因就是沒有掌握動作要領，簡捷的方法應該是：先坐在地上，兩腿屈膝，兩腳收於檔前，腳心相對，然後兩手握住同側雙腳的前部，頭微低，躺滾的順序是先向左側倒，著地依次為左腿側部，左肩背部，右肩背部，右腿右側部，到坐起來，等於完成了一個，熟練後可連續繞圓滾轉，開始練習切記先向後倒，那樣容易橫滾。

5. 套路歌訣

上步按掌抱刀勢，仙人指路掌推前；
風捲霹靂朝天踢，龍吟虎嘯分兩邊；
雲摩蓋頂旋左右，橫掃千軍兩刀連；
三環套月連推勢，金龍探爪勢登山；
定海神針入水勢，十字雙掄劈兩邊；
歇步插花分左右，力剁金石歇步連；
白鶴亮翅雙截刀，八寶葫蘆金絲纏；
海底撈月丁步撩，絲纏葫蘆速右旋；
海底撈月右撩勢，十字掄劈接勢連；
雙龍入水蹲步劈，蝴蝶斗脈退連環；
二馬分鬃跟身進，紫燕雙飛接分彈；
夜叉探海倒身扎，活步插花走連環；
白蛇吐信左纏脖，丹鳳朝陽獨腳懸；
金犬咬尾繞身轉，順風擺柳劈架連；
仙人撩衣接藏刀，掄劈扎進轉連環；
雲摩蓋頂指天勢，平地旋風腳橫旋；
大莽翻身雙劈刀，鷂子鑽天前後攔；
風擺荷葉背撩進，鳳凰展翅勢蹬山；
活步插花接旋劈，地趟滾刀妙法玄；
雲摩蓋頂接左勢，燕子雙飛先雲纏；
雙龍合一勢挎虎，謝步請示招法全；
若問此路名和姓，少林雙刀無遮攔。

6. 套路圖解

（1）雙刀譜

①抱刀勢　　　⑰金絲纏葫蘆　　㉝十字掄劈
②仙人指路　　⑱海底撈月　　　㉞蝴蝶斗脈
③風捲霹靂　　⑲金絲纏葫蘆　　㉟白雲蓋頂
④龍吟虎嘯　　⑳海底撈月　　　㊱平地旋風
⑤雲摩蓋頂　　㉑十字掄劈　　　㊲大蟒翻身
⑥雲摩蓋頂　　㉒雙龍入水　　　㊳鷂子鑽天
⑦橫掃千軍　　㉓蝴蝶斗脈　　　㊴風擺荷葉
⑧三環套月　　㉔二馬分鬃　　　㊵鳳凰展翅
⑨金龍探爪　　㉕紫燕雙飛　　　㊶活步插花
⑩定海神針　　㉖夜叉探海　　　㊷地躺滾刀
⑪十字雙掄　　㉗活步插花　　　㊸雲摩蓋頂
⑫歇步插花　　㉘白蛇吐信　　　㊹燕子雙飛
⑬十字雙掄　　㉙丹鳳朝陽　　　㊺虛步挎虎
⑭歇步插花　　㉚金犬咬尾　　　㊻謝步請示
⑮力剁金石　　㉛順風擺柳
⑯白鶴亮翅　　㉜仙人撩衣

（2）套路圖解

預備勢

　　兩腳併攏，成立正姿勢；左手合握刀盤於臂前側，刀尖向上，刀刃朝前，貼於左胯側，右手掌自然貼於右胯側；頭正、頸直、兩眼平視。（圖1）

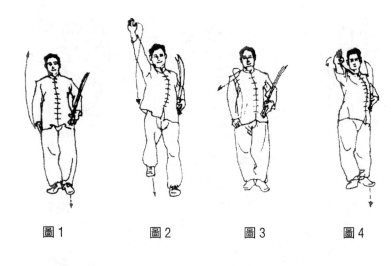

圖1　　　　圖2　　　　圖3　　　　圖4

① 抱刀勢

　　左腳向前上一步，同時右手向後、向上舉起，掌心向前，右腳跟抬起，兩眼目視前方。（圖2）

　　上動不停，右腿上步成併步，右掌塌腕，掌心向下，經右耳側下按於體側，掌心向下，掌指向前；同時左手上提，左肘微彎，目視前方。（圖3）

　　【動作要點】：上步和按掌要連貫，右下按掌，力在掌根。

② 仙人指路

　　右手外旋，虎口朝上，直臂前抬，然後向上、向後、向下收於右肩前，再直臂立掌前推，掌心向前，掌指向上，拇指內扣，目視前方。（圖4）

　　【動作要點】：右推掌要立掌先挑起再推，推時要連貫，運行路線走一立圓，推掌時上體微左轉。

圖5　　　　　　　　圖6　　　　　　　　圖7

③風捲霹靂

左腳抬起向前上一步，同時右掌外旋，掌心轉向上。（圖5）

上動不停，重心前移成左弓步；同時左手持刀前穿，右掌順左臂下滑於左腋下。（圖6）

上動不停，重心前移，左腿支撐，右腳向前上擺踢，腳面崩平；同時右手從左腋下向右、向上、向前下拍擊右腳面，左手抱刀收於左腰側，目視腳面。（圖7）

圖8

【動作要點】：本動作是由上弓步穿刀和右拍腳組成，5、6圖要連貫一致，拍腳要擊響。

④龍吟虎嘯

右腳踢後屈膝收住；同時左手持刀上抬，右手拍擊右腳後上抬扶握刀把。（圖8）

上動不停，右腳向下震腳，右腿屈膝半蹲，左腳抬起向

圖9

圖10

前落步，屈膝成左虛步，左腳前掌虛
點地面；同時兩手分握刀把，向前、
向下、向體兩側拉刀，刀刃勻向下，
刀尖勻朝前，目視左側方。（圖9）

【動作要點】：右腳前踢後，稍
收停一下，待雙手握住刀後再震腳，
虛步、分刀、擺頭要一致起來。

⑤雲摩蓋頂（左）

上體左轉90度，左腳隨轉體向
前上步，屈膝成左弓步，右腳內扣，

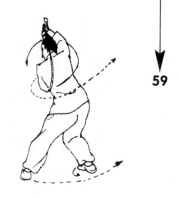

圖11

右腿伸直；同時右手持刀外旋隨轉體向左前橫掃，刀刃朝
左，刀背朝右，左手持刀上提於右腋下。（圖10）

上動不停，右腳向前上步，腳內扣，體左轉，重心右
移；同時右手持刀繼續向左做纏頭繞背，左手持刀向左前平
掃。（圖11）

上動不停，身體左後轉，左腳向左前上步，重心前移，

圖 12

圖 13

右腳內扣，右腿伸直；同時右
手持刀繼續纏頭，屈肘提於背
後，左手持刀裹腦，隨轉體向
左平掃。（圖 12）

上動不停，重心前移成左
弓步，左手持刀上架於頭前上
方，右手持刀向前平攔，至左
腋時腕內旋轉刀刃朝外，目視
右前方。（圖 13）

圖 14

【動作要點】：雲摩蓋頂
是一個右手持刀纏頭，左手持刀裹腦的動作，而且要隨轉體
和腳步移動來進行，有一定的難度，初練時一定要步隨身
轉，身械協調。

⑥雲摩蓋頂（右）

身體右轉，重心前移成右弓步，左手持刀外旋隨轉體向
右前平掃，右手持刀隨轉體。（圖 14）

上動不停，身體右後轉，左腳向前上步，重心左移，左

圖15　　　　　　　圖16　　　　　　　圖17

腿屈膝，右腿伸直；同時左手持刀隨轉體纏頭，停於背後，右手持刀向右平掃。（圖15）

上動不停，身體繼續右後轉，右腳隨轉體向右前上步，屈膝成右弓步，左腳內扣，左腿伸直；同時左手持刀繼續纏頭至左側向右腋下平攔，腕內旋轉刀刃朝外，右手持刀裹腦後擺架於頭右上方，目視左前方。（圖16）

【動作要點】：此動作是一個向右左纏頭，右裹腦勢兩個雲摩蓋頂的左、右勢是指的移動方向，左、右的轉體上步熟練後，都可做成左、右跳步。另外，動作的圖示都是分解動作，演練時要連貫起來，身械一定要協調。

⑦橫掃千軍

身體左轉，重心左移，左腿屈膝成左弓步，右腳內扣，右腿挺膝伸直；同時左手持刀隨轉體向左平掃，至左側後，腕外旋轉拳心向上，使刀從前向上、向後翻平，刀刃朝前，刀尖朝右後；右手持刀向下，腕外旋從右隨轉體向左前攔掃，至左前時，腕內旋，手心向下翻轉，使刀尖朝左，兩刀平行，目視左手。（圖17）

圖 18

圖 19

【動作要點】：兩刀隨轉體掃刀要同時進行，至左側時，兩手翻轉刀也要同時進行。

⑧ 三環套月

身體右轉，重心右移，右腿屈膝成右弓步，左腳內扣，左腿伸直；同時右手持刀向上，隨轉體向右平壓刀，左手持刀隨轉體向上，向右前下壓第二刀，同時右手持刀屈肘收回。（圖 18）

上動不停，左手持刀繼續下壓，右手持刀從左刀上向前平推；同時左手持刀順右臂收於右腋下，重心右移，右腿屈膝支撐，左腳抬起扣於右膝彎處，目視右前方。（圖 19）

【動作要點】：三環套月出左雙擺刀開始，先右轉右壓、左壓、左推組成，第一動沒標圖示；另外雙刀都要繞過頭頂，右推刀要和左扣腿一致起來。

⑨ 金龍探爪

上體左轉，左腳隨轉體向前上步成左弓步，右腳內扣，右腿伸直；同時右手持刀向左、向前平掃。（圖 20）

上動不停，右腳向前跳一步，同時左後轉體，左腳後插

圖 20

圖 21

63

步，腳跟抬起；右手持刀纏頭，左手持刀左移。（圖 21）

上動不停，身體繼續左轉成左弓步，右腳擺腳內扣，右腿伸直；同時右手持刀繼續纏頭橫攔，至左腋下轉腕使刀刃朝外，左手持刀隨轉體裏腦後，向左前推刀，目視左前方。（圖 22）

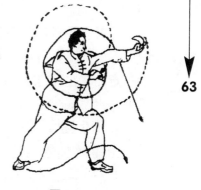

圖 22

【動作要點】：本動作是向左跳插步、右纏頭、左裏腦、轉體後左推刀，注意右刀先攔後，左刀再推，跳插步時刀不要停。

⑩ 定海神針

身體立起，重心前移，左腿支撐，右腳向前上步成高虛步，腳尖虛點地面；同時左手持刀轉腕向下、向右、向上、向左，再裏擺於右腋下，右手持刀在左刀向左運行時向下、向右，隨上步轉體向前下點劈刀，目視右前下方。（圖

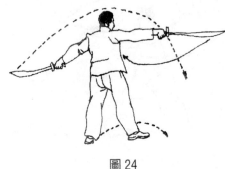

圖 23　　　　　　圖 24

23）

　　【動作要點】：這是一個雙掄劈刀、高虛步點刀，掄劈時左手先走，在左刀向左運行時，右手刀再走。

　　⑪十字雙掄

　　上體微左轉，右手持刀向下、向左、向上、向右前掄劈，左手持刀在右刀向右劈刀時向左下、向上抬起，刀尖朝後。（圖 24）

圖 25

　　上動不停，左腳向右前上步成左高虛步；同時右手持刀繼續向下、向左腋下運行，左手持刀繼續轉腕向上、向前下劈刀。（圖 25）

　　上動不停，上體微右轉再左轉，左手持刀繼續向右前下、向上、向左前劈刀，右手持刀向右後、向上、向前下掄劈刀。（圖 26）

　　上動不停，身體左轉、右腳向前上步成右高虛步；同時

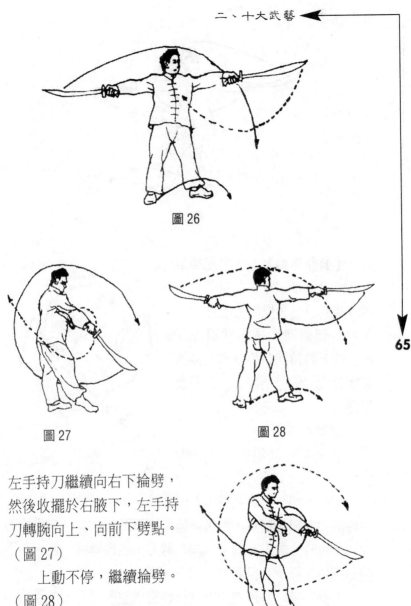

圖 26

圖 27

圖 28

左手持刀繼續向右下掄劈，
然後收擺於右腋下，左手持
刀轉腕向上、向前下劈點。
（圖 27）

　　上動不停，繼續掄劈。
（圖 28）

　　上動不停，繼續左上步
劈點。（圖 29）

圖 29

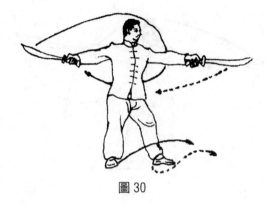

圖 30

【動作要點】：十字雙掄是一個連續上步的左、右掄劈刀，轉體時要自然，劈刀不能停頓，在左右轉體時，後腳腳跟先提起，待上體轉回時再上步；掄劈幅度要大，兩劈要掄圓，接勢要銜接好。

圖 31

⑫歇步插花

繼續向左前掄劈刀。（圖 30）

上動不停，上體左轉，右腳向前上步，腳內扣，左腳隨左轉體向右腿後插步，然後兩腿屈膝下蹲成歇步；右手持刀在右上步時，向上、向下、向左劈刀，然後轉腕上挑，右手持刀擺於右腋下，目視左手刀。（圖 31）

上動不停，身體立起向左後轉體成左前弓步，左手持刀隨轉體向左前掄劈，然後擺提於右腋下；右手持刀隨轉體轉腕向前下劈刀。（圖 32）

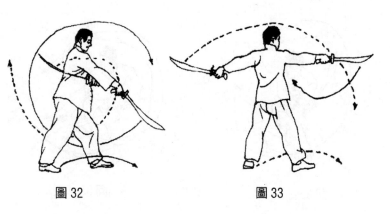

圖 32　　　　　　　　　　圖 33

【動作要點】：在上插步
成歇步後，左手隨轉體向下、
向左拉刀時，右手持刀要先轉
腕向上、向右掄劈，兩刀分開
後，再隨轉體向前劈點刀。

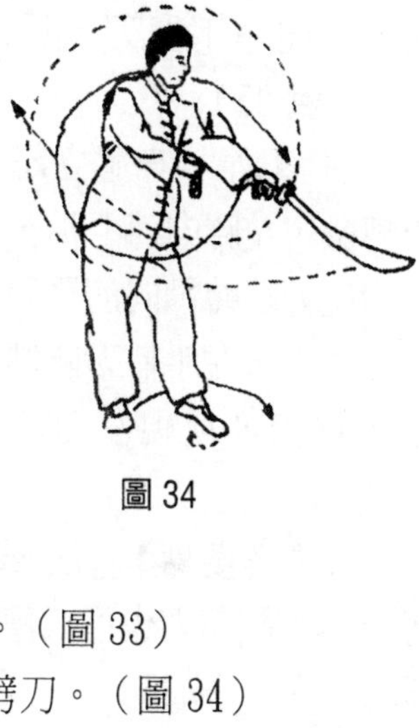

⑬ **十字雙掄**

身體左轉，右腳向右前上
步，右手持刀向下，經左腿外
側向後、向上、向右前劈刀，

圖 34

左手持刀向下、向後、向上提刀。（圖33）

上動不停，右轉體左上步掄劈刀。（圖34）

【動作要點】：要領同前。

⑭ **歇步插花**

身體繼續右轉，左腳向左活步內扣，右腳向左腿後插
步，然後兩腿屈膝下蹲成歇步；在活步的同時左手持刀向
下、向右、向上、向左、再向下、向右，在體前掄一立圓後
擺於右腋下，右手持刀在左刀掄一立圓向下時向下、向右、

67

圖35

圖36

向上、向左下劈刀，目視右
刀。（圖35）

上動不停，身體立起，右
後轉體，左腳向前上步，右手
持刀拉刀隨轉體向前劈刀後擺
於左腋下，左手持刀隨轉體向
前下劈刀。目視左刀前下。
（圖37）

圖37

【動作要點】：上插步成
歇步轉身絞花刀也可成轉身成歇步後，再原地絞花，兩刀分
開後，如（圖36）時，再轉身劈點；上歇步要和雙手絞花
配合好；這是和前面的十字掄劈刀、歇步插花的左右式，要
左右比較那個地方不協調。

⑮ 力剁金石

左手持刀向下、向右後、向上、向前劈刀，右手持刀右
後擺刀，同時上體微右轉再左轉回。（圖38）

上動不停，重心前移，左腿屈膝下蹲，右腿屈膝在左腳

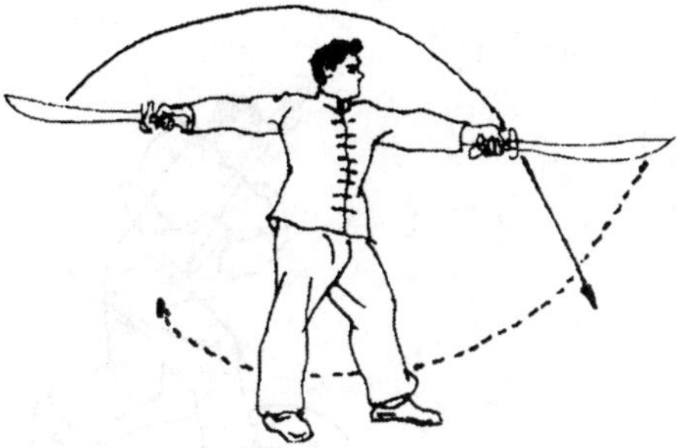

圖 38

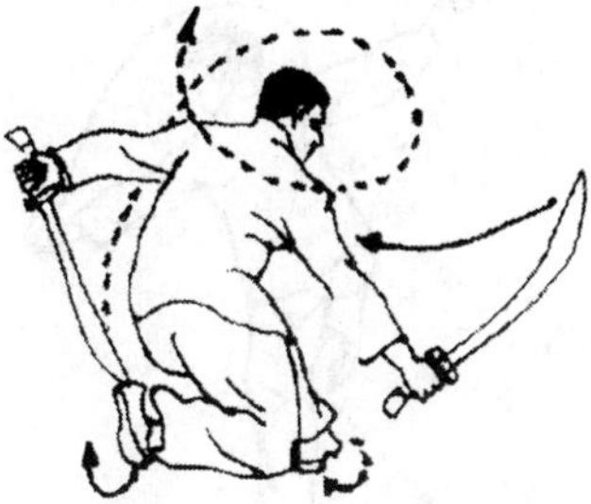

圖 39

後跪步，右腳跟抬起；同時左手持
刀繼續向下、向後運行，刀刃朝
後，刀尖斜向前下，右手持刀轉腕
向上、向前下劈刀，力在刀中段，
目視右刀。（圖 39）

【動作要點】：在跪步掄劈刀
時，左腳要外展，右刀要沉腕下
劈。

⑯ 白鶴亮翅

身體立起，右後轉體，左腳內
扣，右腳外展，左手持刀隨轉體先
橫掃再內轉腕上抬，右手持刀隨轉
體把刀擺於左腋下。（圖 40）

上動不停，上體繼續右轉，右
腳隨轉體向右上步；同時左手纏頭
擺至右腋下，右手持刀裹腦至左肩
上。（圖 41）

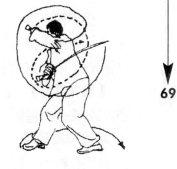

圖 40

圖 41

圖42

圖43

　　上動不停，重心右移，右腿支撐，左腿屈膝提起，左腳內扣；同時兩手持刀分別同時向左右推刀，右刀低於肩，左刀高於肩，兩刀方向平行，目視右下方。（圖42）

　　【動作要點】：此動作是一個轉身上步、提膝雙截刀，一、二動要完成纏頭、裹腦動作，雙截刀時上體微右前傾。

　　⑰金絲纏葫蘆

　　身體左轉、左腳向前上步、兩腿屈膝；同時左手持刀裡合，右手持刀隨左轉向前上擺提。（圖43）

　　上動不停，右腳上步左後轉身，右手持刀提於頭上方，左手拉刀。（圖44）

　　上動不停，左腳向後撤步，兩腳碾地左後轉身；同時右手持刀繼續纏頭至左側時，貼左胸側立刀上提，刀刃朝外，左手持刀轉腕做裹腦刀。（圖45）

　　【動作要點】：在裹腦刀向下時，右手持刀再上提。

　　⑱海底撈月

　　右腳向前上步，屈膝半蹲，左腳腳前掌著地貼於右踝外；同時右手持刀上提出刀後，向後、向下、向前撩刀，刀

圖 44

圖 45

圖 46

圖 47

刀向上，左手持刀後拉，目視前方。（圖 46）

【動作要點】：以上兩動是一個進步轉身，邊轉邊纏頭裹腦護身後，再提刀繞脖，上丁步右撩刀的動作，纏頭裹腦時，身體保持低姿勢，不要出現起浮，也可做右跨步撩刀。

⑲金絲纏葫蘆

身體微起，左腳向前上步，右後轉體；同時隨轉體左手撩刀纏頭上提刀，右手持刀內旋貼於左腋下。（圖 47）

圖 48

圖 49

上動不停，身體繼續右後轉體，右腳向後退後，隨轉體兩腳碾地；同時左手持刀纏頭至右腋下，右手持刀繞到背後。（圖 48）

上動不停，右手持刀繼續向左肩外下落，橫於腹前，左手持刀從右臂裡拉刀上提，目視前方。（圖 49）

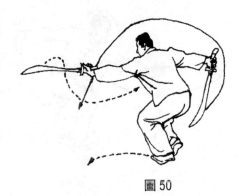

圖 50

【動作要點】：此勢與 17 勢相同，唯動作相反。

⑳ 海底撈月

左腳向前上步，屈膝半蹲，右腿屈膝成右丁步貼於左踝處；左手持刀提刀向後、向下、向前撩出，刀刃朝上，右手持刀後拉，目視前方。（圖 50）

【動作要點】：此勢與 18 勢相同。唯動作相反。

圖 51

圖 52

㉑ 十字掄劈

身體立起，左腳向前上步成右
高虛步；同時右手持刀外旋向上、
向前下掄劈，左手持刀內旋擺於右
臂下。（圖 51）

上動不停，右手持刀繼續向左
下、左上：、向前下掄劈，左手持
刀向左下、左上屈肘翻舉刀。（圖
52）

上動不停，右腳向前活步，左
腳向前上步；左手向前下劈刀。
（圖 53）

上動不停，左手持刀繼續向右
下、右上、向前掄劈，右手持刀屈
肘上抬。（圖 54）

上動不停，左腳向前活步，右
腳向前上步，右手持刀前下劈刀，

圖 53

圖 54

73

圖 55

圖 56

74

左手持刀上擺於右臂下。（圖
55）

　上動不停，右手持刀繼續向
前掄劈。（圖56）

　上動不停，右腳向前活步，
左腳向前上步，左手持刀前下劈
刀。（圖57）

　【動作要點】：十字掄劈是
以小臂為主的，不同於十字雙

圖 57

掄。另外，每前進一步都要先活步，為了使讀者看清楚每一
掄劈，特用兩個圖示說明。在行進中掄劈一般走6～8步，
為了介紹方便，這裡只解說了4步，演練時可多走幾步，最
後一動掄劈刀時，上體要左右微轉。

　㉒雙龍入水

　　左腳向前上步，右腳向前跟步成併步，然後兩腿屈膝下
蹲；同時左手持刀向下、向右後、向上、向前下劈刀，右手
持刀後擺向上、向前下劈刀，目視前下方。（圖58）

【動作要點】：左刀掄劈至
左上方時，右手刀再後擺刀，然
後雙刀同時下劈，上體先向右轉
一下，接著左轉回。

㉓蝴蝶斗脈

身體立起，右腳後退一步；
同時右手持刀以手腕外旋，使刀
刃朝前撩出，左手持刀屈腕使刀
尖翹起。（圖59）

上動不停，左腳退步；同時
右手持刀繼續向上、向左下垂刀
前撩，左手持刀繼續向左後轉腕
上撩。（圖60）

上動不停，右腿向後退步，
左手持刀繼續向上、向右後、向
下、向前撩刀後屈肘上抬，右手
持刀繼續向前反撩後，接著右轉腕再上撩。（圖61）

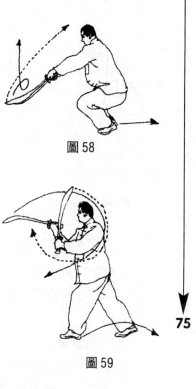

圖58

圖59

圖60

圖61

圖62　　　　　　圖63　　　　　　圖64

【動作要點】：退步雙提撩刀要以小臂為主，撩刀時上體左右轉動，同時腰部也要用力，退步一般連退6～8步，本書只把步換回做下一動作就行了，演練時可根據場地的大小來安排。

㉔二馬分鬃

右手持刀繼續向左下運行，上體微右轉時，左手持刀向右肩上運行，上體接著左轉。（圖62）

上動不停，重心前移右上步；同時兩手勻內轉腕，使兩腕部交叉，右手在上，左手在下兩刀同時運行，刀尖下垂。（圖63）

上動不停，兩手同時提刀內旋腕反手撩刀，做墊步，提撩後左腳再上步；再兩手左右分開向下，腕外旋使手心向上，雙刀向上撩。（圖64）

上動不停，右腳向前上步，兩手分別屈腕向左右、向下運行。（圖65）

上動不停，向前墊步雙手提撩刀。（圖66）

【動作要點】：刀交叉運行時上步，向前墊步時，雙手

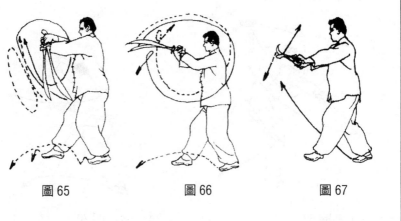

圖 65　　　　　圖 66　　　　　圖 67

轉腕提撩；在分刀轉腕時雙手向裡圈刀，再上步叉刀墊步提撩；雙刀向上時上步，墊步時反手提撩。一般上6～8步。

㉕紫燕雙飛

左腳向前上步，雙手撩刀後，再向裡轉腕交叉上撩刀；然後雙手內轉腕，使刀交叉平放。（圖67）

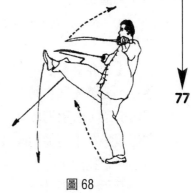

圖 68

上動不停，重心前移，左腿支撐，右腳向前彈踢，腳面繃平；同時左右分撐刀，兩刀平行，與肩同高，目視前方。（圖68）

【動作要點】：分刀時要在胸前左右分撐後再彈踢。

㉖夜叉探海

上體左轉，重心右前移，右腳落地，右腿支撐，左腿屈膝上抬，腳尖內扣；同時左手持刀上架於頭左上方，右手持刀先收於體右側再向前右下方扎刀，目視右下方。（圖

圖 69

圖 70

69）

【動作要點】：右腳先向前落步，上體先微右轉一下，左手刀向前架，右手刀收回，然後再左轉體，左手刀從前向後架起。右手持刀扎出。

㉗ 活步插花（一）

上體左後轉，左腳向前上

圖 71

步，重心前移，右腳內扣，右腿微彎曲；同時右手持刀隨轉體先向左前攔掃刀，後再轉上提，左手持刀在右攔刀時屈肘擺於右腋下。（圖 70）

上動不停，右手刀繼續繞背纏頭向前平掃；同時右腳上步，身體微左轉。（圖 71）

上動不停，重心右移，右腿彎曲支撐，左腳抬離地面；同時左手持刀裹腦後下落於體右側，右手刀在左刀下落時從左胸前上提刀。（圖 72）

圖 72　　　　圖 73　　　　圖 74

　　上動不停，重心左移，左腳落回原地，屈膝，右腳後移，右腿屈膝成右虛步；同時左手持刀向左上擺架刀，右手持刀向上、向右、向下、向左攔於左腋下，至左側時轉腕，翻刀刃朝外，目視右前方。（圖 73）

　　【動作要點】：上右步時先右纏頭，左移重心後再左裹腦，右腳

圖 75

活步後落回時，左擺架刀，成右虛步時右圈攔刀。

活步插花（二）

　　重心前移，右腳向右上步，左腿蹬伸，左腳跟抬起；同時上體右轉，左手持刀，由左向前攔掃。（圖 74）

　　上動不停，左腳上步、重心前移，左腿彎曲支撐，右腳抬起；同時左手持刀繼續纏頭、右手向後裹腦，在右裹腦刀沿左臂側下落時，左手向上提刀。（圖 75）

　　上動不停，右腳後落原地，重心後移，屈膝半蹲，左腳

圖76

圖77

80

後移成左虛步；同時右手持刀，擺於頭上方，刀刃向上、刀尖向左，左手持刀繼續向上、向左、再向裡劈、轉刀，目視左前方。（圖76）

【動作要點】：與上動左轉勢相同，唯動作相反。

㉘白蛇吐信

重心前移，左腳向前上步成左弓步，右腳內扣、右腿挺膝伸

圖78

直；同時左手持刀上架，右手持刀右體側下落。（圖77）

上動不停，右腳向前跨上步；同時左後轉體，左腳隨轉體向後擺插成叉步；同時右手持刀向右後方扎刀，左手持刀架於頭上方，目視右後方。（圖78）

【動作要點】：此動作是一個上跳插步成叉步右後扎刀，跳插花前，左虛步先要向前上半步落實後再跳步。

圖 79　　　　　圖 80　　　　　圖 81

㉙ 丹鳳朝陽

　　左後轉體，兩腳碾地，重心前移，兩腿屈膝，右腳跟抬起；同時右手持刀隨轉體向前擺架，左手持刀轉擺於右體側。（圖 79）

　　上動不停，右腳向前上步，身體繼續左後轉體。（圖 80）

　　上動不停，左腳向左跨步，重心左移，右腳左移，腳虛點地面；同時右手持刀繼續纏頭，左手持刀裹腦，在左刀下落時，右手上提刀。（圖 81）

圖 82

　　上動不停，左腿直立支撐，右腿屈膝上抬，右腳內扣；同時左手持刀左上擺架於頭上方，右手持刀向右、向下、向左腋下掃攔，至腋下轉腕使刀刃朝外，目視右前方。（圖 82）

　　【動作要點】：上步轉身纏頭、裹腦前面已學過，只是

圖 83　　　　　　　　　　　圖 84

從叉步轉身時幅度要大，步子要跟上，身械要協調。

㉚ 金犬咬尾（右）

上體右轉，重心前移，右腳向前上步，兩腿屈膝半蹲，左腳跟抬起；同時左手持刀向下、向前上擺架，右手持刀擺於左腋下。（圖 83）

上動不停，上體繼續右後轉體，左腳向前上步成屈膝矮子步；左手持刀繼續纏頭下落，右手持刀上舉。（圖 84）

上動不停，身體繼續右後轉體，右腳隨轉體向前上步；同時右手持刀繼續裏腦下落，左手持刀上提。（圖 85）

上動不停，上體微右轉，左腳成丁字步，虛點地面，貼於右踝側；同時右手持刀擺架於頭右上方，左手持刀向上、向左、向下、向裏橫攔於右體側，轉刀刃向外，目視左前方。（圖 86）

【動作要點】：此動作是一個矮子步，連續轉動身體，雙刀連續做纏頭、裏腦刀的動作。轉動方向要一致，運行路線是右前 45 度。

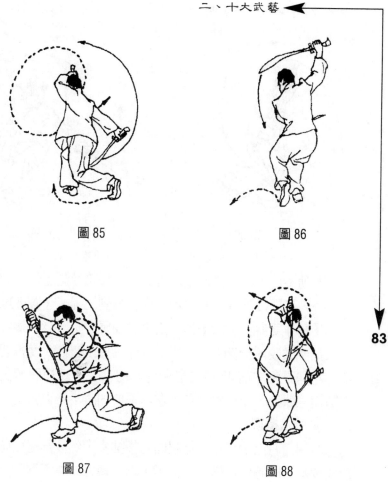

圖 85

圖 86

圖 87

圖 88

金犬咬尾（左）

身體左轉，重心前移，左腳向前上步，右腿彎曲，腳跟抬起；同時右手持刀轉腕使刀尖朝下，隨左轉體上架，左手不動。（圖 87）

上動不停，右腳上步，身體繼續左後轉體，右手持刀纏頭下落，左手持刀裹腦。（圖 88）

圖 89

圖 90

上動不停，身體繼續左後轉體，左腳隨轉體上步；同時左手持刀裹腦後下落，右手持刀從左胸側上提。（圖 89）

【動作要點】：以上動作是金犬咬尾左勢，為了解釋方便，把金犬咬尾分開講，右勢是一直朝右前方 45 度轉體上步；左勢是朝左前 45 度轉體，每一勢都要連續快速轉動，定勢稍停即轉，如單勢練習，左右都要加虛步架刀定勢。

③ 順風擺柳

右腳向右上步，左腳抬起向右後插步，然後兩腿屈膝下蹲成歇步；同時借右橫上步之機，右手持刀向右下劈刀，左手持刀擺架於頭左上方，日視右下方。（圖 90）

③ 仙人撩衣

歇步不動，右手持刀腕外旋向左上撩刀；同時左手持刀落於體前。（圖 91）

上動不停，右手持刀繼續向左下畫弧，再內轉腕右上撩刀。（圖 92）

上動不停，身體立起，左腳向左平上跨步；右手持刀使

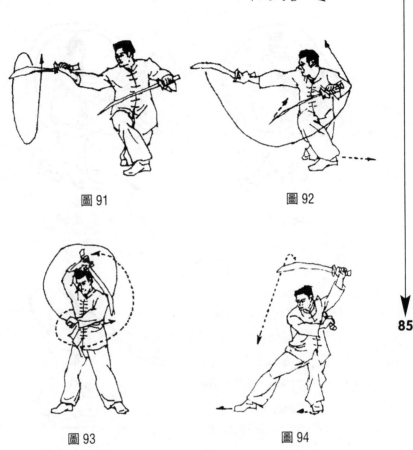

圖 91　　　　　　　　　圖 92

圖 93　　　　　　　　　圖 94

85

刀尖下垂上提刀繞背，左手持刀停於體右側。（圖93）

　　上動不停，重心左移，右腿屈膝半蹲，右腿屈膝成右虛步；同時左手持刀擺架於頭左上方，右手持刀纏頭後擺於左腋下，轉腕使刀刃朝外，目視右前方。（圖94）

　　【動作要點】：歇步一個右撩刀花後再起身做纏頭式。

㉝十字掄劈

　　右腳向右前上步，重心前移，同時右轉體90度，左腳

圖 95

圖 96

86

跟抬起；同時左手持刀隨轉體
向前下劈刀。（圖 95）

　　上動不停，左腳向前上
步，左手持刀繼續向右後、向
上、向前下運動；同時右手持
刀經腹前向右後、向上、向前
下劈刀。（圖 96）

　　上動不停，右腳向前上
步，左腳跟抬起，右手持刀繼
續向內轉腕，使刀向左下、左

圖 97

後、左上，向前下運行；同時左手持刀經腹前向左後、向
上，向前下劈刀。（圖 97）

　　【動作要點】：十字掄劈在本套路中出現三次，但每次
都有差別；第一次十字雙掄是兩臂掄開，幅度最大；第二次
十字掄劈是在腕部，幅度最小；第三次十字掄劈是在小臂，
幅度適中。

圖 98

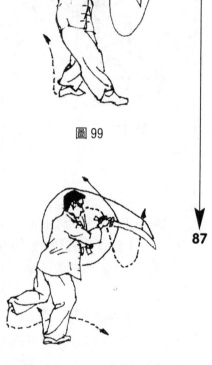

圖 99

圖 100

87

上步時都要轉體,但後兩次幅度小,上步時要腳前掌碾地或活步。本動作因前面已有圖示,只做了左右上步,演練時一般向前走六步。

㉞蝴蝶斗脈

身體右轉 90 度,左腳隨轉體上步內扣,兩腿勻屈膝,右手持刀隨轉體不動,左手持刀向右屈肘,使刀塵斜上翹起。(圖 98)

上動不停,身體繼續右轉 90 度成右高虛步;同時雙手隨轉體向兩側屈肘提刀。(圖 99)

上動不停,重心前移,右腿屈膝,左腳後抬;同時右手持刀轉腕上撩,左手持刀屈腕上抬。(圖 100)

上動不停,左腳向前落步,左手持刀轉腕向前撩出,右

圖 101　　　　　　　　圖 102

手持刀轉腕向下掄刀。（圖 101）

　　上動不停，右腳向前上步，左腳後抬，同時右手持刀轉腕上撩，左手屈腕上抬。（圖 102）

　　【動作要點】：蝴蝶斗脈前面介紹過，只是前一動是退步勢，本動作是進步勢，在此只介紹了左右上步兩動，一般要走六步。

　　㉟ 白雲蓋頂

　　上體右轉，左腳向前上步內扣，兩腿屈膝；同時左手下落於右肩側，右手刀在左體側。（圖 103）

　　上動不停，身體左後轉，右腿隨轉體左後撤步支撐，左腿挺直成左高虛步；同時右手持刀隨轉體向右後攔掃，向上擺架於頭右上方，左手持刀向外圈刀裡擺於右腋下，目視左前方。（圖 104）

　　㊱ 平地旋風

　　右腳抬起向前落步，右腳緊跟步做擊步，左腳再上一步，同時右手向上舉刀。（圖 105）

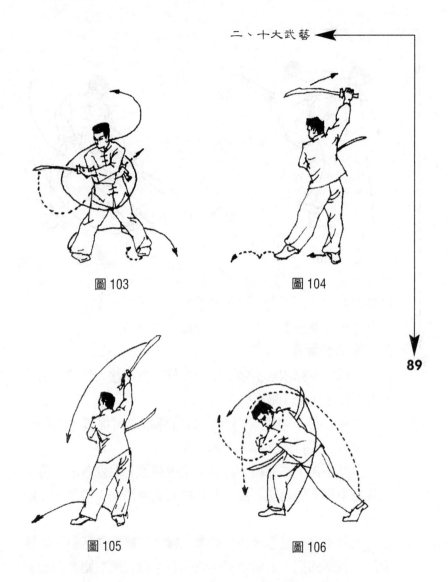

圖 103

圖 104

89

圖 105

圖 106

　　上動不停，左腳前落半步踏實，上體左轉，右腳向前上
步，腳尖內扣，重心前移後，左腳跟抬起；同時隨重心前
移，右手持刀下落於體右側。（圖 106）

　　上動不停，左腳後抬，右腳蹬地起跳，騰空旋轉一周；

圖 107　　　　　　　　　　圖 108

同時右腋挾住左手刀，左手攔擊右腳掌。（圖 107）

【動作要點】：上步身體前傾時右挾刀。

㉟大蟒翻身

左腳、右腳依次落地，重心左移，左手接刀順帶，右手持刀下擺。（圖 108）

上動不停，身體左轉，右腳隨轉體向前提膝，左腿支撐；同時左手持刀上提。（圖 109）

上動不停，左腳蹬，身體騰空後轉體，右腳落地支撐；同時左手持刀隨轉體下掄，右手持刀隨轉體向上掄舉。（圖 110）

上動不停，重心後移，體微左轉，左腳向左落步，屈膝全蹲，右腳內扣，右腿仆步；同時右手持刀順右腿方向順式下劈，刀在腿裡側，刀尖上翹，左手持刀後提，目視右刀。（圖 111）

【動作要點】：此動作是左轉身右跳換步，騰空轉體成右仆步，兩刀隨轉體都要掄立圓下劈。

圖 109

圖 110

圖 111

圖 112

㊳ 鷂子鑽天

　　起身重心右前移，左腳向前上步，右腳向後掄起；左手持刀轉腕向前攔刀，右手持刀轉擺於左腋下。（圖 112）

　　上動不停，繼續右後轉體，右腳向後落步；同時左手持刀纏頭，右手持刀不動。（圖 113）

圖 113　　　　　　　　　圖 114

上動不停，左腳
向後插步，右腳跟抬
起；同時左手持刀繼
續纏頭，擺於右腋
下，右手持刀向後裹
腦，落於左肘上，左
刀在裡。（圖114）

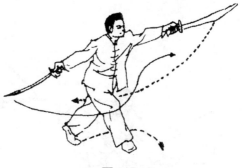

圖 115

上動不停，重心
前移左叉步；同時左
手持刀左抽刀，接著轉腕向前上扎刀，右手持刀向右後扎
刀，目視左前上方。（圖115）

【動作要點】：仆步右劈刀，起身可做右上跨步接轉
體。

㉟風擺荷葉

左腳向前上步，右腳腳跟抬起；同時右手持刀向前擺刀
挑起，左手持刀後拉。（圖116）

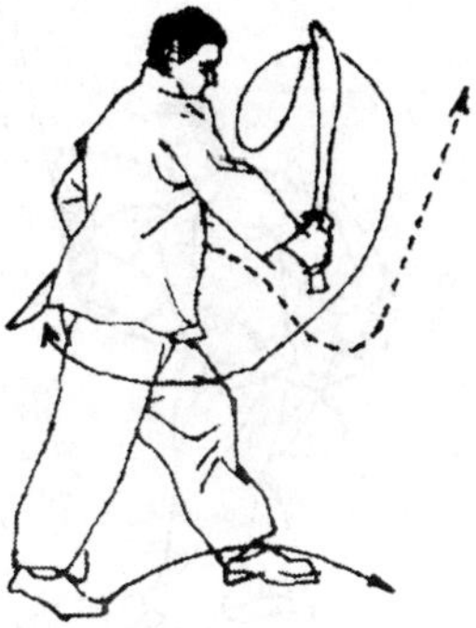

圖116

圖117

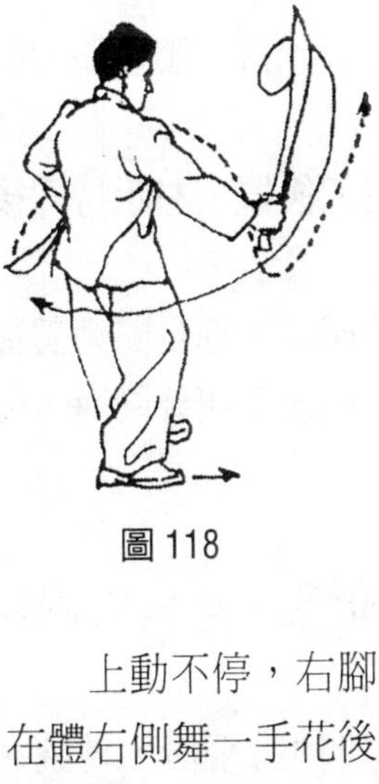

圖118

圖119

　　上動不停，右腳向前上步，上體微右轉；同時右手持刀在體右側舞一手花後插，左手持刀體後擺刀隨右上步再向上提舉刀。（圖117）

　　上動不停，上體左轉，右手持刀上擺，左刀體前手花後插刀。（圖118）

　　上動不停，右腳上步，右手持刀體前手花後插刀，左手持刀體後擺刀前舉。（圖119）

圖120　　　　　　　　　　圖121

上動不停，上體右轉，左腳上步，右手持刀體後擺刀前舉，左手持刀手花後擺。（圖120）

上動不停，右腳向前上步，右手持刀後擺，左手持刀後擺後向前提舉。（圖121）

【動作要點】：風擺荷葉也叫鴨子擺腚，都是隨轉體抽出另一側刀再做手花，一般前進六步，前後手花要同時，前後手花都要與轉體相隨。

㊵鳳凰展翅

左腳上步，右手持刀，抽刀向左側擺插，左手持刀轉腕後擺刀。（圖122）

上動不停，右後轉體；右手持刀隨轉體平掃，轉腕後背，左手持刀向前抽刀隨轉體橫掃。（圖123）

上動不停，身體繼續右後轉，右腳向左後落步，屈膝成右弓步，左腳挺膝伸直；同時左手持刀繼續纏頭後擺於右腋下，轉腕使刀刃朝外，右手持刀裹腦後向右上擺架刀，目視左側方。（圖124）

圖 122

圖 123

95

圖 124

圖 125

【動作要點】：此動作定勢是右弓步擺架刀，左手刀先攔後，右手刀再從左向右上擺架。

㊶ 活步插花（一）

重心左移，左轉體，右腳向前上步、屈膝，左腳抬起；同時右手持刀前橫掃刀，左手持刀不動。（圖125）

上動不停，左腳向左落步，屈膝半蹲，右腳後移，屈膝

圖 126　　　　　　　　　　　圖 127

成右虛步；同時右手持刀繼續纏頭，攔掃後擺於左腋下，左手持刀，擺架於頭左上方，目視右側前方。（圖 126）

【動作要點】：纏頭刀做活步。

活步插花（二）

重心右前移，右腳向前落半步屈膝踏實，左腳後抬；同時左手向前攔刀。（圖 127）

圖 128

上動不停，左腳向前落步，左手持刀纏頭。（圖 128）

上動不停，重心右移，右腿屈膝半蹲，左腳後移成左虛步，左手持刀向上、向前、向下、向右腋下運行，右手持刀向下、向後、向上擺架，目視左側方。（圖 129）

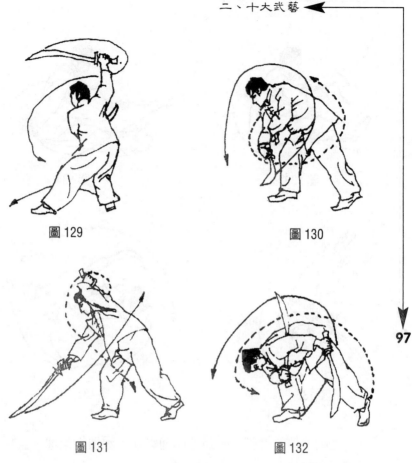

圖 129

圖 130

圖 131

圖 132

97

㊷地躺滾刀

重心前移，左腳踏實，右腳向前上步、屈膝，上體前傾；同時右手持刀隨上步前傾向前攔掃。（圖130）

上動不停，右手持刀繼續纏頭前落；同時左手裹腦向背後運行。（圖131）

上動不停，右手持刀繼續擺於左腋下，左手裹腦後落於體左側，上體前傾右肩下栽。（圖132）

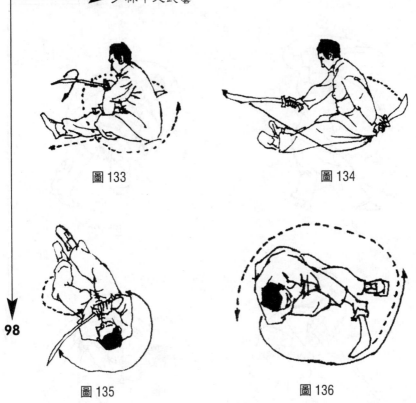

圖 133

圖 134

圖 135

圖 136

　　上動不停，雙腳同時蹬地向前滾身，順慣性坐地，左腿屈膝，右腿伸直。（圖 133）

　　上動不停，左腿伸直，左手持刀後擺，右手持刀前擺。（圖 134）

　　上動不停，上體向左側後倒，兩腿屈膝左手刀壓於身下，右手刀左前掃刀。（圖 135）

　　上動不停，滾身經後背右肩，右刀壓於身下，左刀擺出。（圖 136）

　　上動不停，身體繼續向左滾轉，坐起。（圖 137）

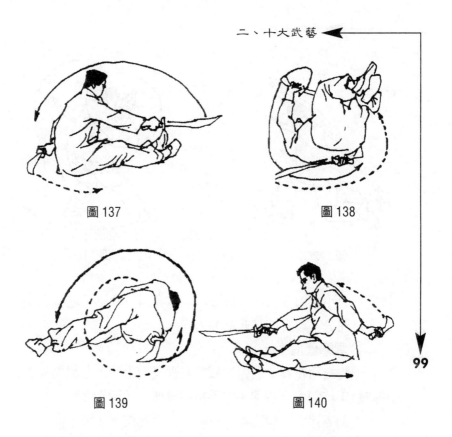

圖 137　　　　　　　圖 138

圖 139　　　　　　　圖 140

99

　　上動不停，上體左倒。（圖
138）

　　上動不停，上體繼續左滾。
（圖 139）

　　上動不停，上體繼續滾動，
坐起。（圖 140）

　　上動不停，上體繼續左轉，
右手持刀前擺。（圖 141）

圖 141

　　【動作要點】：滾身前先攔刀，纏頭裹腦後再前滾，坐
地；地躺滾身左後倒體；在前面已介紹過滾身方法，一般根

圖 142

圖 143

據場地大小，滾 3、5、7 個即可，本套路只介紹了地躺滾身的銜接部分；起身時按起勢的方向。

㊸雲摩蓋頂（一）

上體繼續左轉，右腿屈膝，右腳向前上步，左腿跪步；同時右手持刀向上擺架。左手持刀後伸。（圖 142）

上動不停，上體立起、左轉，左手屈腕。（圖 143）

上動不停，身體繼續左轉，左腳左後擺落，屈膝半蹲，右腳隨轉體後移成右虛步；同時左手持刀擺架於左上方，右手持刀繼續纏頭至左體側，轉腕使刀刃朝外。目視右前方。（圖 144）

【動作要點】：滾身起身後向左做右纏頭，轉體成右虛步擺架刀。

雲摩蓋頂（二）

重心前移，右腳落實，左腳跟抬起；同時左手持刀前攔掃。（圖 145）

上動不停，左腳向前上步，右後轉體；同時左手纏頭上

圖144

圖145

圖146

圖147

提。（圖146）

上動不停，身體繼續右轉，右腳向右後落步；同時右手持刀，擺刀上架，左手持刀纏頭擺於右腋下，目視左前方。（圖147）

【動作要點】：雲摩蓋頂是一個左右勢，隨上步轉身，只做纏頭、裹腦、擺刀上架。

圖 148　　　　　　　　圖 149

㊹ 燕子雙飛

　　左腳向前上步，重心前移，左腿屈膝；同時右手持刀向左前橫掃。（圖 148）

　　上動不停，左手持刀隨右刀前擺。（圖 149）

　　上動不停，兩手同時運行；右手刀做纏頭，左手刀做裹腦，收於右肩側。（圖 150）

　　上動不停，雙刀隨左轉體同時向左斜前上扎出，目視刀尖上方。（圖 151）

　　【動作要點】：此勢是從左虛步右架刀開始，繞頭後雙雲刀後再斜左前扎刀。

㊺ 虛步挎虎

　　重心右移，右腿屈膝半蹲，左腿伸直；同時雙刀隨右移時後收、合刀，左手鬆開，右手扶於右刀把。（圖 152）

　　上動不停，上體微右轉，左腳向右腳前上步或左虛步；同時右手向右上擺掌橫架，左手扶雙刀收於左腰側，目視左

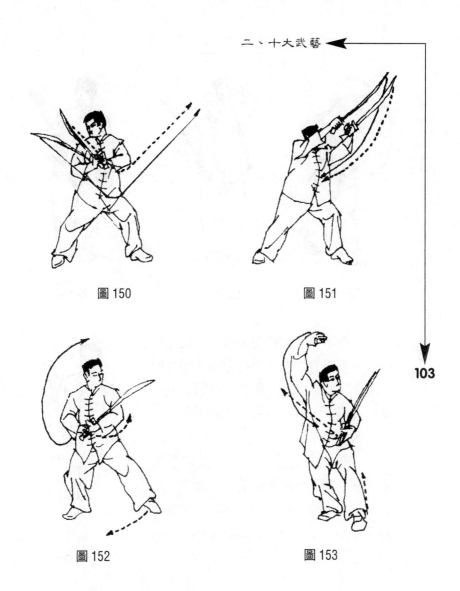

圖 150

圖 151

圖 152

圖 153

側方。（圖 153）

⑯ **謝步請示**

　　身體上起，左腳抬起後落一步；同時左手抱刀前穿，右手順左前穿臂時滑於胸前。（圖 154）

圖154　　　　　　圖155　　　　　　圖156

上動不停，右腳向後撤一步與左腳併步，兩腿直立，左手抱刀向外擺合於左腰側，右手向右上擺掌架於頭上方，掌心向斜上，目視左方。（圖155）

收　勢

右手從右耳側，經右胸前向下按掌，掌心朝下，掌指朝前。（圖156）

上動不停，左手抱刀落於左胯側，右手外旋，手指自然貼於右胯側，頭右轉，目視前方。（圖157）

圖157

（三）三節棍

1. 器械構造

三節棍是由三節短棍和兩組節環連接而成，一般稱棍梢和中段，或稱前節、中節、後節。（見下圖）

節環　　　　　　節環

棍梢　　　　　　中段　　　　　　棍梢

2. 基本動作

（1）掄　棍

單手或雙手持一棍梢，向左或向右平掄，要迅猛有力，力達另一梢端。平掄不得超過一周，加轉身不得超過兩周，背掄不得超過三周。

（2）劈　棍

使棍一梢端由上向下或斜下劈出，迅猛有力，力達棍梢端，掄劈使棍沿身體一側掄立圓向前劈出，力達前梢端。

（3）架　棍

使棍梢端橫平或傾斜，由下向頭上舉起，左右手均為單架棍；雙架棍使兩端胸前由下向頭上舉起，或持兩梢端使中段由下向頭上舉起。

（4）搖　棍

右（左）手持中段的前半部分，使前梢端繞成立圓，力達梢端，由上向前斜下搖動為劈擊；由下向前上搖動為撩擊。

（5）掃　棍

棍梢在腰部以下或棍身貼地平擺，迅猛有力，力達梢端。以左右端單掃為短掃；以三節貼地平擺為長掃。

（6）蓋　棍

兩手持中段，使棍的一梢端向另一側下蓋，動作的快速有力。

（7）雲　棍

使棍在頭前上方或上方向左（右）平圓繞環一周，快速有力，力達梢端，雲劈棍，須先繞一平圓後再斜劈，整個動作要連貫一致。

（8）格　棍

右手或左手使梢端豎直在身前左右格檔，動作快速有力。

（9）挑　棍

使棍的梢端，由下向前上方挑起，動作要快，力達梢端。

（10）點　棍

使棍的梢端，向下短促有力，力達梢端。

（11）崩　棍

沉腕，使棍的梢端，由下向上短促用力，力在梢端。

（12）撩　棍

棍的梢端沿身體左側或右側畫立圓向前或向後撩出速度

要快，力達梢端。

（13）提撩舞花

兩手握棍中段，使兩梢段沿身體兩側連續向左右成立圓舞動撩出，不得觸及身體。

（14）正掄舞花

兩手握棍中段，使兩梢段貼近身體左右掄舞，速度要快，動作要連續。

（15）旋風舞花

隨身體的跳轉動作，使棍在頭上方畫一平圓，動作要連貫。

（16）地趟棍花（見圖解）

3.風格特點

三節棍在有些用法上與長棍近似，在武術器械中屬軟器械，主要是以掄、劈、架、搖，掃、蓋、雲、撩，舞花、胸背花、地趟花等棍法所組成的套路練習。演練時要與身法步法密切配合，身隨勢走，步隨勢變，上掄下掃，勁剛勢猛。

三節棍的特點是：長短兼用，硬中見軟。

4.重點提要

三節棍是硬中見軟的一種器械，在棍法的用法上雖然與長棍的用法有部分近似，但有它獨特的風格和特點，雖不是雙器械，但基本是雙手持械，而且又是一種軟器械，演練時不同練習單棍，特別是有些動作掌握不好，很容易撞擊頭部和下肢。

本路主要動作由力劈華山、翻身批進，插花蓋打、跳轉

連環、蝴蝶雙飛、排山倒海、流星趕月、風捲劈靂、旋轉梅花、二郎擔山、鯉躍龍門、地躺滾身等動作組成。地躺動作應在練習雙刀的基礎上加以練習。平時，應多練習舞花棍和撩花棍、旋轉和持械的轉身。

5. 套路歌訣

上步按掌棍疊藏，仙人指路推中堂；
二龍吐鬚敲山響，夜叉探海指陰檔；
力劈華山連兩勢，翻打梨花左右忙；
插花蓋打虎擺尾，翻跳連環劈頂樑；
金雞展翅獨立站，蝴蝶雙飛舞兩旁；
烏雲遮月隨身轉，黑虎攔路推中堂；
劈山開路左右翻，青龍返首風朝陽；
流星趕月旋風進，單掌推碑招式藏；
風捲劈靂撥左右，順風擺旗棍高揚；
插花蓋頂連進勢，旋轉梅花背俯昂；
二郎擔山旋脖過，敬德拉鞭顧前方；
橫掃千軍單揮手，錦上添花達八方；
鯉躍龍門騰身過，搶背攔打滾地趟；
二郎趕山奔撩進，烏龍翻江奔後方；
太公釣魚拋杆勢，喝令金蛇洞中藏；
問信三節棍何能，少林短兵數它強。

6.套路圖解

（1）棍　譜

①持棍勢　　⑫黑虎攔路　　㉓橫掃千軍
②仙人指路　⑬劈山開路　　㉔錦上添花
③二龍吐鬚　⑭青龍返首　　㉕鯉躍龍門
④夜叉探海　⑮流星趕月　　㉖搶背滾身
⑤力劈華山　⑯單掌推碑　　㉗地躺攔掃
⑥翻打梨花　⑰風捲霹靂　　㉘二郎趕山
⑦插花蓋打　⑱順風擺旗　　㉙烏龍翻江
⑧翻跳連環　⑲插花蓋頂　　㉚太公釣魚
⑨金雞展翅　⑳旋轉梅花　　㉛金蛇回洞
⑩蝴蝶雙飛　㉑二郎擔山　　㉜謝步請示
⑪烏雲遮月　㉒敬德拉鞭

109

（2）套路圖解

預備勢

　　兩腳併攏，成立正姿勢，左手疊握三節棍於體左側，三節棍前後橫向；右手掌心自然貼於右胯側，頭正、頸直、兩眼平視。（圖1）

　　【動作要點】：三節棍持棍需要疊握。握棍時，左手大指要扣住其中一棍梢，棍頭向前；其餘四指扣住另一棍梢，與中段一起握牢，梢段、棍頭向後，右手

圖1

圖2　　　　　　圖3　　　　　　圖4

握棍時手可直接拿住其梢段的後段位，左手扣住另一梢段的後段，兩手分開即可。

①持棍勢

左腳向前上步，同時右手向後、向上舉起，掌心向前，右腳腳跟抬起，兩眼目視前方。（圖2）

上動不停，右腳向前上步成併步，右掌塌腕，掌心向下，經右耳側下按於體側，掌心向下，掌指向前；同時左手持棍上提，左肘微彎，目視前方。（圖3）

【動作要點】：上步按掌要連貫，力在掌根。

②仙人指路

右手外旋，直臂前抬上挑，高與肩平，然後向上、向後收於右肩前再直臂立掌前推，掌心向前，掌指向上，拇指內扣，目視前方。（圖4）

【動作要點】：挑掌時，稍停再後收。

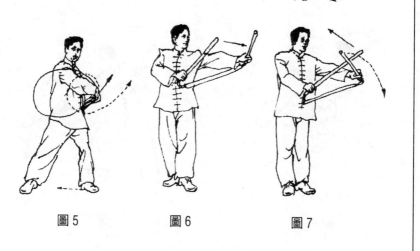

圖5　　　　　圖6　　　　　圖7

③ 二龍吐鬚

　　右腳向右橫移一步，上體微左轉；同時右手向右握外側棍端。（圖5）

　　上動不停，重心右移，左腿伸直，腳尖點地成左高虛步；同時兩手持棍梢段分開，左手持棍左伸，棍頭朝斜前方向，右手屈肘後拉，目視左前方。（圖6）

　　【動作要點】：右手向後拉棍時，左腳蹬地，右腳可向右做一跨跳步，然後分棍；同時兩手持棍向右、向上，經體前左擺亮棍。

圖8

④ 夜叉探海

　　右手持棍敲擊左手棍中段。（圖7）

　　上動不停，左手持棍，腕內旋，使棍向左前下攔，右手持棍屈肘立棍；同時上體微左前傾。（圖8）

　　上動不停，上體左轉，右腿支撐，左腿屈膝上抬；同時

圖9

圖10

左手持棍外旋腕使棍左上舉，右手持棍向前下點擊，目視前下方。（圖9）

【動作要點】：擊棍後左手下攔擊，不停，向上舉棍，右手同時下擊；提膝和下擊要一致，整個動作要連貫。

⑤力劈華山

左腳向前落步成弓步，右腿伸直，上體微右轉，左前傾；同時左手持棍隨轉體上步、向前下戳棍，右手持棍屈肘收於右肩側。（圖10）

上動不停，身體左轉，右腳向前上步；同時左手持棍屈肘左抬，右手滑握三節棍中節向右下劈棍。（圖11）

上動不停，重心右移，左腳經右腿後向右後插步成叉步；同時右手持棍從右向左，經體前向上再向右劈棍，目視右後棍。（圖12）

【動作要點】：力劈華山是由上步戳棍，上步劈棍和叉步劈棍三式組成，叉步時要和反手劈棍一致，二次劈棍、棍頭都要著地擊響。

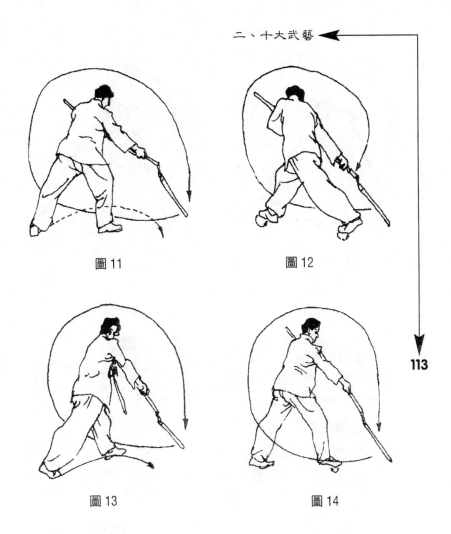

圖 11

圖 12

圖 13

圖 14

⑥ 翻打梨花

身體左後轉，左腳外展，右腳內扣；同時雙手持棍，右手著力隨轉體向左前劈棍。（圖13）

上動不停，右腳向前上步；同時雙手持棍，右手著力從左下向上、向右下反手劈棍。（圖14）

上動不停，右手持棍繼續向右後、向上、向右前下劈

圖 15

圖 16

棍，目視右前下方。（圖
15）

　【動作要點】：翻身後連
續劈三次，也可連續上幾步左
右劈棍，棍頭要擊地面。

　⑦插花蓋打

　重心前移，右腳外展，左
腳跟抬起，右手持棍繼續向左
後、向上、向右下反手劈棍，
左手持棍順擺於右肩側。（圖
16）

圖 17

　　上動不停，左腳向前上步，同時身體右轉，右腳抬起再
向左腿後插步；同時右手持棍繼續向右後、向上、向左前劈
棍，目視左側方。（圖 17）

　　【動作要點】：左手棍要隨著右手棍為主擺動，蓋打
前，右擺劈棍時要從左肘下擺出左手疊棍右屈。

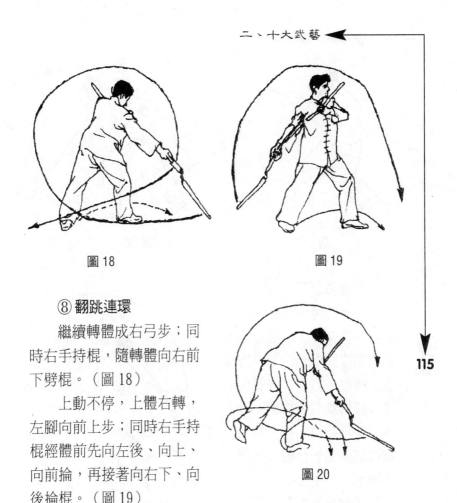

圖 18

圖 19

圖 20

⑧ 翻跳連環

　　繼續轉體成右弓步；同時右手持棍，隨轉體向右前下劈棍。（圖18）

　　上動不停，上體右轉，左腳向前上步；同時右手持棍經體前先向左後、向上、向前掄，再接著向右下、向後掄棍。（圖19）

　　上動不停，重心前移，右腳向前上步，右腿屈膝，左腳微抬。（圖20）

　　上動不停，右腳蹬地翻身轉體一周後，左腳、右腳依次著地，兩腿彎曲；同時兩手持棍隨轉體掄一周後向下劈棍，目視右前下方。（圖21、22）

　　【動作要點】：右腳上步後蹬地起跳要快，起跳前棍要先左右搶兩立圓再上步。

圖 21

圖 22

⑨ 金雞展翅

上體左轉，右腳內扣，右腿伸直支撐，左腿屈膝上抬成獨立式；同時左手持棍左上提棍，右手換握右棍梢段，隨轉體右手持棍，再上舉，左手持棍下拉，兩手拉棍成斜架棍，目視左側方。（圖23）

圖 23

【動作要點】：左手先上提，右手換握住棍後，同時轉身成提膝架棍。

⑩ 蝴蝶雙飛

上體左轉、左腳向前落步；同時左右依次快速換握住三節棍的中節兩端，隨轉體右手持棍向前下劈棍，左手持棍擺於右腋下。（圖24）

上動不停，上體左轉，右腳向前上步；同時右手持棍繼

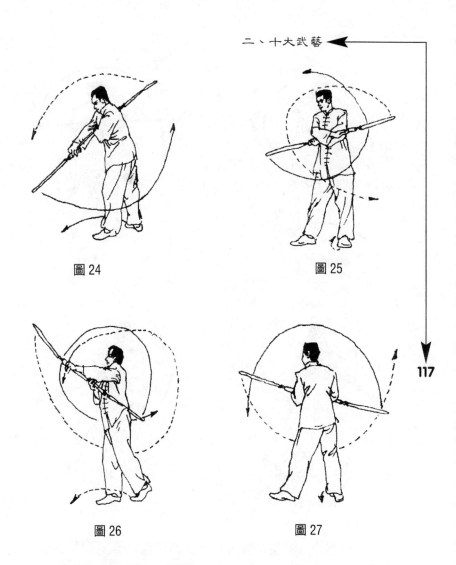

圖 24　　　　　　　　　　圖 25

圖 26　　　　　　　　　　圖 27

續向左側疊臂運行。（圖 25）

　　上動不停，上體右轉，右上、左下掄開棍花後，左手棍隨體向前運動。（圖 26）

　　上動不停，上體右轉，左腳向前上步；同時左手持棍向右後轉掄。（圖 27）

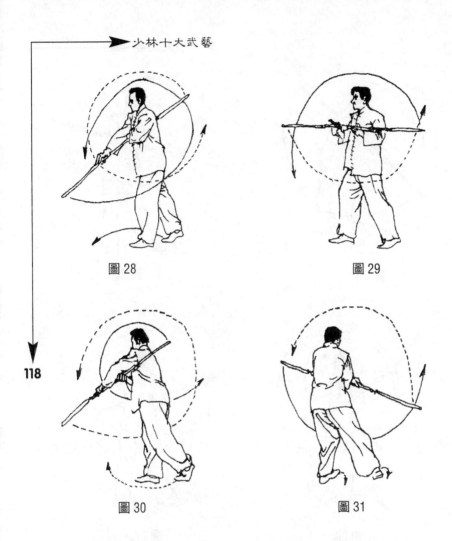

圖 28

圖 29

圖 30

圖 31

上動不停，上體左轉，右手繼續持棍前劈。（圖 28）

上動不停，右腳上步，雙手持棍左掄舞花。（圖 29）

上動不停，上體右轉，棍繼續向前掄舞花。（圖 30）

上動不停，身體右轉，左腳向前上步，腳內扣，左腿屈膝；同時左手持棍繼續向右舞花。（圖 31）

上動不停，上體繼續右轉，重心前移，左腳抬起；同時

圖 32

圖 33

119

圖 34

圖 35

右手向前絞花，左手向後絞花。（圖 32）

　　上動不停，上體繼續右轉，左腳向前上步、腳內扣，左手持棍前掄、右手持棍後掄。（圖 33）

　　上動不停，上體繼續右轉，右腳外展，兩腿伸直；同時左手持棍隨轉體向右、向前舞花。（圖 34）

　　上動不停，右轉體左上步，向右側舞花。（圖 35）

圖 36

圖 37

上動不停，左轉體右上步，向前掄劈。（圖36）

上動不停，繼續向左側掄舞棍。（圖37）

【動作要點】：這是一個上步舞花棍，中間穿插一個轉身舞花，再接著舞花行進的動作；舞花時不能停頓，一般向前舞四步接轉身舞花、再接著向前舞花，本

圖 38

書只介紹了一個右轉身舞花，應該右舞花後再接一個左轉身舞花後，再進步舞花接動作，演練時可根據右轉身體會做左轉身動作。

⑪烏雲遮月

身體右後轉，左腳向前上步、腳內扣，兩腿屈膝；同時左手持棍向前斜方掄擺，右手持棍後下擺動。（圖38）

圖 39　　　　　　　　　　圖 40

上動不停，重心左移，左腿支撐，右腿屈膝抬起；同時兩手隨上體微右轉向頭上方平掄花一圈。（圖 39）

【動作要點】：平掄棍絞花在頭頂上方，左手用力時右提膝。

⑫ 黑虎攔路

身體右轉，右腳隨轉體向右落步，屈膝成右弓步，左腿伸直，腳內扣；同時左手鬆開，右手從上向右下掄擺後上提，棍下方擺於右腋下，左手立掌直臂左推，目視右側方。（圖 40）

【動作要點】：舞動起來不能停頓，必須和上動連起來做，推掌和擺頭要一致起來。

⑬ 劈山開路

身體左轉，重心前移，右腳向前跟步；同時右手持棍向前下擺劈，左手向右腋下握三節棍的中節左端。（圖 41）

上動不停，右腳向前上步；同時右手持棍向左體側掄擺，兩手絞棍，左手在上、右手在下。（圖 42）

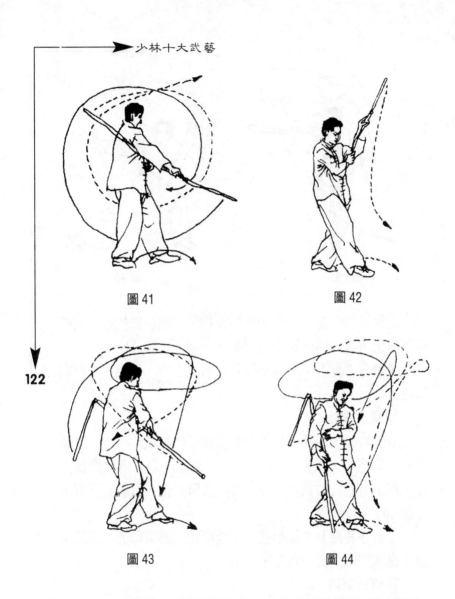

圖 41

圖 42

圖 43

圖 44

　　上動不停，左腳向前上步；同時左手持棍向左下劈棍，
目視左下側。（圖 43）

　　上動不停，右腳向前上步，同時兩手持棍從左向右平掄
一周後右下劈棍。（圖 44）

圖 45

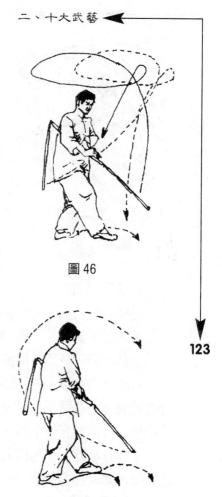

圖 46

上動不停，左腳向前上步；同時兩手持棍從右向左平掄一周後左下劈棍。（圖45）

上動不停，右腳向前上步；同時兩手持棍從左向右平掄一周後右下劈棍。（圖46）

上動不停，左腳向前上步；同時兩手持棍從右向左

圖 47

平掄一周後左下劈棍，目視左下方。（圖47）

【動作要點】：此動作是一個上步前雲撥棍接體側下劈棍，下劈時，同側手要用力，棍頭擊地面，下肢動作都是上步成虛步，重心在後；除第一動上兩步外，都是一步一掄劈，一般上6～8步。

圖 48

圖 49

⑭青龍返首

右腳向前上一步，左腳再向前上一步；同時左手持棍從右側後向前平擺棍。（圖 48）

上動不停，身體右後轉體 180 度，右腳抬起隨轉體後落步，右腿直立支撐，左腿屈膝上抬，左腳內扣；同時兩手持棍隨轉體向上在頭頂上平掄一周後，左手鬆開左前推掌，右手持棍右後擺成背棍姿勢，目視左前方。（圖 49）

【動作要點】：連續上兩步，右棍梢節直接向體前擺，隨擰腰轉體右腳再後落一步，右手轉腕成背棍。

⑮流星趕月

左腳向前落步，右手持棍前挑，左手握棍中節的中間，同時右手滑向左手；兩手用力使棍右前段向上、向後、向下、再向前撩棍。（圖 50）

上動不停，右腳向前上步，同時兩手持棍左前撩棍。（圖 51）

上動不停，左腳向前上步，同時兩手持棍右前撩棍。

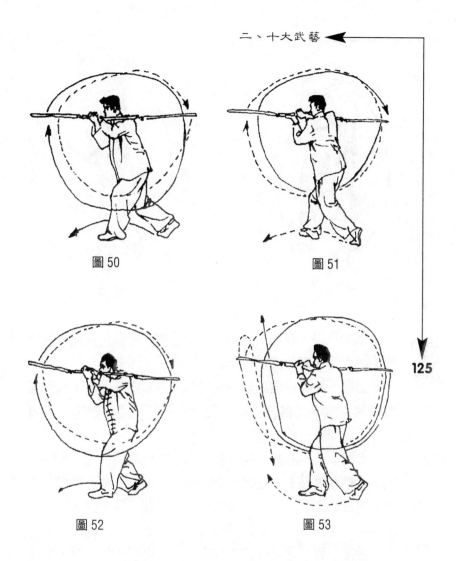

圖 50

圖 51

圖 52

圖 53

（圖 52）

上動不停，右腳向前上步，同時兩手持棍左前撩棍。

（圖 53）

上動不停，左腳向前上步，腳內扣；兩手持棍在右側撩一立圓後上體微左轉，使棍提於體左側。（圖 54）

圖 54

圖 55

上動不停，身體右後轉，重心前移，左腳跟抬起；同時雙手持棍隨後轉體向前、向右下舞花。（圖 55）

上動不停，身體繼續右後轉體，左腳向前上步，兩腳碾地隨轉；兩手持棍繼續從下隨上步向左、隨轉體再向下運行。（圖 56）

上動不停，右腳向前上步，兩手持棍前撩。（圖 57）

【動作要點】：這是一個向前上步撩棍，轉身撩棍，再上步撩棍的動作，和第二趟的上步舞花棍一樣，只介紹了一個轉身，應該做左、右各轉一次，再接著撩棍；演練時，因三節做慢了容易傷及身體；在學練中可用棍代替練習，熟練後再用三節棍。

⑯單掌推碑

左腳向前上步，左腳內扣，上體微左轉，擰身。（圖 58）

上動不停，身體右轉，右腳向後退一步屈膝成右弓步，

圖 56

圖 57

圖 58

圖 59

左腳繼續後退一步,腳前掌著地,腳抬起,左腳蹬直;同時
兩手持棍隨轉體向體右側舞花,隨退步轉腕擺於身後,左手
擺於右腋下,後鬆手,向左前推掌,目視前方。(圖59)

　　【動作要點】:撩棍轉身時是正舞花,推掌要與擺頭前
視一致。

圖 60

圖 61

⑰風捲霹靂

　　左腳向前上步，重心前移；同時右手持棍向前平擺，左手擺握棍中節。（圖60）

圖 62

　　上動不停，右腳向前跨跳一步，接著左後轉體，左腳抬起後插，右腿屈膝，左腿伸直，左腳跟抬起；同時兩手持棍隨跨步轉體時在頭上雲棍，接著左擺。（圖61）

　　上動不停，身體左後轉體，兩腳碾地，隨體轉成左弓步；同時左手持棍隨轉體向左平擺撥棍，目視左手棍。（圖62）

　　上動不停，右腳向右斜前方跨步。（圖63）

　　上動不停，左腳向前上步；同時右後轉體，雙手持棍繼

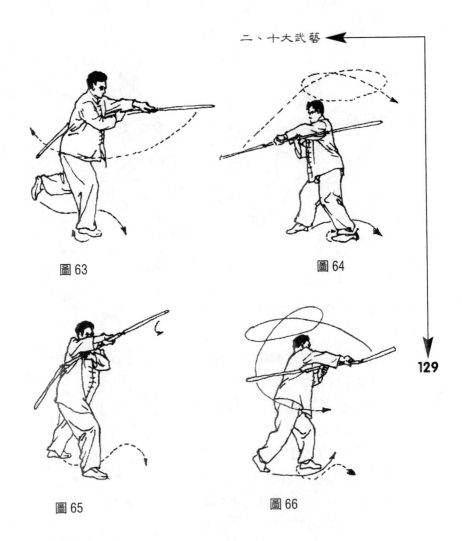

圖 63

圖 64

圖 65

圖 66

續隨轉體平擺，左手在前。（圖64）

　　上動不停，身體繼續右後轉體，右腳抬起向右斜方擺落，屈膝成右弓步，左腿伸直；同時兩手持棍隨轉體在頭上平掄一周後向右擺撥棍，目視右棍。（圖65）

　　上動不停，左腳向左斜前方跨跳一步。（圖66）

　　上動不停，右腳向前上步，同時左後轉體，兩手隨轉體

圖 67

圖 68

在頭上平掄一周後左擺。（圖67）

上動不停，身體繼續左轉，兩腳碾地轉成左弓步；同時兩手持棍繼續向左平擺撥棍，目視左棍。（圖68）

圖 69

【動作要點】：上跨跳步轉身左右雲撥棍一般做3～5次，本書介紹了3次，跳轉身要和撥棍一致。跳轉時要在頭上平掄翻臂，如從左上右下轉疊成右上左下，另一側反之。

⑱順風擺旗

上體右轉，右腿抬起，腳外展向左前橫落步，重心前移，右腿屈膝，左腳跟抬起；同時雙手持棍從左前向下，經體前向右後擺棍。（圖69）

上動不停，左腳向左前上步，同時轉體；棍繼續向右下

圖 70

圖 71

擺。（圖70）

上動不停，右腳抬起向右落步，屈膝半蹲，左腿屈膝成跪步，腳跟抬起；同時兩手持棍在體前掄一立圓後，右手上擺於右側，左手停於體右側，使棍中節直立，目視左側方。（圖71）

圖 72

【動作要點】：轉身後右手用力使棍前梢在體前繞一立圓接著右上擺起。

⑲ 插花蓋頂

身體立起，左轉，左腳向前上步；同時右手持棍向前平掄棍。（圖72）

上動不停，身體繼續左轉，左腳外展，右腳向前上步，兩腿伸直；同時右手持棍上舉外轉腕，左手鬆手下扶右臂。

圖 73

圖 74

（圖73）

上動不停，上體繼續左轉，左腳向後插步；同時左手向上在右手虎口側反握棍，掌心向裡，隨轉體左擺。（圖74）

上動不停，重心左移中心，左腳外展，左腿伸直，右腳內扣，右腿伸直，身體前傾；同時左手持棍腕內旋使棍平掄至背上。（圖75）

圖 75

上動不停，身體左轉，重心前移；同時右手反手換握棍，掌心向上，隨轉體向前平擺。（圖76）

上動不停，身體繼續左轉，右上步直立；同時右手持棍上舉平掄半周後交於左手。（圖77）

上動不停，身體左轉，左後插步，上體前傾；同時左手

圖 76　　　　　　　圖 77

圖 78　　　　　　　圖 79

持棍向後背掄棍。（圖 78）

　　上動不停，重心左移，上體俯身繼續左後轉，右腳隨轉體向右上步；同時右手向背後握棍。（圖 79）

　　【動作要點】：以上動作是一個連續上步，右手起身平掄和俯身背上平掄的勢子，主要是左、右手的交接握棍要搞清，最後一動是俯身平穩轉體。

圖 80　　　　　　　　　　圖 81

134

⑳ 旋轉梅花

上體抬起，右手握棍中段
隨起身向上轉腕繼續平掄。
（圖 80）

上動不停，左手向右手側
反手接握繼續平掄半周後，轉
腕向背後擺掄；同時上體下
俯。（圖 81）

【動作要點】：旋轉梅花　　　　　圖 82
在原地上平掄和俯身背後平掄
3～4 次再接下勢；右手從背後抽臂上擺時要用力，加大棍
的旋轉速度；不論上手接握和背後接握都要順勢交接，棍不
能停頓。

㉑ 二郎擔山

上體抬起，同時右手背後接棍外轉腕．屈肘左上斜擺，
使三節棍中節貼在脖子左側，左手放在胸前。（圖 82）

圖 83 圖 84

上動不停，左後轉體，左腳抬起後退一步，右腳隨左轉體向前上一步；同時三節棍在脖子後面，隨轉體轉一周，兩手不扶棍，在右腳上步後，棍轉到右肩時，左手握棍梢，右手上抬握中節。（圖83）

【動作要點】：二郎擔山棍在脖子後兩肩上，隨轉體而平轉，開始演練時，兩手掌可擋在兩頭棍後，熟練後手不要扶棍；轉身的速度要根據右手向脖子上用力的大小，兩肩要憑棍在肩上的感覺。

㉒ 敬德拉鞭

左腳向前上步，兩手拉棍前劈。（圖84）

上動不停，身體左後轉，右腳抬起向左腳前蓋步下震，右腿屈膝成右弓步；同時左腳抬起後伸，左腿伸直，左腳跟抬起；同時右手換握左手處，左手直臂立掌前推，目視左前方。（圖85）

【動作要點】：這是一個轉身蓋步成叉步推掌的動作，左腳在右震腳時抬起。

圖 85　　　　　　圖 86

㉓ 橫掃千軍

左腳向前上步，右腳再向前
上步，屈膝成右弓步；同時右手
持棍在左上步時，向左上至頭頂
上雲一周，右腳上步時再向前橫
掃棍，目視前方。（圖 86）

圖 87

【動作要點】：右手持棍要
掄掃一周接著前掃，要力達棍的
前端。

㉔ 錦上添花

左腳向前上步，右腳再向前上步，上體俯身前傾，左腳
後抬；同時右手持棍繼續在頭上掄掃一周後再向左下掃棍。
（圖 87）

【動作要點】：本書介紹的是直接上步雲掃棍，也可以
按以下順序做：右手攔掃後繼續上舉在頭上掄一周，這時左
手換握棍；左後轉體一周，左腳抬起隨左後轉體後落一步，

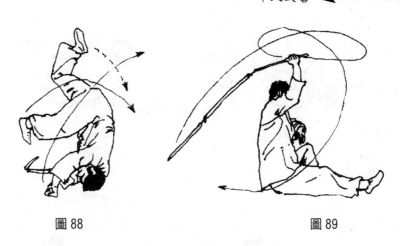

圖 88　　　　　　　　　　　　　　　圖 89

轉身後右步再上一步；在左後轉、左腳插步時，左手持棍交握右手；在轉體一周後，右腳上步時，右手再向前平掄一次，姿勢同（圖 86）。

㉕ 鯉躍龍門

右腳蹬地，身體騰空前躍，右肩部著地。（圖 88）

【動作要點】：前躍時低頭團身。

㉖ 搶背滾身

肩、背、臀依次著地前滾，右腳落地伸直，左腳落地屈膝；同時右手持棍向右上、向背後擺棍。（圖 89）

【動作要點】：鯉躍龍門和搶背滾身應作為一個動作來練習。

㉗ 地躺攔掃

右手持棍繼續掄掃一周後，內轉腕向背後掄擺。（圖 90）

圖 90

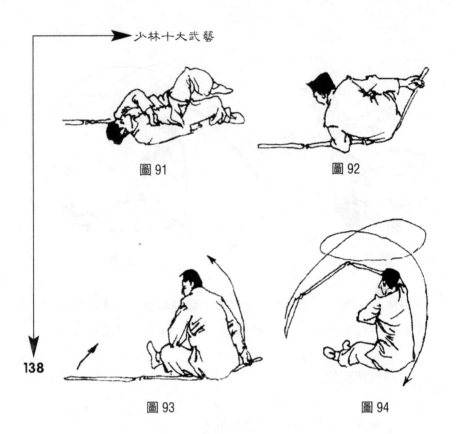

圖91　　　　　　　　圖92

圖93　　　　　　　　圖94

上動不停，上體向右側倒地。（圖91）

上動不停，兩腿屈膝上抬，由右肩部經左肩部滾轉。（圖92）

上動不停，繼續滾轉，上體抬起坐地。（圖93）

上動不停，右手持棍右擺。（圖94）

上動不停，右手上掄棍一周後，轉腕後擺；同時向右側倒地。（圖95）

圖95

圖 96　　　　　　　　　圖 97

圖 98　　　　　　　　　圖 99

　　上動不停，兩腿屈膝上抬，由右肩部滾向左肩部。（圖
96）

　　上動不停，繼續滾轉坐起。（圖 97）

　　上動不停，右手拉棍在頭上方平掄一周。（圖 98）

　　上動不停，右手持棍轉擺至右身後；同時上體右倒。
（圖 99）

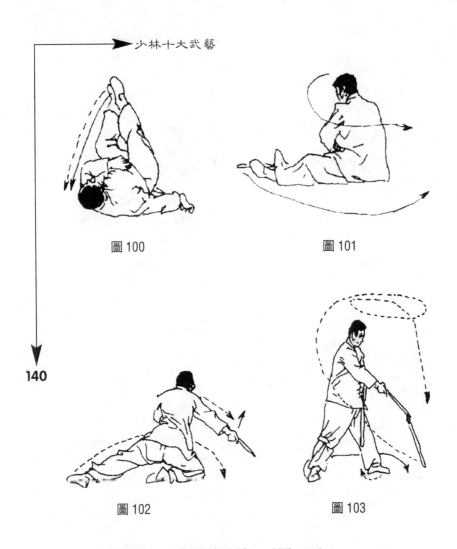

圖 100　　　　　　　　圖 101

圖 102　　　　　　　　圖 103

　　上動不停，上體繼續滾轉。（圖 100）

　　上動不停，上體繼續滾轉坐起。（圖 101）

　　上動不停，重心右移，左腿伸直，右腿屈膝成跪步；同時右手持棍右擺。（圖 102）

　　上動不停，上體直立，左腳向右前上步；同時左手握三節棍後梢端，右手換握中節。（圖 103）

上動不停，右後轉體，右腳隨轉體後落一步，屈膝成弓步，左腳腳尖向前，左腿屈膝成半馬步；同時雙手持棍雲頂一周轉腕後插；左手在右轉腕時鬆手，向左前擺臂屈肘，目視左前方。（圖104）

圖104

【動作要點】：地躺攔掃是由搶背身滾坐地後開始的，每個滾身轉180度，本書介紹了滾三次接下勢，一般要求做3～5次，另外還要根據場地大小，轉圈大了就做得多，方向就不一樣了，不一定是180度，演練時要根據場地情況而定。

㉘ 二郎趕山

重心前移上步；右手持棍前掄，左手接握三節棍中節，做上步拉棍，動作同第10勢蝴蝶雙飛。

【動作要點】：二郎趕山也可做成左手持三節棍左梢節，右手持中節，向前撩棍只用右梢節。

㉙ 烏龍翻江

烏龍翻江動作同第10勢蝴蝶雙飛中的撩棍轉身，不同是要做跳轉身，左、右各做一次。

㉚ 太公釣魚

攔撩棍後轉身。（圖105）

上動不停，上體右轉，左腳向右前上步；同時雙手持棍使棍在體右側向後、向上、向前運行，待雙手分開後，右手右拉，滑至梢端。（圖106）

圖 105

圖 106

上動不停，重心右移，右腳向右上半步，屈膝，左腿挺直、左腳內扣；同時右手持棍向頭右上方拉棍，左手持棍後伸，使棍挺直。（圖107）

上動不停，右手拉棍向右前劈棍，上體前傾，左手鬆開後伸，目視右前下方。（圖108）

圖 107

【動作要點】：接太公釣魚勢需在撩棍跳轉成（圖105）勢時再接做，具體轉身圖示參照前面。

㉛ 金蛇回洞

右手持棍向上猛抖，使其他兩節向上折疊。（圖109）

圖 108

圖 109

圖 110

上動不停，右手張開握住三節棍。（圖110）

【動作要點】：右手先提後猛抖手，使棍向上、向右手折疊。

㉜謝步請示

上體立起，左腳向後插步；同時右手持棍上抬，橫於左肩處，左手屈肘上抬握三節棍中段。（圖111）

上動不停，右腳向後退步與左腳併步，兩腿伸直；同時

圖 111　　　　　　　　圖 112　　　　　　　　圖 113

　左手持棍屈肘下落於左體側，右手鬆手後向頭上方擺掌。
（圖112）

　　上動不停，左手持棍下落，右手向下按掌，然後自然貼
於體側，目視前方。（圖113）

　　【動作要點】：右手在右退步時體微右轉向右後擺掌，
然後再前上擺掌、抖手成橫掌。

（四）四門鞭

1.器械構造

四門鞭的構造包括鞭頭、鞭節、鞭把、節環、鞭彩幾部分，並由節環連接鞭頭、鞭節、鞭把而成，配以鞭彩。（見下圖）

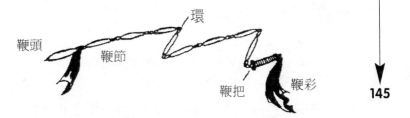

2.基本動作

（1）發　鞭

拇指扣住鞭把，使鞭猛然脫離手心，鏢頭直向前。

（2）掄　鞭

使鞭在腰部以上向左或向右平掄半周以上；若隨跳轉體可以平掄兩周。要迅速有力，力達鏢頭。

（3）掃　鞭

使鞭在腰部以下或貼地平擺，要快速有力，力達鏢頭。

（4）拐　肘

分裡外拐肘，使鞭的把段夾於右腋下或繞搭於右上臂，

利用上體的轉帶，使鞭沿身體兩側繞立圓，力達鏢頭。

（5）背　鞭

將鞭把段置於肩上，利用轉體使鞭繼續運行，轉體要順從鞭勁。

（6）披　紅

右臂內旋，於背後將鞭斜搭於左肩上，隨轉體使鞭脫離身體。

（7）撥　打

左臂伸於鞭下，向裡向外撥打，使鞭前段繼續向上、向外運行。

（8）纏　臂

左前臂外側纏繞鞭把段，隨轉體左撥解脫。

（9）纏　脖

將鞭把段搭於脖上纏繞。反纏脖利用身體的扭轉、甩帶解脫鞭的纏繞；正纏脖，先利用下頜的甩帶，再利用身體的扭轉解脫鞭的纏繞，要悠著鞭勁。

（10）繞　頭

鞭的把段搭於左肩，左手屈肘從頭的左側繞過。

（11）裡騙馬

將右腿伸直，向裡騙於把段，向左壓帶，使鞭在體前運行一周。

（12）外騙馬

將右腿伸直，向外掛帶鞭把段，隨轉體外擺下壓，使鞭繼續運行。

（13）裹　鞭

使鞭掄打到體前或左側方，使鞭猛然回帶，力達鞭頭、

鞭彩。

（14）纏　腰

鞭搭左腰後，待鞭繞腰部一周，放開鞭把，隨慣性左轉體。

（15）舞花鞭

雙手持鞭中段，使鞭貼近身體，速度要快，動作要連續。

（16）提撩鞭

使鞭沿身體兩側畫立圓，連續向前撩出，動作要連續快速。

（17）背花鞭

右前臂外旋，使鞭在後背繞一立圓。

（18）地趟鞭（見圖解）

3. 風格特點

四門鞭又稱九節鞭，是鞭術中的一種，指鞭打四門之意，在武術器械中屬軟器械，雖然在戰場上極少見陣，但因為攜帶方便，很受僧民的偏愛，也極有鍛鍊價值。俗語云：「小小鐵鞭一條龍，奔打四門任我行。掄掃揮舞如鐵棒，隨身纏繞如索繩。搖動飛旋龍罩身，變幻玄妙顯技能。雖然不是無價寶，闖走江湖稱英雄。」

四門鞭鞭法與其他鞭法大體相同，所不同的是多有走四門之鞭法，主要是以掄、掃、掛、撥、纏、裹、舞花等主要鞭法及腕花、拐肘、纏臂、騙馬、繞脖、披紅、背劍、地趟等動作所組成的套路練習。演練時對身體的協調性和感覺能力要求較高，主要以撥打、纏繞轉帶為主，要求勢走步隨，

勢變身順，才能掄掃自如，軟硬兼用，因此，要求使用者要有較高的靈敏素質和高度的協調性。

四門鞭的特點是：靈活多變，可收可放，鞭走順勁，軟中見硬。

4. 重點提要

四門鞭是少林軟兵器中主要的兵器之一，因為攜帶方便，又有實際鍛鍊價值，很受武術愛好者的偏愛。鞭的長度一般因人而宜，以人體直立時，提把頂下頷，鞭頭觸地為宜。

四門鞭靈活多變，可收可放，舞起來如鋼棍一條，因此對習練者的協調性和感覺能力要求較高，另外還要有長拳的基本功底做基礎。

本套路的鞭法與其他鞭法大體相同，傳統動作主要由開打四門、立打四門、奔打四門、裏打四門、湘子挎籃、張飛騙馬、順風轉舵、金絲纏葫蘆、二娘打水、蘇秦背劍、金絲纏肘、十字披紅、三環套月、黃鶯落架、羅章跪爐、老鴉登枝、浪子踢球、霸王御甲、風擺荷葉、金蟬顛箕等動作組成。演練時，主要是以手臂的搖動和身體的各部位為支點的轉帶、撥打等方法來增加動力和改變圓心及方向，因此要熟悉鞭的性能和掌握鞭的運動規律。

本路動作較多，許多動作有一定的危險性，掌握得不好容易受傷，因此，初學者一定要按照由易到難和循序漸進的原則，最好先用一條繩子繫一沙袋來練習，等各種動作熟練後，再換九節鞭練習。另外，傳統套路的編排大都是一趟一至二個動作，接轉勢動作基本都採用背鞭轉身來銜接下勢。

因此，在各種傳統鞭法熟練的基礎上，也可以隨便接動作，縮短路子，少走空鞭。

5. 套路歌訣

起勢上步掌疊鞭，仙人指路廣而寬；
羅漢站殿舉蚊龍，擎步騰空腳橫旋；
蛟龍出水騰展勢，開打四門翻連環；
金蛇探穴奔撩陰，湘子挎藍左右盤；
張飛騙馬隨勢走，順風轉舵背撩鞭；
黑狗鑽襠胯下過，土裡撥蛇順提攔；
順風轉舵隨轉勢，全絲盤肘反正纏；
二娘打水轆轆勢，蘇秦背劍虛步觀；
背鞭轉身風轉舵，絲纏葫蘆連三番；
側轉張飛外騙馬，十字披紅順走肩；
立打四門鞭護身，左右提撩不等閑；
順風轉舵連轉勢，浪子踢球獨腳懸；
背鞭轉身風轉舵，風擺荷葉隨身翻；
三環套月背轉接，黃鶯落架順走肩；
背鞭轉身風轉舵，羅章跪爐歇步翻；
奔打四門走四方，先掃後轉旋身攔；
玉帶纏腰先雲頂，上拋蛟龍挺身翻；
搶背滾身先攔掃，羅漢坐墩原地旋；
金蟬顛簸身仰地，鯉魚挺脊屈身翻；
蛟龍歸位走順勁，進步登踏掌推山；
若問此路名和姓，少林軟兵四門鞭。

6. 套路圖解

（1）鞭術譜

① 疊鞭上勢　⑰ 蘇秦背劍　㉝ 奔打四門
② 仙人指路　⑱ 順風轉舵　㉞ 玉帶纏腰
③ 羅漢站殿　⑲ 絲纏葫蘆　㉟ 彩蝶雙飛
④ 擊步旋風腳　⑳ 立打四門　㊱ 旋轉乾坤
⑤ 咬龍出水　㉑ 順風轉舵　㊲ 順風轉舵
⑥ 開打四門　㉒ 三環套月　㊳ 張飛騙馬
⑦ 金蛇探穴　㉓ 黃鶯落架　㊴ 順風轉舵
⑧ 湘子挎籃　㉔ 羅章跪爐　㊵ 蘇秦背劍
⑨ 金絲纏腕　㉕ 老鴉登枝　㊶ 順風轉舵
⑩ 順風轉舵　㉖ 順風轉舵　㊷ 搶背滾身
⑪ 張飛騙馬　㉗ 十字披紅　㊸ 羅漢坐墩
⑫ 順風轉舵　㉘ 風擺荷葉　㊹ 金蟬顛簸
⑬ 黑狗鑽襠　㉙ 順風轉舵　㊺ 鯉魚挺脊
⑭ 土裡撥蛇　㉚ 浪子踢球　㊻ 順風轉帶
⑮ 順風轉舵　㉛ 順風轉舵　㊼ 蛟龍歸位
⑯ 二娘打水　㉜ 懶婆推磨　㊽ 踏登推掌

（2）套路圖解

預備勢

　　兩腳併攏，成立正姿勢。左手自然下垂貼於左胯側，右手持鞭貼於右胯側，頭正、頸直、兩眼平視。（圖1）

　　【動作要點】：鞭要疊握，正手握鞭，反手握鞭亦可，

圖1　　　　　圖2　　　　　　圖3

握鞭時拇根節虎口處壓住鞭把，其餘四指屈握，拇指壓於鞭上，鞭彩不要握在手裡。

①疊鞭上勢

左腳向前上一步，同時兩手向後、向上舉起，掌心向前，重心前移，右腳跟抬起，兩眼平視前方。（圖2）

上動不停，右腳上步成併步，兩掌塌腕，掌心向下，經兩耳側下按於體兩側，掌心向下，目視左側方。（圖3）

【動作要點】：上步按掌要連貫，下按時左掌右拳，力點均在掌根。

②仙人指路

左手外旋，立掌直臂左挑，不停，向上畫弧屈肘，然後立掌直臂左推掌；同時右手持鞭外旋，轉手心向上，握鞭提於腰側，目視左側方。（圖4）

【動作要點】：左挑掌、屈肘、推掌要連貫一致，左推掌和右提鞭要連貫一致。

圖4　　　　　圖5　　　　　圖6

152

③羅漢站殿

　　左手轉腕擺於腹前，掌心向裡，右手持鞭轉腕左下伸，同時左腳向左側邁步，上體微左轉。（圖5）

　　上動不停，右手持鞭向左、向上、向右、向下擺動，停於右腰側；同進左掌向左、向上擺掌，上體微右轉。（圖6）

圖7

　　上動不停，右腳提起向左腳內側下震，左腳提起向左側上半步腳尖點地；同時左掌向右下按掌，立掌於右胸側，右手持鞭在左下按掌時，從左掌裡側向右上舉鞭，上體微左轉，目視左側方。（圖7）

　　【動作要點】：插掌、擺掌時，右先左後，震腳要和上

圖 8

圖 9

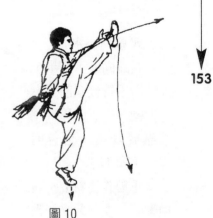

圖 10

舉鞭一致，左高虛步亦可做成
左提膝。

④擊步旋風腳

右手持鞭向左、向下、向
右後擺動，左手向下、向左、
向前上擺掌；同時左腳先向前
上步，然後兩腳用力蹬地向前
擊步。（圖 8）

上動不停，兩腳落地後，
右腳向前上步，腳內扣；同時
上體左轉、重心右移，左腳跟抬起，右手持鞭擺於右肩上
側，左手屈肘擺於胸前。（圖 9）

上動不停，左腳抬起，屈膝，右腳蹬地起跳，騰空轉體
一周，左手攔擊腳掌，目視右腳。（圖 10）

【動作要點】：擊步要和分手一致，右上步內扣時，雖
左轉體但上身要右擰，這樣利於打旋風腳。

圖11

⑤蛟龍出水

右腳向前下落步，同時右手持鞭向前斜上方拋鞭，重心前移，左手擺於身後，目視前方。（圖11）

【動作要點】：右拋鞭時，虎口要壓於鞭把，鬆天五指拋出鞭節後，再五指握牢鞭把。

⑥開打四門

圖12

右手持鞭向下、向後、向上、向前掄鞭；同時身體右轉，左腳向前上步，兩腿屈膝成半馬步；不停，左手左伸掌，腕向裡橫屈，鞭梢節落於左腕外側，右手右上舉，目視左手。（圖12）

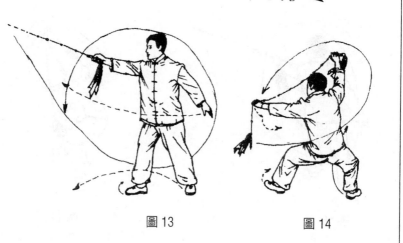

圖13　　　　　　　　　圖14

上動不停，左手向上擺動；同時起身兩腳碾地右轉體，使鞭向右前運行，左手停於身後。（圖13）

上動不停，右手持鞭繼續向下、向後、向上、向前運行；同時右轉體、左上步、左伸掌，成半馬步架鞭。（圖14）

上動不停，頭微右轉，右腳向胸前方上步成右弓步，左腳內扣，左手向後撥鞭，右手持鞭借勢向體前攔掃，鞭頭至體左側時，左手攔握梢節。（圖15）

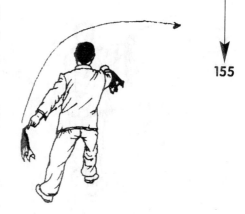

圖15

上動不停，左手持鞭頭向上、向前拋鞭。（圖16）

上動不停，左上步、右轉身、左伸掌、右掄鞭，成半馬步架鞭。（圖17）

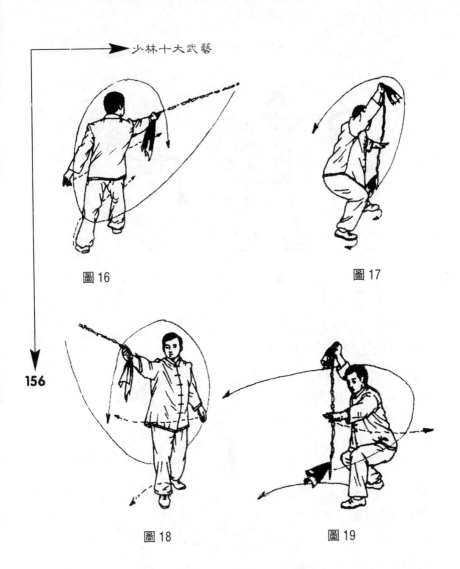

圖 16

圖 17

圖 18

圖 19

上動不停，右後轉身掄鞭。（圖18）

上動不停，左上步、右轉體、左伸掌、右掄鞭，成半馬步架鞭。（圖19）

上動上停，頭微右轉，右腳向胸前上步，左手後撥，右手持鞭從身後向體前攔掃鞭。（圖20）

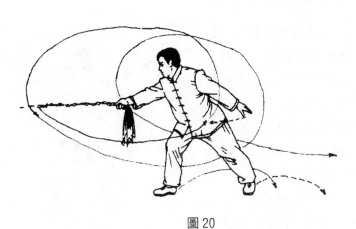

圖 20

【動作要點】：開打四門是由四個馬步架鞭和兩個攔掃鞭勢組成的，開打順序如起勢面南的話，順序應是東、西、北、南，中間的掃鞭轉勢與後邊的掃鞭轉勢。整個動作要銜接好，一氣呵成。攔掃鞭至身體左側時，左手要先接握住梢節，然後再向上、向前拋鞭。

⑦ 金蛇探穴

右手持鞭在體右側掄鞭一周後，直接向後探鞭，上體右後轉，左手前擺；同時在右掄鞭時，右腳向後退一步，右探鞭時，左腳抬起向後插步，成插步探鞭。（圖21）

圖 21

【動作要點】：本動作先要接握鞭、再拋鞭、右掄鞭，最後成插步向後探鞭；做插步時，也可以做成右掄鞭時左上步，右探鞭時，左腳再抬起後播，右腳可以不動。

圖 22

⑧湘子挎籃

左腳向右腳左側上步，腳尖內扣，左手下落體側；同時右手持鞭右帶，掄鞭一周後，抬右臂屈肘，使鞭頭繼續向右、向下經體前向左、向上運行，鞭節繞臂。（圖22）

【動作要點】：湘子挎籃是一個左、右盤肘動作，這裡只做了一個右盤肘的轉接下勢圖示，刪掉了兩個圖示，平時演練時要做左右盤肘；左盤肘的動作應是：鞭頭繼續向上、向右前，隨右轉體繼續向下，經右側向後、向上、向前、再向下，鞭節貼大臂裡側，鞭頭繼續後擺；一般做動作左、右盤可以做2--3次，也可做成右、左、右盤肘。（圖22）

⑨金絲纏腕

上體右轉，左腳向右前上一步，內扣；同時鞭繼續向前、向下，隨轉體上步，向後掛帶，使鞭離臂。

上動不停，右手持鞭繼續體前掄鞭一周，當鞭至左側時，左手向體前伸手，使鞭節在腕部掛住，鞭繼續向左上運行。（圖23）

上動不停，身體左轉，左腳外展，右腳向前上步，內

158

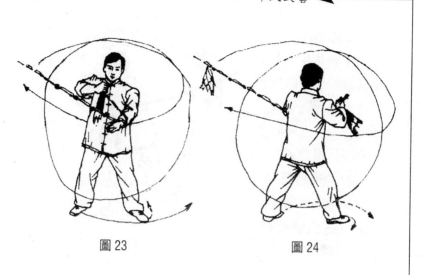

圖 23　　　　　　　圖 24

159

扣；同時隨轉體，左手向左側撥鞭轉帶，使鞭向左前、向下，轉體向左，再繼續體前掄鞭一周，順時針繞纏左腕一周。（圖24）

　　上動不停，身體右轉，左腳向右腳前上步內扣，右腳外展；同時鞭繼續向前、向下，轉體後經

圖 25

體前向右運行，使鞭繞一小圈破腕後，繼續運行一周，再順繞左腕外側。（圖25）

　　上動不停，上體左轉，右腳向左腳左側上步；同時隨轉體左手向左撥打轉帶，使鞭繼續運行破腕後在體側運行一周，右帶鞭向前下，經體右側向後、向上，使鞭節掛於腋

下。（圖 26）

【動作要點】：

金絲纏腕也叫破腕或破肘，順纏腕半周反纏腕一周，上步時要向外撥打轉帶。

⑩ 順風轉舵

身體左後轉，使鞭頭向前，隨轉體向下、向體前、再向上、向後、向下掄一周，使鞭把節落於右肩上。（圖 27）

圖 26

上動不停，左腳向前上步，兩腳碾地，左後轉體；同時鞭頭向下，隨上步轉體向體後、向上、向前、向體右側運行。（圖 28）

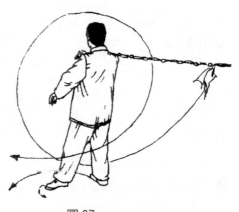

圖 27

【動作要點】：

本動背鞭轉身，先夾鞭轉 180 度，再背鞭轉 180 度；注意轉身時，鞭要外帶，以免傷及腳、踝。

⑪ 張飛騙馬

右手持鞭繼續向上、向前、向下運行，左腳以前腳掌為軸，身體向左轉動；右腿伸直經側裡合，騙於鞭把段之上。

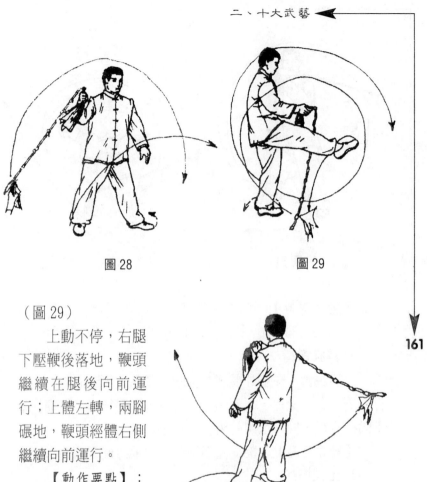

圖 28　　　　　　　　圖 29

（圖 29）

　　上動不停，右腿下壓鞭後落地，鞭頭繼續在腿後向前運行；上體左轉，兩腳碾地，鞭頭經體右側繼續向前運行。

　　【動作要點】：右腿裡合壓鞭轉身時，右手要順勢向上抽帶鞭。

圖 30

⑫順風轉舵

　　接上勢，鞭頭繼續向體後運行，使鞭把背於右肩上。（圖 30）

　　上動不停，右腳上步背鞭左後轉體。（圖 31）

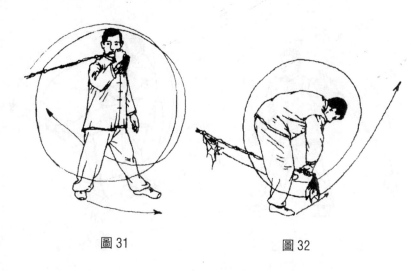

圖 31　　　　　　　　　　圖 32

162

【動作要點】：騙馬要與背鞭銜接好，轉體要悠著鞭勁。

⑬ 黑狗鑽襠

上體左轉，左腳外展，右腳向前開立上步；同時右鞭運行一周，右手上提，便鞭頭至體前時，順勢後插，使鞭從襠下向後直行，同時上體前俯。（圖 32）

【動作要點】：鞭從襠下過時，右手持鞭要順勁送鞭。

⑭ 土裡撥蛇

右腳向左腳前斜上步，右手持鞭向前上提鞭。

【動作要點】：使鞭不著地，順勢提鞭。

⑮ 順風轉舵

鞭繼續向上運行，再向後、向下時，鞭把段落於右肩上，兩腳碾地轉身。（圖 33）

【動作要點】：背鞭要和上步轉身銜接好。

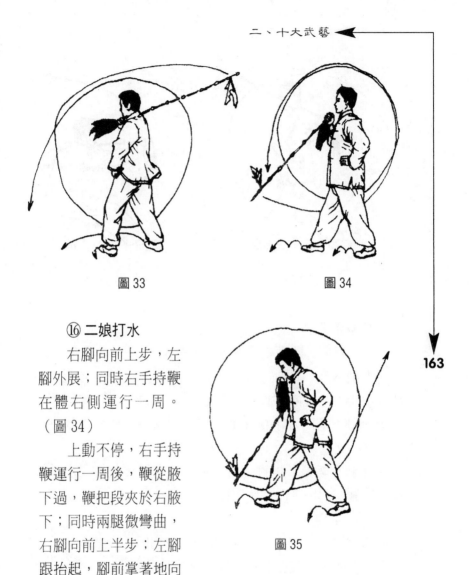

圖33　　　　　　　　　圖34

⑯ 二娘打水

　　右腳向前上步，左腳外展；同時右手持鞭在體右側運行一周。（圖34）

　　上動不停，右手持鞭運行一周後，鞭從腋下過，鞭把段夾於右腋下；同時兩腿微彎曲，右腳向前上半步；左腳跟抬起，腳前掌著地向前跟半步。向前晃動右肩，使鞭向右腋外側繼續運行。（圖35）

圖35

　　【動作要點】：進步晃鞭共做六次，每前進一步晃一次，要注意身械協調。

圖 36　　　　　　　　　　圖 37

⑰蘇秦背劍

右腋鬆開，鞭頭繼續運行。（圖 36）

上動不停，右腳向前上一步，同時重心下降，兩腿彎曲成左虛步；左手持鞭運行一周後，向左肩上下落，中段落於肩上，鞭下落時左手橫掌前伸，使鞭頭落垂於小指外側。（圖 37）

【動作要點】：鞭運行一周後，右肘要外撐，右手裡旋，使鞭經右腋下向左側落鞭。

⑱順風轉舵

身體前移、立起，左手上挑。（圖 38）

上動不停，鞭頭運行一周後落於右肩，同時右腳向前上步，背鞭轉身。（圖 39）

【動作要點】：左手上挑鞭時，右手持鞭要前帶，與背鞭轉身銜接好。

⑲絲纏葫蘆

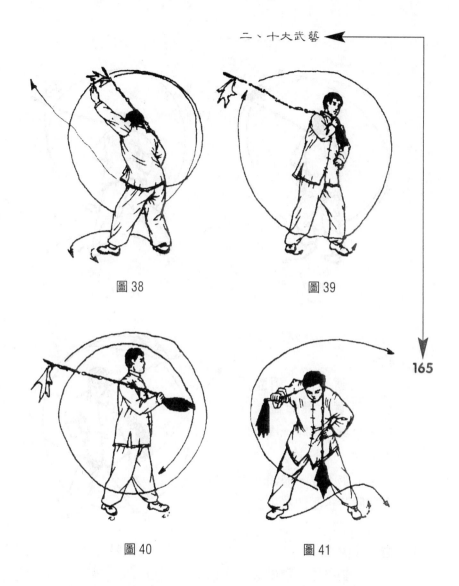

圖 38　　　　　　　　圖 39

165

圖 40　　　　　　　　圖 41

　　接上勢，鞭繼續運行。（圖 40）

　　上動不停，身體右轉，鞭運行一周後，上體略前俯、低頭，使鞭身搭於脖上。（圖 41）

　　上動不停，當鞭運行至右側時，下頜左挑，同時右腳向

圖 42

圖 43

前上步，左後轉體。（圖
42）

　　上動不停，兩腳開
立、落實，鞭頭繼續運
行，鞭身反纏脖一周，左
手叉腰。（圖 43）

　　上動不停，鞭頭運行
至左側時，下頜右挑，同
進左腳向右側上步、轉
體。（圖 44）

　　上動不停，鞭繼續運
行一周後，便鞭身搭於脖子。（圖 45）

圖 44

　　上動不停，下頜左挑，同時右腳向左上步、轉身，鞭繼
續運行。（圖 46）

　　上動不停，上體左轉，左腳向後插步。（圖 47）

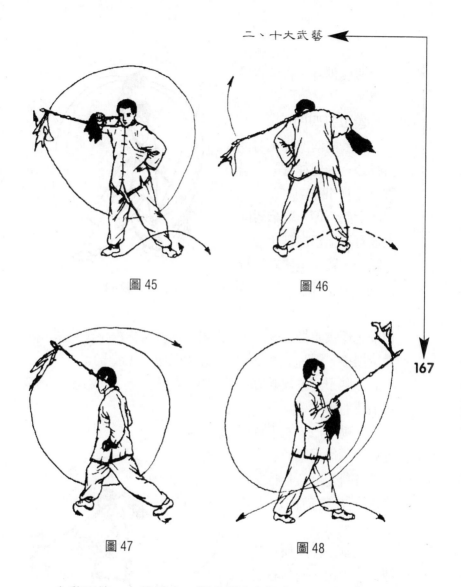

圖 45　　　　　　　　　圖 46

圖 47　　　　　　　　　圖 48

167

　　上動不停，左後轉身，鞭在體右側運行一周後，隨轉體向前。（圖 48）

　　【動作要點】：金絲纏葫蘆是由反、正纏脖和叉步翻身破鞭組成的，演練時，纏脖一定要掌握好時機，要根據鞭的

運行速度轉身，否則容易
受傷。

⑳ 立打四門

右腳向前上步，右手
持鞭運行一周從右腋下過
鞭。（圖 49）

上動不停，鞭繼續向
上運行，上體左轉帶鞭；
左轉後，鞭頭至體右側時
再向下，經體前向左運
行；同時右手持鞭右轉體

圖 49

帶鞭，使鞭頭從右後向上、向體前運行；再提拉鞭向左、向
體後提撩，同時上體左後轉，左手叉腰。（圖 50）

上動不停，鞭繼續向下、向左前、向上、向右運行；同
時上體右轉。（圖 51）

上動不停，右手持鞭
運行一周後過鞭於右腋下
（如 49 圖），上體左轉
帶鞭，在體前向左上運
行。（圖 52）

上動不停，鞭在體前
運行一周後，向體右側運
行，同時身體右轉。（圖
53）

【動作要點】：立打
四門是利用上體的左、右

圖 50

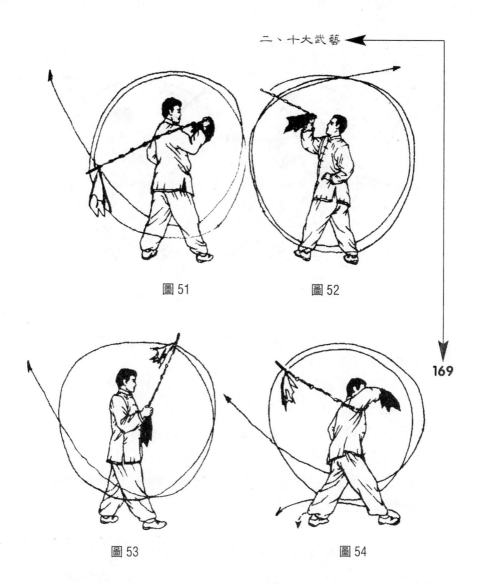

圖 51　　　　　　圖 52

圖 53　　　　　　圖 54

　轉體，提帶鞭裹身撩打，可如圖示做 1～3 遍；右帶鞭可直
接用原地的裡外拐肘加左右的轉身裹帶。

　㉑ 順風轉舵

　　右掄鞭運行至右腋下。（圖 54）

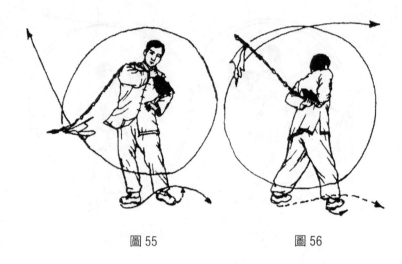

圖 55　　　　　　　　　　圖 56

上動不停，上體左轉，右腳向左上步，繼續轉體一周背鞭轉身。（圖55）

【動作要點】：要領同前。

㉒三環套月

左腳外展，右腳向前上步，同時左轉體，右手持鞭運行一周後向背後反臂上提，左手反臂接握鞭把。（圖56）

上動不停，左腳向右插步左後轉體；同時左手持鞭使鞭繼續掄鞭運行。（圖57）

上動不停，右手接鞭；右腳向左側上步；同時左後轉身，右手持續背後屈肘上提，左手接握鞭把。（圖58）

上動不停，身體左轉，左手接握鞭把上提，鞭繼續向後、向下運行。（圖59）

【動作要點】：三環套月一般做3～5次，掄鞭、上步轉體要與背後屈肘一致，左手接鞭要和左後轉身一致。

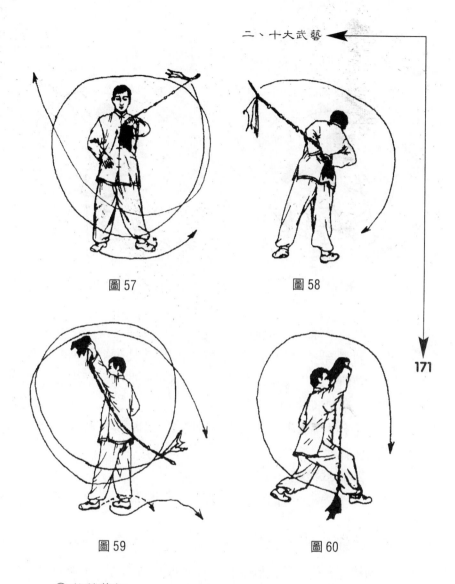

圖 57　　　　　　　　　　圖 58

圖 59　　　　　　　　　　圖 60

㉓黃鶯落架

　　左腳後插一步，左後轉體，右腳向前上一步；同時左手掄鞭一周，在左後轉體時右手接鞭，鞭繼續運行。（圖60）

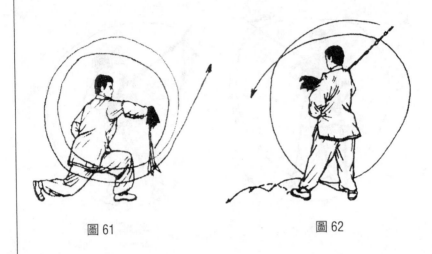

圖 61　　　　　　　　　　　圖 62

172

上動不停，兩腿屈膝，重心前移，右腿半蹲，左腿成跪步，腳跟抬起；同時右手持鞭向右屈肘，使鞭把段繞大臂向上、向前、向下運行，右手拇指和食指分開，使鞭梢段從虎口處下落。（圖 61）

【動作要點】：單臂掛接鞭時，虎口張開，其餘三指仍要壓住鞭把。

㉑羅章跪爐

身體立起，右手向上托鞭，順勢掄鞭；背鞭左轉身。（圖 62）

上動不停，右腳向左側橫上一步，左腳向左橫跨一步，右腳抬起，經左腳後向左插一步，鞭繼續運行。（圖 63）

上動不停，兩腿屈膝成歇步，右手持鞭屈肘，肘尖前伸，鞭運行時繞大臂向左擺動。（圖 64）

上動不停，屈肘帶鞭，歇步右後翻身立起。（圖 65）

上動不停，左腳向後退一步，右肘破鞭後，右手反手掄

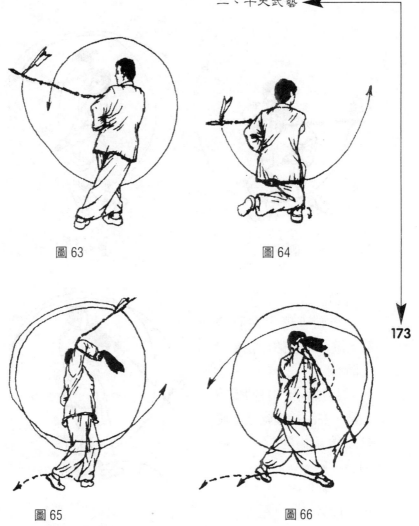

圖 63   圖 64

173

圖 65   圖 66

鞭繼續運行。（圖 66）

　　上動不停，右腳向右橫移一步，左腳抬起向右腿插步，兩腿屈膝成歇步；同時左手接握鞭把。繼續掄鞭一周後，左肘屈，使鞭把段從裡向外、向上繞大臂右擺，右手叉腰。

圖 67

圖 68

174

（圖 67）

上動不停，左肘帶
鞭，歇步左後翻身立起。

（圖 68）

上動不停，身體繼續
左轉，右手接握鞭把，使
鞭繼續正掄運行。（圖
69）

上動不停，左腳向左
橫一步，右腳抬起經左腿
後向左插步，兩腿屈膝成

圖 69

歇步；同時右手持鞭掄鞭一周後屈肘，使鞭把段從裡向外，
向左繞臂運行。（圖 70）

上動不停，歇步右後翻身，左腳後退一步；同時右臂隨
翻身帶鞭運行一周後，左手接鞭繼續運行。（圖 71）

圖 70

圖 71

上動不停，兩腿屈膝下蹲與歇步；同時鞭繼續繞左臂運行，右手叉腰。（圖 72）

【動作要點】：「羅章跪爐」是一個傳統動作，是利用左右的繞臂、歇步立起翻身帶鞭的動作。鞭繞臂時屈肘，肘尖平向前；翻身掛帶時，要根據鞭的速度，持鞭翻身後，鞭掄一周後再換手容易做；翻身時要上體後仰，初演練時可多

圖 72

做幾次空鞭再接做下勢，待熟練後，盡量少做空鞭。

㉕老鴉登枝

身體左轉翻身立起，隨翻身左帶鞭轉體後，右手接鞭繼續運行，當鞭頭至身前時，右腳橫腳抬起迎擊鞭頭近段。

圖73

圖74

（圖73）

【動作要點】：右手接鞭後，繼續向體前掄鞭，右腳迎接鞭頭後段時，不要直接上踢，要緩衝一下再上踢，使鞭向上、向後運行。

㉖ 順風轉舵

右腳向前落步，兩腳碾地，左後轉體，同時背鞭。（圖74）

圖75

【動作要點】：背鞭轉身要領同前。

㉗ 十字披紅

鞭離肩向上、向前、向下運行，同時右手持鞭內旋後插，使鞭斜向左肩運行，左手叉腰。（圖75）

圖 76

圖 77

上動不停，兩腳碾地右轉，同時鞭頭隨轉體向下、向體前上擺動。（圖76）

上動不停，兩腳碾地左後轉體，當鞭向後運行離肩時，右手持鞭把抽帶，使鞭在右側繼續運行，隨轉體繼續掄鞭。（圖77）

【動作要點】：十字披紅左、右轉體要悠著鞭勁。離肩時要抽帶鞭，使鞭勁不斷，繼續運行。

圖 78

㉘風擺荷葉

身體微右轉，右掄鞭一周後右手上抬，使鞭把段繞脖，鞭繼續運行；同時低頭前俯身。（圖78）

圖79

圖80

上動不停，鞭繞脖至左上時，下頜左挑，使鞭繼續從右向左上擺動；同時上體微左轉，左手上伸。（圖79）

上動不停，上體微右轉，右手向右帶鞭，左臂隨機向下壓鞭前段。（圖80）

圖81

上動不停，上體右轉，左臂先向右壓鞭運行，使鞭向下，經體前隨轉體向前上擺動；當鞭運行到頭上方時，再猛然左後轉體，同時右上步，使鞭繼續向右、向下、向左上運行。（圖81）

上動不停，左腿直立、右腳抬起，同時鞭把段離脖後繼

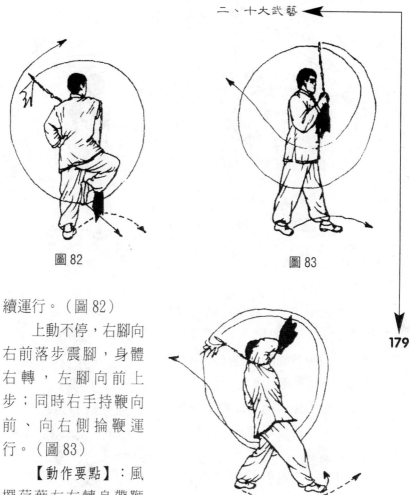

圖82

圖83

179

圖84

續運行。（圖82）

上動不停，右腳向右前落步震腳，身體右轉，左腳向前上步；同時右手持鞭向前、向右側掄鞭運行。（圖83）

【動作要點】：風擺荷葉左右轉身帶鞭要注意鞭速度、節奏，轉帶都要用力，使鞭達到繼續加速。

㉙順風轉舵

右手持鞭運行一周至右腋下，繼續向上運行；同時右腳向前上一步。（圖84）

圖 85

圖 86

180

上動不停，上體微左轉，鞭脫離右腋後，繼續運行搭於右肩；同時身體繼續左轉，左腿向後插步。（圖 85）

上動不停，兩腳碾地，身體左轉，右手持鞭離肩後，繼續運行。（圖 86）

【動作要點】：要領同前。

㉚ 浪子踢球

右腳前進半步，左腿屈膝抬

圖 87

起，腳面裡扣；同時右手持鞭掄鞭一周後，鞭頭近段繞右臂搭於左腳背。（圖 87）

上動不停，左腳向前上踢鞭後落，鞭向上、向後、向下，在體側向前運行。（圖 88）

【動作要點】：過鞭時要右屈肘，鞭搭腳背時要穩住再

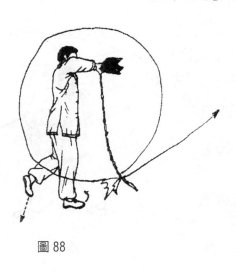

圖 88

圖 89

上踢。

㉛ 順風轉舵

左腳向下落步，右掄鞭運行一周後搭肩，同時左轉體。
（圖89）

上動不停，右手持鞭向上，向左離肩後，向下、向右橫帶鞭；同時身體右轉。（圖90）

【動作要點】：要領同前。

㉜懶婆推磨

身體左轉，右手持鞭從後向上舉鞭子掄。（圖91）

圖90

上動不停，上體彎腰前俯，右手持鞭平掄一周後，拉鞭向背上屈肘，同時左手反手後插，鞭在背上掄平圓。（圖92）

上動不停，右手鞭平掄後，交手左手；同時右轉成右弓步，上體立起，左手鞭交於右手，鞭運行到身體右後方。（圖93）

圖91

【動作要點】：俯身背上平掄鞭，要晃動身體才能使鞭運行，左手接鞭，上體立起後接著再交於右手。

圖 92

183

圖 93　　　　　　　　　　圖 94

㉝奔打四門

　　右手微上舉鞭把，使鞭平掄過頭後，再屈肘下落，使鞭把段過脖從左肩側下落；同時向體前伸左手，橫掌接鞭頭近段。（圖94）

上動不停，左手向左側撥鞭。（圖95）

圖95

上動不停，身體左轉成左弓步，同時右手持鞭隨轉體向左前橫掃。（圖96）

上動不停，右腳向前跨一步，隨機左後轉體，左腳隨轉體向右腳後插一步，成跳插步轉體；同時右手持鞭隨轉體繼續平掄。（圖97）

上動不停，身體繼續左後轉體，右腳隨轉體向左上步，重心左移，左屈膝成弓步；同時隨轉體右手鞭上舉平掄一周後，

圖96

再下落平掄，至左側時，左手伸出，拇指撐開接住鞭頭前段。（圖98）

【動作要點】：奔打四門是四個轉身跳插步掄掃鞭，本書圖示只介紹了一個連貫動作，演練時要四次奔四門，四個做完後仍如（圖98）勢接（圖99）勢。奔打方向：如起勢時面向南，一動應從正東向西北方向，二動應從西北向西南

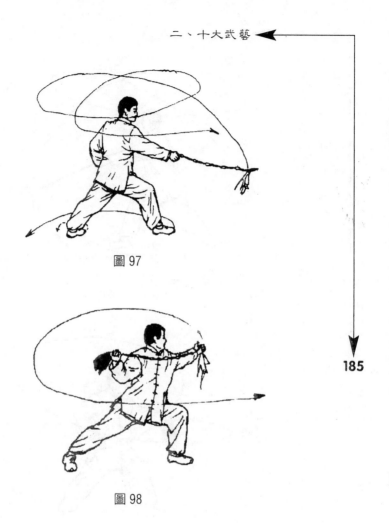

圖 97

圖 98

方向，三動轉身向東南方向，四動奔東北方向，基本回到一動起勢位置。四勢動作可按一動圖示做完，也可以做成一、三勢右跳左插步；二、四勢做成右轉反掄鞭、左跳、右插步。

㉞玉帶纏腰

左手上舉後拋鞭，右手持鞭把順勢向左前掄掃。（圖

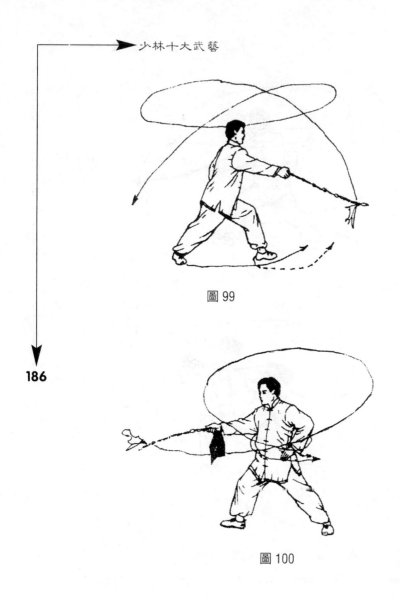

圖 99

186

圖 100

99）

　　上動不停，右腳向前跳步，同時左後轉身，左腳向後落
步；跳轉時右手持鞭向上平掄一周後向前平掃。（圖 100）

　　上動不停，右手持鞭繼續向上平掄後，右手帶鞭斜向

圖101

圖102

下，使鞭把段貼左腰側，鞭身
纏腰一周；同時左手先抬起，
再接握鞭頭近段。（圖101）

　　上動不停，左手握鞭頭左
帶，右手鬆手後，再握鞭節後
移，重握鞭把。（圖102）

　　【動作要點】：上掄鞭加
速，猛然向左腰側掄鞭，使鞭
纏腰一周，右手要順勢先鬆
開，再順鞭握鞭把。

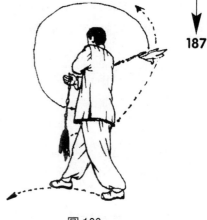

圖103

　　㉟彩蝶雙飛

　　左手上拋，右手下撥，兩手鬆手快速接握鞭中段；同時
兩腳碾地右轉。（圖103）

　　上動不停，左腳向前上步，同時兩手持鞭中段舞花。
（圖104、105）

圖104

圖105

上動不停,右腳向前上步,同時兩手持鞭繼續舞花。(圖106)

【動作要點】:舞花鞭如果初演時,先用棍來代替,棍花熟練後再用鞭,以免受傷;舞花時要根據場地大小,一般上4～6步。

㊱ 旋轉乾坤

圖106

兩手舞花破開後,左手順鞭頭段上挑,右手下滑握住鞭把;同時左轉體。(圖107)

上動不停,左手持鞭頭右拋,右手持鞭把左推;兩手鬆開後,左手叉腰,右手快速移至中節。(圖108)

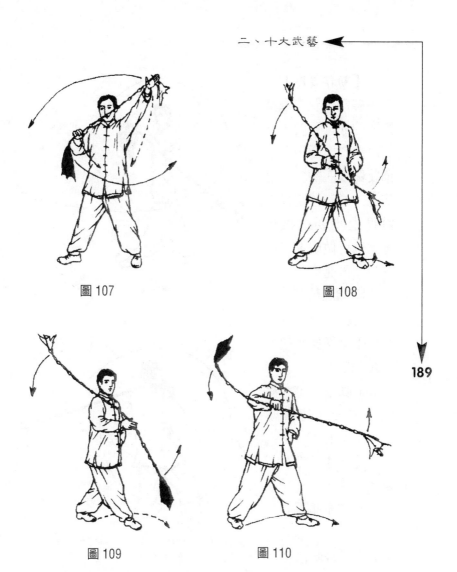

圖107

圖108

圖109

圖110

　　上動不停，右腳向左側上步，同時右手在胸前畫小圓，使鞭與手轉立圓。（圖109）

　　上動不停，左腳向前上步；同時右手在撥鞭時，順壓握鞭一端順帶一下，使鞭再次加速。（圖110）

【動作要點】：
單手撥鞭，要注意掌
握鞭的運行速度，一
般每撥二三圈，右手
都要帶一次鞭，一是
加速，二是控制鞭；
撥鞭上步要根據情
況，也可做成進步、
退步、再進步。

圖111

㊲順風轉舵

右腳向前上步，
右手順鞭移握鞭把。
（圖111）

上動不停，右掄
鞭一周後，背鞭轉
身。（圖112）

【動作要點】：
要領同前。

㊳張飛騙馬

接上勢，左腳向
後插步，身體繼續左
後轉體；同時鞭離肩

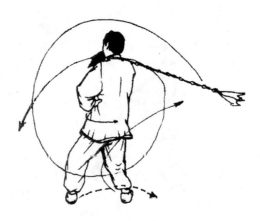

圖112

後，隨轉體向左前掄鞭，此時，右腳抬起隨轉體裡騙，左腿
獨立支撐。（圖113）

上動不停，右手持鞭右帶後反掄鞭，接著掛腿外騙。
（圖114）

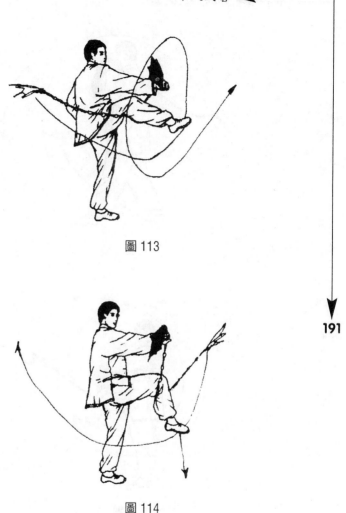

圖 113

圖 114

　　上動不停，右手持鞭微提，使鞭頭向前、向下、向後擺動離腿；右腳向前下落。（圖 115）

　　上動不停，右手持鞭向左斜下掄鞭；同時重心前移，左腳抬起，從裡往外騙鞭。（圖 116）

圖 115

圖 116

上動不停，左腳後落，身體左轉；同時右手微提，使鞭向前、向下、向後擺動，隨轉體右掄鞭繼續運行。（圖117）

【動作要點】：右掄鞭左外騙馬難度要大些，要掌握鞭

圖117

圖118

193

的運行速度，首先使鞭頭擺起來，右手再幫助抽帶。本動是由一個右腿的裡騙、外騙馬和一個左腿的外騙馬組成，因為前面有騙馬動作，平時演練時也可不加這段。

㊴順風轉舵

左腳點地後接著抬起後落，同時右背鞭轉身。（圖118）

圖119

上動不停，繼續轉體，右腳向前上步；右手繼續掄鞭。（圖119）

【動作要點】：要領同前。

圖 120

圖 121

⑳ 蘇秦背劍

左腳向前上步，兩腿屈膝成左虛步；同時左手橫掌前伸，右手持鞭後提，使鞭斜落左肩，順左臂向前，使鞭頭近段搭於左手小指外側下垂。（圖120）

【動作要點】：要領同前。

圖 122

⑪ 順風轉舵

身體立起，左手向上，向後撥鞭，右手持鞭順帶掄鞭。（圖121）

上動不停，右上步轉身背鞭。（圖122）

【動作要點】：要領同前。

圖 123

圖 124

⑫搶背滾身

接上動，身體繼續左轉，右手鞭隨轉體向右、向上離肩後，再掄鞭一周，使鞭斜披左肩下落，左手挑腕接鞭頭近段；同時重心下降，上體微俯。（圖123）

圖 125

195

上動不停，兩腿屈膝下蹲，上體前俯，右肩前送，左手反握鞭後背。（圖124）

上動不停，雙腳蹬地，俯身前滾翻，右肩、背、臀依次著地；左腳伸直，右腿微屈，左手向上挑鞭前段。（圖125）

【動作要點】：滾身熟練後，也可以背鞭轉身，上平掄

鞭一周後向前做攔掃
鞭，接做魚躍前滾翻
動作。

㊸羅漢坐墩

左手向後撥鞭，
右手持鞭把順帶上舉
平掄。（圖126）

圖126

上動不停，左腳
上抬，上體略含胸後
仰，右手持鞭趁平掄
鞭慣性向前於體下掄
鞭一周。當鞭掃至臀
部時，收腹，右腳蹬
地，挺身上提，身體
騰起，使鞭在身下掃
過。（圖127）

【動作要點】：
坐地下掃鞭一般交替

圖127

進行，連續做3～5次，也可做正掃鞭，再接做反掃鞭。

㊹金蟬顛簸

右手持鞭上平掄一周，同時上體後仰，左臂自然平屈於
胸前。（圖128）

上動不停，兩腳略舉向前下平掄鞭至右腰側，使鞭身從
體下平掃一周；當鞭身運行接近臀部時，挺身彈起。（圖
129）

【動作要點】：每次平掄鞭過體後，再便鞭於體上平掄

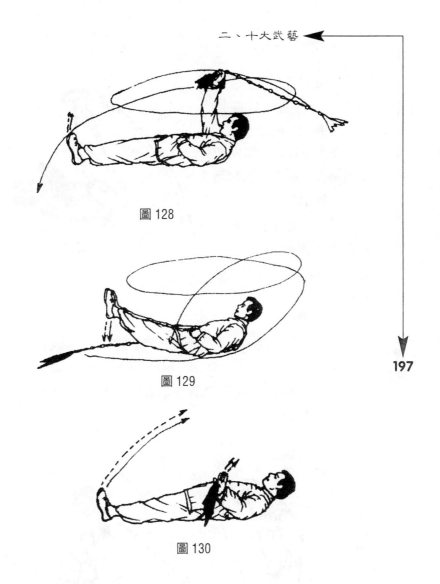

圖128

圖129

圖130

一周,接做體下掃鞭,如此交替平掄,可連續做 3〜5 次。

㊺ **鯉魚挺脊**

兩腳落地,後背著地平躺,同時右手持鞭平掄一周後向下平掄,左手接鞭頭段。(圖130)

上動不停,身體後仰,兩腿伸直,收腹舉起。(圖 131)

上動不停,兩腿向前下方做鞭打動作,挺腹而起。(圖 132)

【動作要點】:鯉魚打挺要注意做鞭打動作,要在徒手熟練的基礎上進行練習。

圖 131

㊻順風轉帶

左手向前拋鞭,右手持鞭把順勢前掄鞭;同時右上步。(圖 133)

上動不停,右掄鞭一周後,右臂抬起,使鞭把段夾於右腋下。(圖 134)

圖 132

圖 133

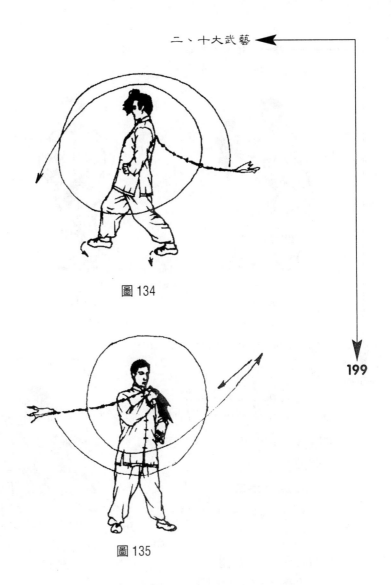

圖 134

圖 135

上動不停，身體左轉，使鞭轉帶於體前。（圖 135）

【動作要點】：只做夾鞭轉身。

㊼ 蛟龍歸位

右手前提，使鞭由後向前立掄一周至體前上方後，右手

圖 136

圖 137

200

握鞭迅速回帶，五指張開將鞭節逐一收起握攏。（圖 136）

【動作要點】：前斜上掄鞭時，要使鞭頭順方向前頂，使鞭成一直線時再回帶；初練時要反覆做，熟練為止。

㊽踏登推掌

身做右轉，右腳抬起向左腳內側震腳，同時右手持鞭收於右腰側。（圖 137）

圖 138

上動不停，左腳向左上一步，左屈膝成左弓步，右腿蹬伸；同時左手立掌前推。（圖 138）

【動作要點】：左手先提掌轉腕再前推。

圖 139

圖 140

收　勢

　　身體右轉，左腳向右腳併攏，兩手向後、向上舉起。
（圖 139）

　　上動不停，兩手經胸前下按於體兩側，成立正姿勢。
（圖 140）

（五）五虎槍

1. 器械構造

槍的構造大體包括槍頭、槍纓、槍杆和槍欑幾個部分，現代武術競賽中，皆去掉了底端部分。槍頭部分包括：槍尖、槍座、槍庫。五虎槍使用的槍頭相傳槍尖部分為一半圓鏟形，槍纓內帶有逆鉤。（見下圖）

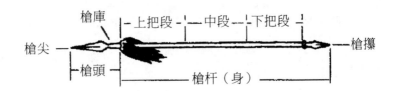

2. 基本動作

（1）攔　槍

槍尖向左下畫弧，高不過頭，低不過胯。

（2）拿　槍

槍尖向右下方畫弧，高不過頭，低不過胯。

（3）扎　槍

必須使槍直出，勁達於槍尖，使槍顫動，後手必須觸及前手。

（4）擺　槍

槍尖擺成弧形，用力要柔和。

（5）穿　槍

槍必須貼近所繞的部位，動作要快，槍要直出。

（6）臂　槍

雙手握槍，由下而下，用力快猛，力達於槍尖。

（7）掄劈槍

掄槍要成立圓，速度要快，掄轉與劈槍的動作要連貫協調。

（8）崩　槍

槍尖向上或向左右短促用力崩彈，力達槍尖，使槍杆顫動。

（9）挑　槍

槍杆用力上挑。

（10）撥　槍

槍身左右撥動，用力要輕快、平穩，幅度不要過大。

（11）雲撥槍

槍須繞一立圓，先雲槍後撥槍，整個動作要連貫一致。

（12）掃　槍

槍接近地面平擺，不可觸地，動作要快。

（13）拖　槍

單手握把，槍尖貼地隨身體移動。

（14）架　槍

槍身橫平或傾斜舉過頭頂。

（15）摔　槍

槍杆平摔落地，要求快速有力。

（16）點　槍

槍尖由上向下短促有力，力達於槍尖。

（17）背　槍

槍身與身體貼緊背穩。

（18）舞　花

槍要貼近身體，速度要快，動作要連續。

（19）劈　把

槍把由下向下劈，用力迅猛，力達把端。

（20）挑　把

槍把由下向上挑，力達把端。

（21）絞　把

將槍把絞成立圓，高不過肩，低不過胯。

（22）截　把

槍把伸出用力要大，力達把端。

（23）橫擊把

槍把平向左或右擊打，用力迅猛，力達把端。

（24）掃　把

槍把貼近地面平掃，高不過膝，低不觸地。

（25）撩　槍

槍要貼近身體。

（26）掄　槍

槍向左或右平掄，要迅猛有力，力達槍前端，平掄不得
超過一周，加轉身不得超過兩周。

（27）抛　槍

抛槍立圓不得超過半周。

（28）反把下扎槍

後手的擺動不得超過頭部 10 公分，後手接近前手，槍要直扎，力量不要太大。

3. 風格特點

五虎槍是少林門中主要的槍術之一，有不會五虎槍，未進少林門之說。相傳五虎槍的套路是以五位使槍名家的套路為主創編而成的，故名五虎斷門絕戶槍，簡稱五虎槍，屬槍術中的一種，在武術器械中屬長器械，在古代兵器中被譽為「百兵之王」。槍是諸兵器中較難練的一種器械，特別是練入妙境極難。拳諺云「年刀、月棍、久練的槍」，說明了練槍的難度，練精更難。槍的主要擊法以攔、拿、扎為主，要求扎出的槍平直，有抖勁，要力達槍尖，即所謂「中平槍、槍中王、當中一點最難當」。此外，還有劈、掄、崩、點、挑、撥、擺、架、穿、掄、崩、纏、圈槍、舞花等槍法所組成的套路練習。演練時需持槍穩活、氣勢奔放，「槍扎一條線」，出槍、回槍、槍不離懷（腰）。所謂「槍是纏腰鎖」，就說明了使槍的基本要領。

槍的特點是：以扎槍為主，行槍飄忽不定，著勢剛勁有力，擊點神出鬼沒，變化莫測。

4. 重點提要

五虎槍是少林門中的主要槍術之一，也是傳統槍術中比較全面的一種槍術，雖然難度不算大，但動作結構合理、緊湊，練精比較難。本路原套路接勢轉勢用的鴛鴦腳踢較多，在整理中進行了取捨調整，但其他動作仍保持原有的風貌。

主要動作由高四平槍、白蛇出洞、單搋膀勢、鴛鴦腳踢、流星趕月、獅子搖頭、坐虎勢、鷂子翻身、金龍回首、順步倒刺、罡風掃葉、三環套月、扶頂珠、懷中抱月、太公釣魚、敬德拉鞭、撥刀出鞘、回馬槍、查花蓋頂、槍裡加棍、金雞哆眼、鐵牛耕地、玉女穿梭、鳳凰點頭、烏龍翻江、一溜斜踩勢、邊欄勢、存欄勢、蘇秦背劍、仙人坐洞等動作組成。本套路動作較多，路子長，個別動作有一定的危險性，如金龍回首、接平地劈雷，實際上是仆步摔槍、拋槍、原地二起腳接槍，拋槍的高度、速度如掌握得不好，容易受傷。還有原套路中收勢動作應是仆步劈槍、拋槍、左手背後接槍等，掌握得不好，更容易受傷，因此在本書整理時刪掉了，而把前邊的仙人坐洞調到後邊做了收勢動作。

206

練習槍術難說哪個動作的難度有多大，但欄、拿、扎槍是槍術中的主要精髓，練的時間長了才能體會到飄忽不定和神出鬼沒的特點。

5. 套路歌訣

上步起勢拄金槍，仙人指路推中膛；
金雞獨立四平勢，老鴉登枝緊扎槍；
白蛇出洞側身過，金牛搖頭單搋膀；
懷抱琵琶巡山勢，鴛鴦腳起單架樑；
流星趕月防左右，鴛鴦腳起架金槍；
白蟒出洞騰身起，獅子搖頭左右防；
踏步搖崩坐虎勢，震腳順步單桑膀；
落地迎風攔上下，避身騰蛇背偷槍；
金雞食米併步站，鷂子翻身劈頂樑；

金龍回首騰空起，順步倒刺下扎槍；
串手扎槍蹬山勢，獅子搖頭左右防；
罡風掃葉雲遮月，金雞獨立四平槍；
三環套月連三勢，流星趕月左右忙；
金蛇繞柱倒身刺，力劈華山開中膛；
二郎擔山斜行勢，懷抱琵琶先過樑；
落地迎風攔上下，縮身閃龍式避槍；
金龍回首騰空起，上步扶頂橫掃槍；
泰山壓頂當頭棒，倒步插花連三槍；
懷中抱月轉歇步，太公釣魚探金槍；
扣腿扎槍探海勢，敬德拉鞭金槍藏；
拔刀出鞘蹬山勢，金蛇纏身回馬槍；
白蟒出洞騰身起，縮身閃龍式避槍；
金龍回首騰空起，平地劈靂手腳忙；
插花蓋頂旋身掃，槍裡加棍單手揚；
金雞啄眼獨立站，鐵牛耕地仆地忙；
倒把扎槍登山勢，騎馬橫掃攔鐵棒；
玉女穿梭分左右，托天叉起扎下槍；
回首避身登山勢，豎起朝天一柱香；
速跟鳳凰三點頭，回抽坐虎勢崩槍；
烏龍翻江挑華車，蹬山欲扎先壓槍；
樵夫問信併步站，一溜斜踩舞花忙；
烏雲蓋頂轉身跳，圈撈存攔右崩槍；
先壓後扎登山勢，蘇秦背劍彈送槍；
風捲殘雲旗鼓勢，仙人坐洞收金槍；
若問此路名和姓，五虎斷門絕戶槍。

6.套路圖解

（1）槍　譜

①上步拄槍　　㉓罡風掃葉　　㊺閃龍勢
②仙人指路　　㉔金雞獨立　　㊻金龍回首
③金雞獨立　　㉕三環套月　　㊼插花蓋頂
④老鴉登枝　　㉖流星趕月　　㊽槍裡加棍
⑤白蛇出洞　　㉗金蛇繞柱　　㊾金雞啄眼
⑥單揉膀勢　　㉘力劈華山　　㊿鐵牛耕地
⑦懷抱琵琶　　㉙二郎擔山　　51倒把扎槍
⑧鴛鴦腳踢　　㉚懷抱琵琶　　52橫馬攔棒
⑨流星趕月　　㉛落地迎風　　53玉女穿梭
⑩鴛鴦腳踢　　㉜閃龍勢　　　54托天叉勢
⑪白蟒出洞　　㉝金龍回首　　55避身勢
⑫獅子搖頭　　㉞扶頂珠　　　56朝天一柱香
⑬坐虎勢　　　㉟泰山壓頂　　57鳳凰點頭
⑭單揉膀勢　　㊱倒步插花　　58坐虎勢
⑮落地迎風　　㊲懷中抱月　　59烏龍翻江
⑯避身騰蛇　　㊳太公釣魚　　60樵夫問信
⑰金雞啄米　　㊴探海勢　　　61一溜斜踩
⑱鷂子翻身　　㊵敬德拉鞭　　62烏雲蓋頂
⑲金龍回首　　㊶拔刀出鞘　　63存欄崩槍
⑳順步倒刺　　㊷金蛇纏身　　64蘇秦背劍
㉑串把扎槍　　㊸回馬槍勢　　65風捲殘雲
㉒獅子搖頭　　㊹白蟒出洞　　66仙人坐洞

圖1　　　　　　　　圖2　　　　　　　　圖3

（2）套路圖解

預備勢

兩腳併攏，成立正姿勢，左手屈肘握槍豎於體左前側，右手自然下垂貼於右胯側，頭正、頸直、兩眼平視。（圖1）

①上步拄槍

重心前移，左腳向前上步，同時右手向後、向上舉起，掌心向前，右腳跟抬起，兩眼目視前方。（圖2）

上動不停，右腳向前上步與左腳併攏成併步，右掌塌腕向下按掌，掌心向下、掌指向前，右手持槍微離地面，目視前方。（圖3）

【動作要點】：上步按掌要連貫，上步時右手持槍微上提。

② 仙人指路

右手轉腕前上挑掌，然後向上、向左下、向前立掌推出，右手持槍拄地，目視前方。（圖4）

【動作要點】：右手上挑、掄一立圓再前推掌。

③ 金雞獨立

左腳抬起左擺，然後向右踢槍杆下部，使槍把向右彈起；同時右手向下握住槍

圖4

把端，上體左轉，兩手持槍托起，左腳踢槍後屈膝左上抬，腳尖內扣，目視左前方。（圖5）

【動作要點】：踢槍後，右握槍、提膝、轉身要一致；兩手托槍，槍頭微高；這是槍術中的提腿高四平槍。

圖5

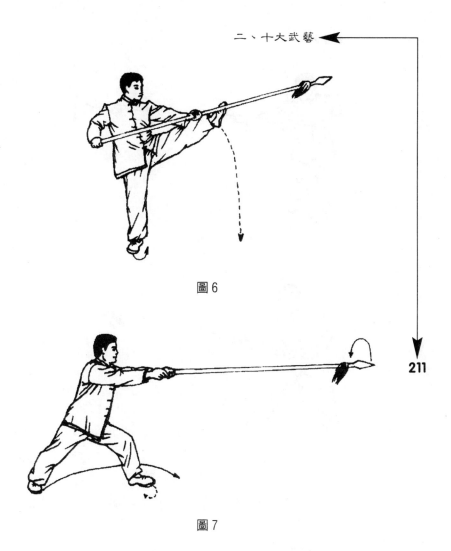

圖 6

圖 7

④ 老鴉登枝

左腳順槍杆向前蹬踢，目視前方。（圖 6）

上動不停，左腳前落，左腿屈膝成左弓步，重心前移，右腳內扣，右腿蹬直；同時兩手持槍向前扎槍，左手滑握右手處，目視前方。（圖 7）

圖 8

圖 9

【動作要點】：踢腿後落步緊接扎，高與肩平，力達槍尖。

⑤ 白蛇出洞

上體右轉，左腳內扣，右腿抬起經左腿左插步；右手持槍後拉於體右側，腕內旋，使槍尖向左下畫弧。（圖 8）

上動不停，右腳向右上步，左手握槍內旋腕，使槍尖向右下方畫弧，高不過頭，低不過胯。（圖 9）

上動不停，右腳內扣，上體左轉，右腳前蹬，左腿屈膝

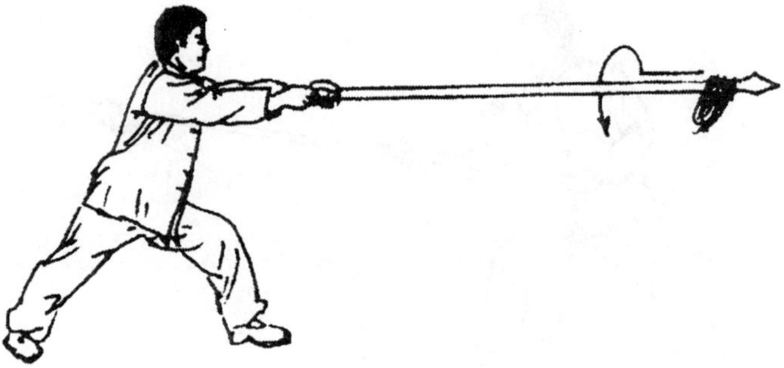

圖 10

圖 11

成左弓步；同時兩手持槍前扎，右手觸及左手，力達槍尖，使槍頭顫動，目視前方。（圖10）

【動作要點】：攔槍、拿槍槍尖畫弧不要過大，扎槍要力達槍尖。

⑥ 單操膀勢

重心後移，右手向後拉槍，左手持槍外轉腕，使槍尖向左撥動。（圖11）

上動不停，重心前移，左手持槍內轉腕，使槍尖向右撥

圖 12

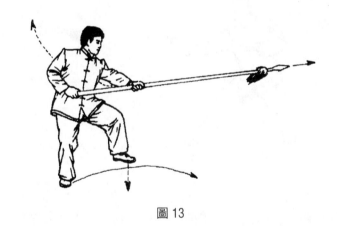

圖 13

動。（圖12）

　　上動不停，重心後移，左腳抬離地面。（圖13）

　　上動不停，左腳向下震腳，右腳向前上步，左腿蹬直，右腿屈膝成右弓步；同時左手鬆開上架，右手單手持槍前扎，力達槍尖，目視右前方。（圖14）

　　【動作要點】：此動是左右撥槍，震腳上步成單採膀

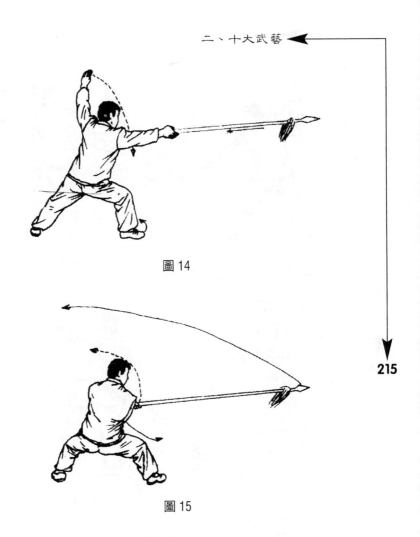

圖 14

圖 15

勢，右手用力時，使槍平直前扎，槍不低於肩。

⑦懷抱琵琶

重心左移，右腳尖內扣，兩腿屈膝成馬步；同時右手持槍左拉，左手下落於右臂側握槍，目視右側方。（圖15）

【動作要點】：右手在裡、左手在外成抱槍式。

圖 16

圖 17

⑧ 鴛鴦腳踢

兩腿蹬伸，重心前移，右手握把端向右下拉槍，左手順槍向左上滑把，使槍從右前向上、向左上畫弧。（圖 16）

圖 18

上動不停，上體微右轉，左腳抬起向前上步；同時右手持槍繼續上舉，左手持槍下落。（圖 17）

上動不停，重心前移，左腿支撐，右腿抬起。（圖 18）

上動不停，左腳蹬地騰空上踢，同時右轉體；兩手持槍從身後向前、向上架槍，目視左前方。（圖 19）

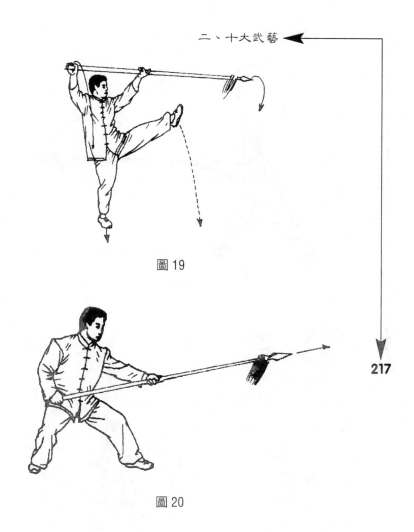

圖 19

圖 20

　　上動不停，右腳、左腳依次落地；同時兩手持槍轉腕右壓槍。（圖 20）

　　上動不停，重心前移，右腳蹬地向前左腿屈膝成左弓步；同時兩手持槍前扎，右手頂住前手，左手鬆握後滑，目視前方。（圖 21）

　　【動作要點】：右抬腿時，左腳就要蹬地，跳轉身上踢

圖 21

落地壓槍、再扎槍。

⑨ 流星趕月

重心微後移,左腿蹬伸;右手向右胯側拄槍,左手順槍杆向上滑動舉於右肩側。(圖22)

上動不停,重心前移,右腳向前上步;同時右手持槍向後、向上、向前掄壓,左手持中段向前、向下擺於右腋下。(圖23)

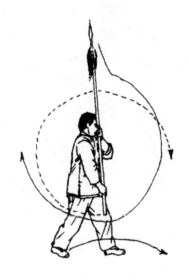

圖 22

上動不停,上體左轉;同時右手持槍繼續向左下、向

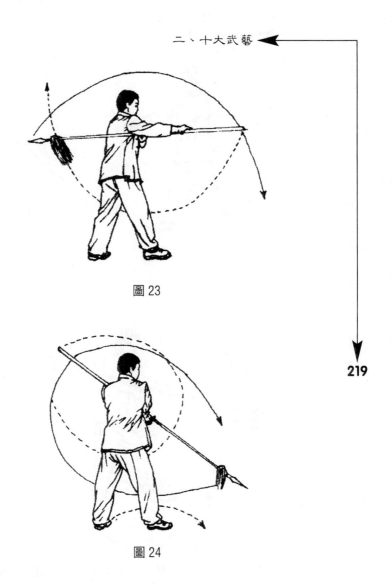

圖 23

圖 24

後、向左上掄擺。（圖24）

　　上動不停，上體右轉，左腳向前上步；同時右手持槍繼
續向上、向右、向下、向後擺於左腋下，左手持槍向左、向
上隨右轉向前掄壓。（圖25）

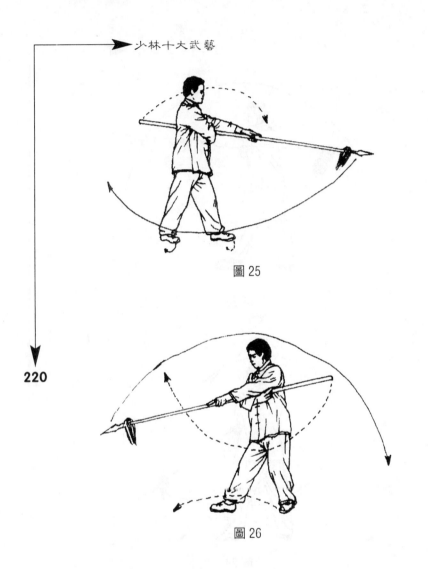

圖 25

圖 26

上動不停，身體右後轉，左腳尖內扣，右腳外展；同時隨轉體槍繼續向下、向右、向前轉擺。（圖 26）

【動作要點】：本勢是一個上步舞花槍接轉身舞花。

⑩ 鴛鴦腳踢

左腳向前上步，左手持槍向上、向後、向下擺動，右手

圖 27

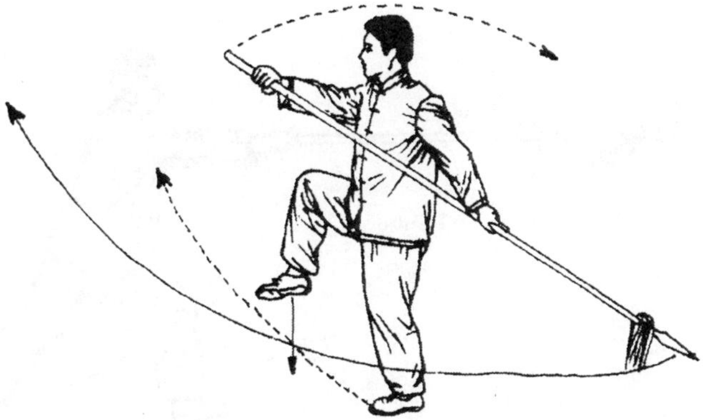

圖 28

持槍向前、向上擺動，並向把端滑握。（圖 27）

　　上動不停，重心前移，右腿前抬。（圖 28）

　　上動不停，左腳蹬地前踢，同時右轉體，兩手持槍前擺上架，目視左側方。（圖 29）

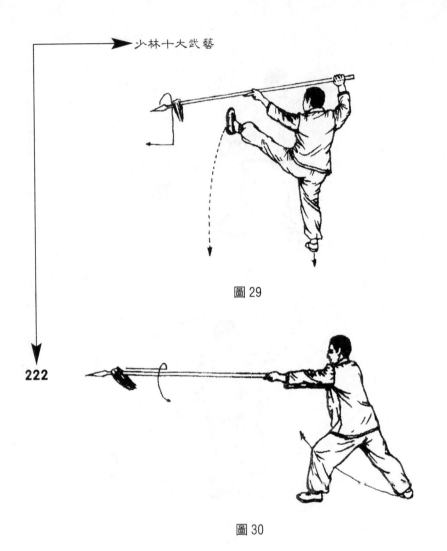

圖 29

圖 30

　　上動不停，右腳、左腳依次落地，左腿屈膝成左弓步，右腿伸直；同時兩手持槍腳落地，轉腕先右壓槍，再向前扎槍，右手頂住左手，目視前方。（圖30）

　　【動作要點】：要領同第八勢，唯加舞花轉身接跳踢。

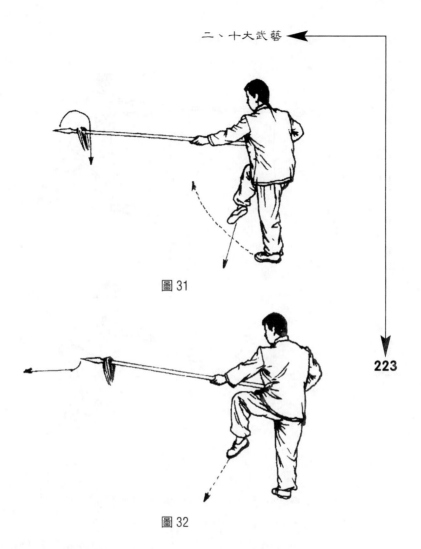

圖 31

圖 32

223

⑪ 白蟒出洞

重心前移，左腿支撐，右腿前抬；同時右手向後拉槍內轉，左手微外翻，使槍尖向左撥槍。（圖 31）

上動不停，右腳向左前落步支撐，左腳同時抬起，兩手轉腕向右壓槍。（圖 32）

圖 33

224

圖 34

　　上動不停，重心前移，左腳落地，左腿屈膝成左弓步，右腿伸直；同時兩手持槍向前扎槍，目視前方。（圖 33）

　　【動作要點】：右腳向左腳左側方做跳換步，撥掄槍用力要輕快平穩。

　　⑫ 獅子搖頭

　　重心前移，右腳向左腳併步，兩腿微屈；同時兩手持槍向左前下用力，使槍尖向下、向左下擺槍，槍尖微離地面。（圖 34）

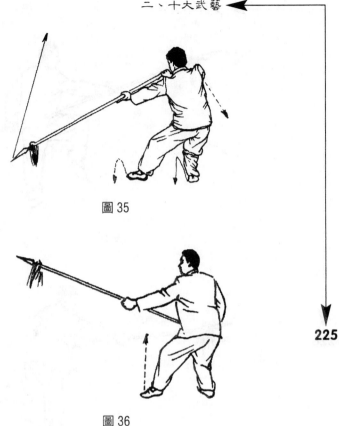

圖 35

圖 36

　　上動不停，右腳抬起下震，左腳向前上步成左虛步；同時兩手持槍猛然向右側推槍，目視前方。（圖 35）

　　【動作要點】：本動作是一個左右下勢撥槍，右腳下震、左腳上虛步時，右撥槍。

　　⑬坐虎勢

　　右腳抬起向前、向下震腳，左腳抬起向前成虛步；同時右手下按，左手上抬，使槍尖向正前方崩彈，力達槍尖，使槍上下顫動，目視前方。（圖 36）

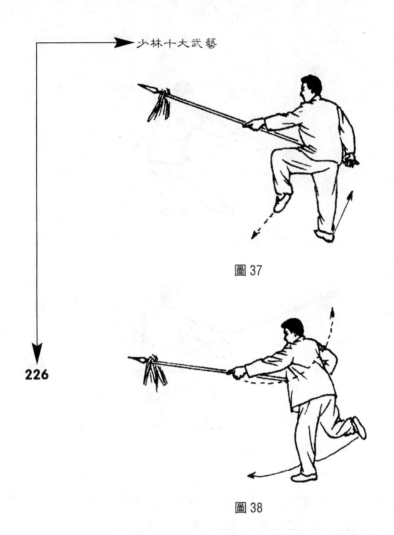

圖 37

圖 38

【動作要點】：右腳下震時上崩槍；同時上左步，屈膝成虛步。

⑭單操膀勢

重心後移，右腿支撐，左腿前抬。（圖37）

上動不停，左腳向前落步，右腳後抬。（圖38）

上動不停，右腳向前上步；同時左手鬆開，右手單手持

圖 39

圖 40

槍前扎左手擺架於頭後上方。目視前方。（圖 39）

【動作要點】：單揉膀勢動作要領同第 6 勢。

⑮落地迎風

上體右轉，右手持槍屈肘後抽於右肩側，左手向前握槍杆下壓，隨轉體，使槍尖向右下畫弧。（圖 40）

上動不停，右腳抬起，腳尖外展下震，重心前移，左腳

跟抬起；同時左手
內轉腕，右手持把
端向右、向下、向
體側擺轉，使槍尖
從右下向左上畫弧
右壓槍。（圖 41）

圖 41

上動不停，重
心前移，左腳向前
上步，左腿屈膝成
左弓步，左腿蹬
直；同時兩手持槍向前扎槍，左手滑握，右手送槍頂住左
手，目視前方。（圖 42）

228

【動作要點】：落地迎風應在右下格槍後，右手右上抽
槍，接著向下扎槍，再接右震腳畫弧右壓槍，右下扎槍（圖
示同 40 圖）。

圖 42

⑯ 避身騰蛇

重心前移，右腳向前上步；同時右手握把端向右胯側下拉，左手屈肘收於右肩體，使槍在右體側豎起。（圖43）

上動不停，上體左後轉，右腿支撐，左腿向上抬起；同時兩手持槍隨轉體向後扎槍，目視左後方。（圖44）

【動作要點】：向後扎槍時，槍杆應貼身轉動。

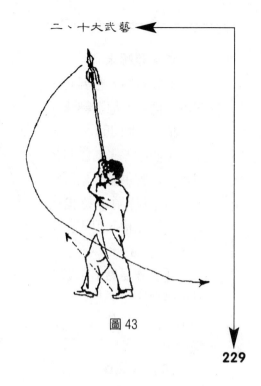

圖43

229

圖44

⑰金雞啄米

上體右轉，左腳向後落步，兩手持槍隨轉體向上舉槍。（圖45）

上動不停，右腳向後退步與左腳併攏，兩腳跟抬起；同時兩手持槍向前、向下點槍，目視前下方。（圖46）

【動作要點】：退步點槍時雙腳跟要抬起，槍尖由上向下短促用力，力達槍尖。

230

圖45

⑱鷂子翻身

上體右轉，右腳抬起向右落步，左腳尖內扣；同時右手握把端隨上右步右拉，左手滑向中段。（圖47）

圖46

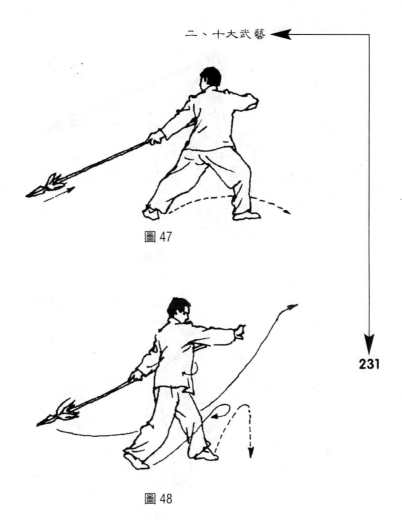

圖 47

圖 48

　　上動不停，上體繼續右轉，左腳向前落步，重心前移，右腳跟抬起；槍避於左體則。（圖48）

　　上動不停，右腿前抬、左腳蹬地，騰空轉體180度；同時兩手持槍先向前掄槍、隨轉體至身後，左手滑於右手處。（圖49）

　　上動不停，右腳落地，左腳抬起。（圖50）

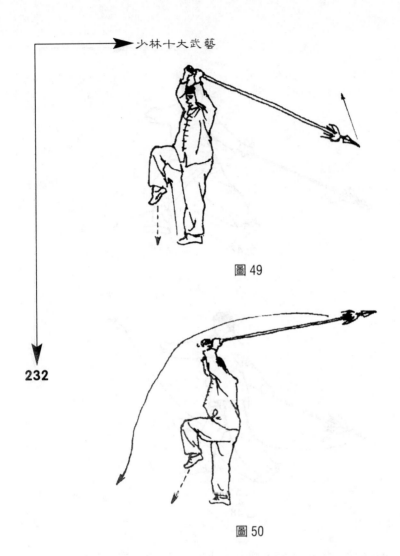

圖 49

圖 50

　　上動不停，右腿屈膝全蹲，左腳前落，腳內扣，成左仆
步；同時兩手持槍用力向下劈槍，左手前移，槍前半身著
地，目視左前方。（圖51）

　　【動作要點】：本動作是一個轉身上步，騰空轉體跳換
步成仆步劈槍；右轉身右腳上步，隨之左腳上步蹬地，同時

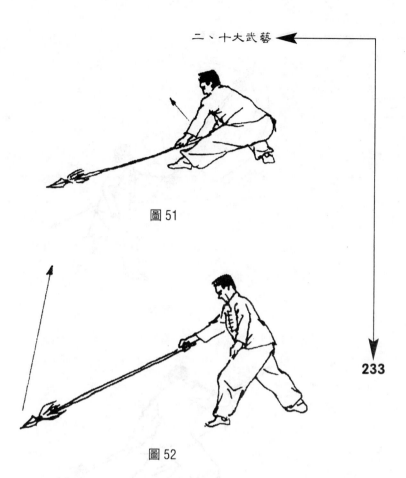

圖 51

圖 52

轉身、左提膝。

⑲金龍回首

　　身體立起，左手鬆開，右手持槍上抬。（圖 52）

　　上動不停，右手挺腕，槍尖上舉。（圖 53）

　　上動不停，右手向上拋槍，槍把向上，槍頭向下，旋轉半周後，右手握住槍頭。

　　【動作要點】：拋槍不得超過半周，本動與下勢相連，沒有做圖示。

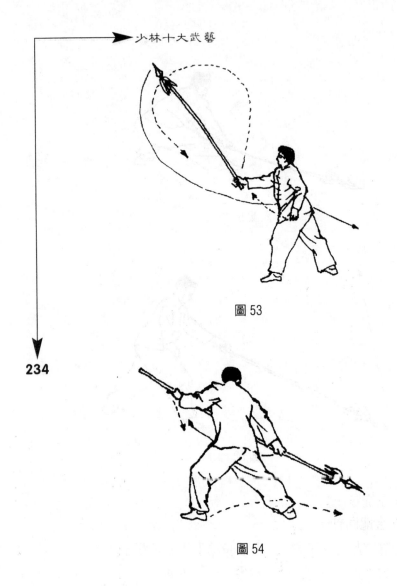

圖 53

圖 54

⑳ 順步倒刺

　　右手接槍後、左手依次握槍，右手上滑，持槍向右後倒刺槍。（圖 54）

　　上動不停，左腳向後退一步；同時右手向前用力，左手

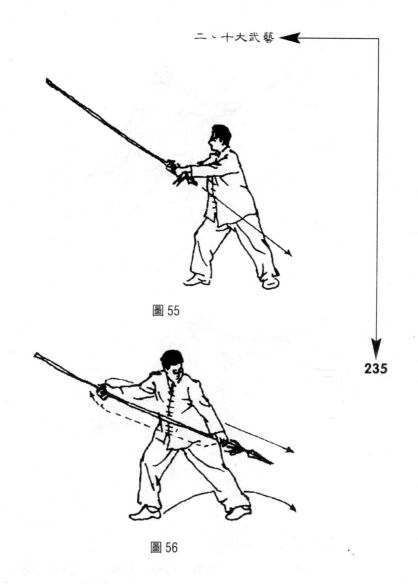

圖 55

圖 56

換握槍頭，右手換握左手上。（圖 55）

上動不停，上體左轉，左手拉槍向左後倒刺。（圖
56）

上動不停，上體右轉，右腿向後退一步；同時左手向前

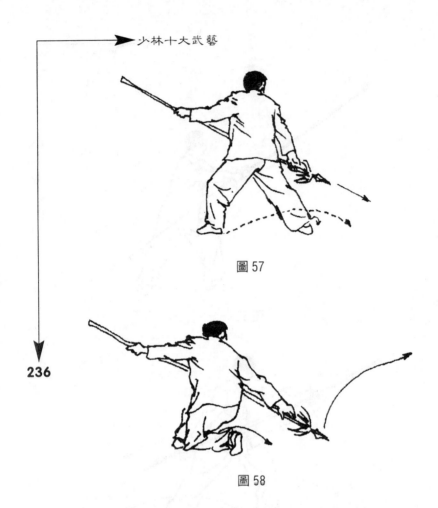

圖 57

圖 58

用力，右手握槍頭，左手換握槍杆；接著右手向右後拉槍，目視右後方。（圖57）

上動不停，重心後移，右腳尖外展，左腳向後插步，兩腿屈膝下蹲成歇步；同時右手繼續拉槍後刺，目視右後方。（圖58）

【動作要點】：本動作是三個連續退步倒刺槍，第三動應連續退兩步成歇步倒刺槍。

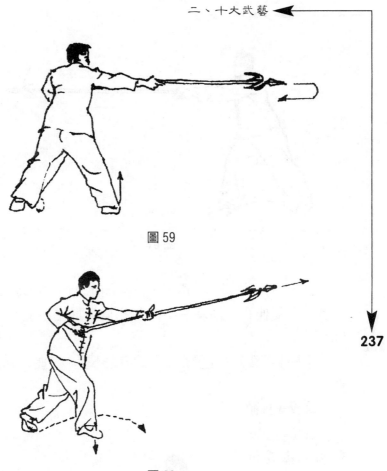

圖 59

圖 60

㉑ 串把扎槍

　　身體立起，右腳向右落步；同時右手反手持槍猛往右拉槍，接著轉正握槍杆後滑，左手滑握把端轉正握。（圖59）

　　上動不停，上體右轉，右腳抬離地面；同時左手向右前推槍，換手握前段，右手滑握把端。（圖60）

圖 61

上動不停，右腳向下震腳，左腳向前上步，左腿屈膝成弓步，右腿伸直；同時右手向前扎槍，頂住左手。（圖61）

【動作要點】：主要是行槍的方向不變，掌握好串手換把。

㉒獅子搖頭

右腳向左腳裡側上步成併步，兩腿屈膝半蹲；同時左手持槍內轉，右手持槍後拉，外轉腕向裡擺動，使槍身向左崩出。（圖62）

上動不停，

圖 62

圖 63

上體右轉，右腳抬起下震，左腳向前上虛步；同時右手持槍
內旋腕，左手腕外旋，使槍身向右側，橫崩槍，目視槍身。
（圖 63）

【動作要點】：此勢基本和第 12 勢要領相似，第 12 勢
是低勢，此勢是高
勢。

㉓罡風掃葉

重心前移，左
腳落實，右腳向前
上步；同時兩手持
槍擺於右肩上。
（圖 64）

上動不停，上
體左轉，兩手同時
用力向左平掄槍。

圖 64

㉔ 金雞獨立

左腳外展，右腳內扣，重心右移，右腿支撐，左腿左上提；同時平掄槍一周後停於左側方。（圖 65）

【動作要點】：罡風掃葉和金雞獨立應銜接好，應成一體，向左平掄槍時，先向右擺一下，兩手持槍上舉，在頭頂上方平掄，然後下落；槍下落時，左提膝。

㉕ 三環套月

重心前移，左腳向前落步，左腿屈膝成左弓步，右腿蹬伸；同時兩手持槍向前扎槍，左手滑於右手處。（圖 66）

圖 65

圖 66

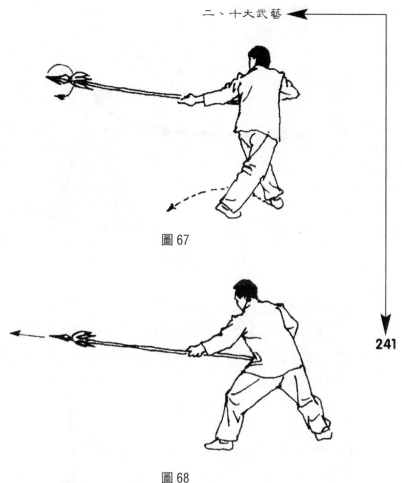

圖 67

圖 68

　　上動不停，上體右轉，左腳尖內扣，右腳抬起經左腿後向左插步，腳跟抬起；同時右手持槍邊向後拉邊內轉腕，左手滑槍外轉腕，使槍尖向左攔槍。（圖 67）

　　上動不停，右腳落實，左腳向左上步，兩腿微屈；同時兩手持槍向右側拿槍。（圖 68）

　　上動不停，右腳蹬地，左腿成左弓步；同時上體左轉，

圖 69

兩手持槍用力前扎槍。（圖 69）

【動作要點】：三環套月應做三次，都是右後插步、左上步扎槍，第二動、第三動開始同圖 66。

㉖流星趕月

左腳蹬地，重心移中，左手持槍屈肘上抬於右肩側；同時下拉槍於右胯側，兩手立槍於體右側。（圖 70）

上動不停，右腳向前上步；同時右手持把端向前壓把，左手持中段向中腋下擺動，槍頭朝後。（圖 71）

上動不停，上體微左

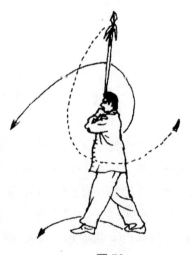

圖 70

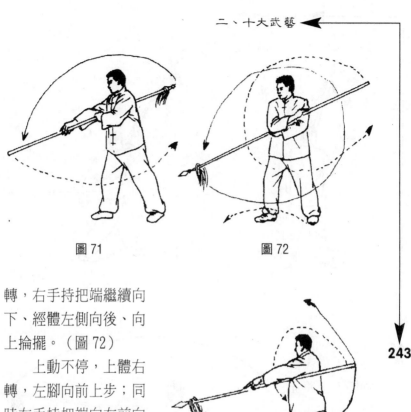

圖 71　　　　　　　　圖 72

轉，右手持把端繼續向
下、經體左側向後、向
上掄擺。（圖72）

　　上動不停，上體右
轉，左腳向前上步；同
時右手持把端向右前向
下擺於右腋下，左手持
槍向下、向後、向上、
向前擺壓，使槍在左側
掄一立圓。（圖73）

　　上動不停，上體微

圖 73

右轉，左手持槍繼續向右下、向後、向上舉槍，貼於右肩
側，右手持把端下拉於右胯側。目視左前方。（圖74）

　　【動作要點】：本動是上步舞花槍，可連續做幾次。

　㉗ 金蛇繞柱

　　右腳向左前上步；同時兩手持槍上舉。（圖75）

圖74

圖75

244

上動不停，上體左後轉體；同時左腳向前上步，腿伸直，腳前掌著地，右腿微彎；兩手持隨左後轉體貼身向後扎槍，上體微左傾，目視扎槍方向。（圖76）

圖76

【動作要點】：左上步、左後轉身和後扎槍要一致；槍要貼身扎出。

㉘ **力劈華山**

上體右轉，右腳尖外展，左腳抬起前落成左虛步；同時兩手持槍向上、隨轉體向前下劈槍，槍尖要高於肩，目視左前方。（圖77）

圖77

【動作要點】：劈槍要和左落步一致，兩手沉把用力，使槍頭上下顫動。

㉙ **二郎擔山**

左腳落實內扣，上體右轉，右腳抬起向右上步成右弓步；同時右手持槍把端上舉，過頭後放在脖子後，用力右拉，臂伸直；左手鬆握上托，目視左側方。（圖78）

【動作要點】：右上舉槍要和右抬腳一致，右落弓步要

圖78

圖 79

和右拉槍一致，槍身要貼於肩和左臂之上。

㉚懷抱琵琶

重心左移，右腳尖內扣，兩腿屈膝成馬步；同時右手持槍把端以脖為支撐向下、向左側屈肘擺動，左手上托一下鬆手，然後向右側握住槍杆，目視右側方。（圖 79）

【動作要點】：槍杆要繞脖，槍尖向上、向右、向下擺動。

㉛落地迎風

上體右轉，左腳尖內扣，左腿蹬仲，右腳尖外展，右腿彎屈；同時右手用力隨轉體向前下扎槍，左手滑於右手處。（圖 80）

上動不停，上體微右轉，右臂上抬，左手持槍把端轉腕拉槍於頭右側，左手轉腕前右側推槍，使槍尖從前向右下撥搶。（圖 81）

上動不停，兩手持槍先向下扎槍，然後右手持把端向右、向下，合於右體側，左手轉腕，使槍尖從右下向左、向上、向右下畫弧壓槍。（圖 82）

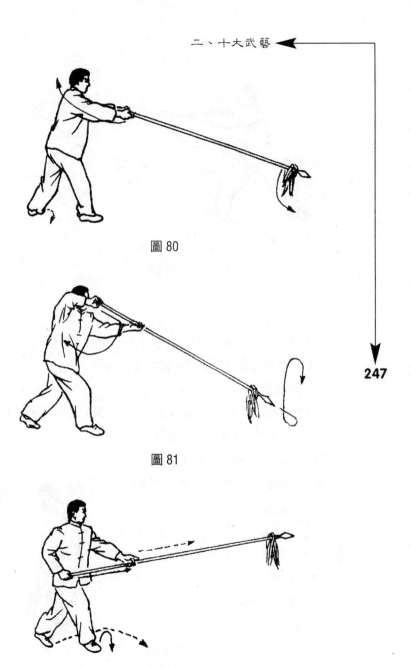

圖 80

圖 81

圖 82

圖 83

上動不停，右腳抬起向下震腳，左腳向前上步；兩手持槍用力向前扎槍，右手頂住左手，目視前方。（圖 83）

【動作要點】：動作要領同第 15 勢。

㉜ 閃龍勢

身體右轉 90 度，右腳尖外展，左腳抬起隨轉體前落成左虛步；同時左手握槍向左側拉槍，右手握把先向懷裡帶，再右前推把，使槍尖隨轉體向身後下撥槍，目視左後方。（圖 84）

【動作要點】：右手先向右拉槍，再隨轉體、上步、左後撥槍，左腳向前撥槍向後要一致。

㉝ 金龍回首

右腿伸直支撐，左腳抬起；同時兩手向上舉槍，左手滑握右手處，頭轉向前方。（圖 85）

圖 84

圖85

圖86

249

上動不停，右腿屈膝全蹲，左腳向前落步成左仆步；同時兩手持槍向前下劈槍。（圖86）

上動不停，身體起立，左手鬆開，右手握槍把用力向上拋槍，使槍在空中旋轉半周，槍頭向下，右手接握槍纓處。（圖87）

【動作要點】：此動是仆步劈槍接拋槍，拋槍時，先隨起身把槍拉起再上拋，用力要均勻，使槍轉立圓不要超過半周接槍。

㉞扶頂珠

上體右轉90度，左腳隨轉體向前上步；同時左手握槍後，兩手持槍

圖87

使槍杆左下落，橫於
左肩上。（圖88）

　　上動不停，身體
繼續右後轉體360
度，右腳前上步；同
時兩手持槍隨轉體雲
頂一周後上舉，目視
前下方。（圖89）

　　【動作要點】：
左腳上步時，上體微
左轉一下，接著右後

圖88

轉體，轉時，兩腳先碾地再抬右腳上步。

　　㉟泰山壓頂

　　重心前移，上體微右轉，左腳向前上步，右腿屈膝全
蹲，左腿伸直成仆步；同時兩手持槍前段向前下劈槍把，
中、後段著地，目視把端。（圖90）

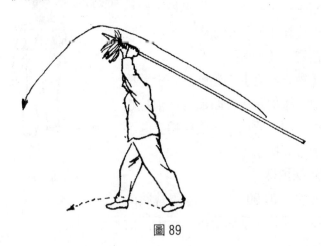

圖89

【動作要點】：先上左腳後再劈把下蹲是一個槍裡加棍的動作。

㊱ 倒步插花

身體立起右轉，左腳內扣，右腳外展，右手握槍頭，隨起身向右上反手上拉，待伸直臂後、鬆開手轉成正握順杆下滑；待右手握住後，左手換成正握槍把端。（圖91）

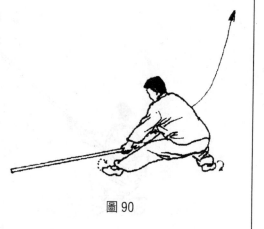

圖90

上動不停，右手向右下方拉槍把、左手換握槍前段，使槍向左擺動，目視右側方。（圖92）

251

圖91

圖92

圖 93

【動作要點】：右手先右上拉槍，左手反手向右上推槍；右手換握下滑把端時，左手再向前握，接勢換握不要離開槍杆。

㊲ 懷中抱月

上體右轉，左腳尖內扣，右腳尖外展，兩腿交叉屈膝下蹲成歇步；同時兩手持槍先使槍尖下落，再隨轉體向前上挑起，日視槍頭。（圖 93）

【動作要點】：先右手前提，再向下按把，左手先後落，再隨轉體向前上挑槍，注意槍尖不要觸地。

㊳ 太公釣魚

起身左腳向前上一步，右腿屈膝，右腳向左腳跟一步成丁步；同時兩手持槍向前下點槍，右手前推，左手後滑。（圖 94）

上動不停，右腳抬起向前落步，腳外展，兩腿屈膝，左腳跟抬起；同時右手持槍向右下拉槍，左手向上轉腕托起，

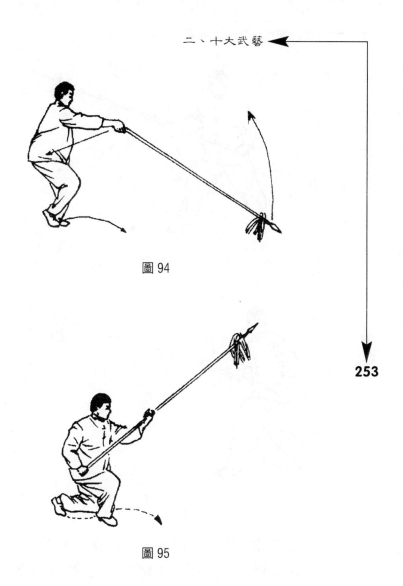

圖 94

圖 95

253

目視前方。（圖 95）

　　【動作要點】：左上步拋點槍，右上步上挑槍。

　　㊴ **探海勢**

　　身體立起，左腳向前上步。（圖 96）

圖 96

254

圖 97

上動不停，右腳向前上步。（圖 97）

上動不停，重心前移，右腿彎曲，左腳抬起扣於右腿膝窩處；同時右手持槍向前下探槍，左手鬆手後，扶於右腕處，目視前下方。（圖 98）

【動作要點】：連續向前上兩小步成扣腿下扎槍，扣腿時，槍要扎出。

圖 98

圖 99

⑩ 敬德拉鞭

　　上體左轉，左腳向前上步成左弓步，右腿蹬直；同時左手向下向左擺掌，右手單手握把，貼地拖槍移動，目視左前方。（圖99）

　　【動作要點】：（圖99）動作右腳可抬起，向前下震腳，左腳再上半步，左手在胸前擺掄一立圓再前推，右手拖

槍貼地隨身前移。

㉛ 拔刀出鞘

右手反握左上提，左手向左脅側握槍杆，目視前方。（圖100）

【動作要點】：槍要貼身前上拔出。

㉜ 金蛇纏身

圖100

上體右轉，重心移中，左腳尖內扣，右腳尖外展；同時右手繼續前向上拉槍，伸直後向右、向頭後擺動，左手向左上托槍，使槍杆落於頭後，兩手順托槍杆成一直線。（圖101）

上動不停，上體右轉，兩手握兩端，右手握把端向下、隨

圖101

轉體向後掄擺，左手上舉，隨轉體向前上舉槍，使槍杆不離右肩。（圖102）

【動作要點】：兩臂伸直握槍，先落於脖子左側，槍舞時滾動移向右肩。

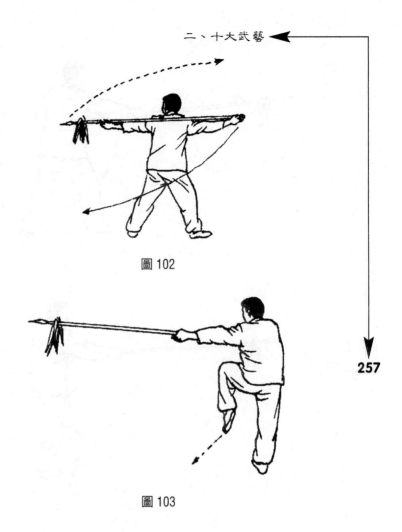

圖 102

圖 103

㊸回馬槍勢

上體左轉，右腳尖內扣，右腿伸直支撐，左腿上抬；同時兩手持槍繼續纏繞，左手先拉槍向下，右手轉向上，使槍杆從右肩後貼肩轉向前，再向左側扎槍，目視左側方。（圖103）

【動作要點】：上勢的後半部分應與本勢的上半部分相

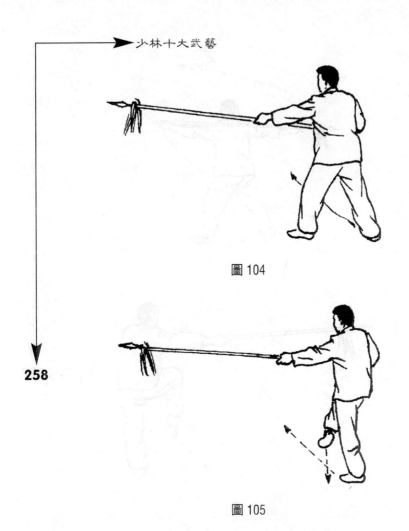

圖 104

圖 105

銜接，上體左右轉動兩手直臂持槍在身體右側使槍舞一周後再回身扎槍；扎槍時，重心右移，上體左傾，腰部右引。

㊹白蟒出洞

左腳向左前落步。（圖104）

上動不停，重心前移，右腳抬起，腳尖外展。（圖105）

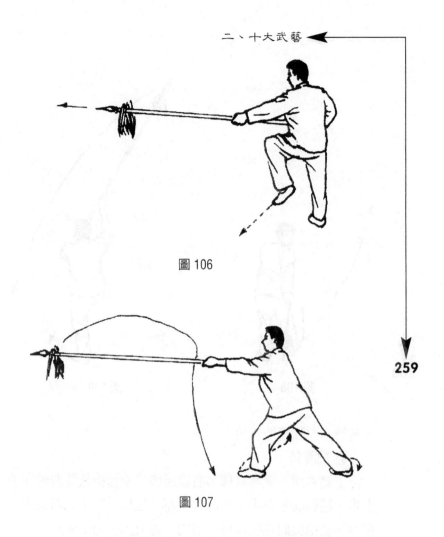

圖 106

圖 107

上動不停，右腳向前下震腳；同時左腳上抬。（圖
106）

上動不停，左腳向前落步成左弓步，右腿前蹬伸直；同
時兩手持槍向前扎槍，力達槍尖，右手觸及左手，目視前
方。（圖107）

【動作要點】：右腳要從左腿前做跳換上步扎槍，右腳

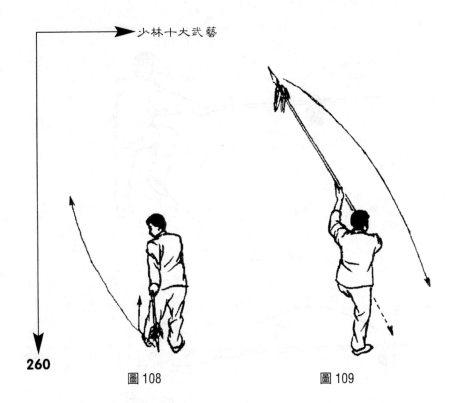

圖108　　　　　　　　圖109

下落時，左腳蹬地前抬。

㊺ 閃龍勢

上體右轉，重心右移，右腿屈膝，左腳抬起隨右轉向前上步，屈膝成左虛步；同時左手左下拉槍，右手先右拉再左推槍，使槍尖向左後撥槍，目視左側方。（圖108）

㊻ 金龍回首

頭轉向前方，右腿支撐，左腿前抬；同時兩手持槍上舉。（109）

上動不停，左腳向前落步成左仆步，右腿屈膝全蹲；同時兩手持槍向前下摔槍，槍杆平摔著地。（圖110）

上動不停，起身向上拋槍；同時左腳迅速蹬地，騰空二

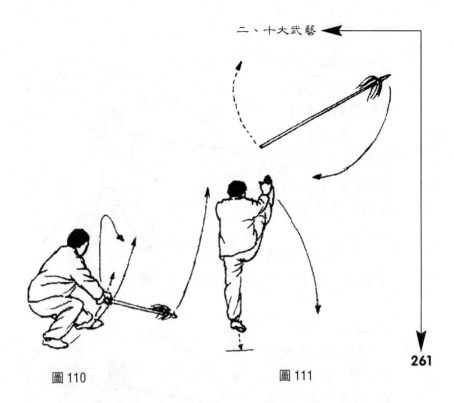

圖 110　　　　　　　　　圖 111

起腳，右腳蹦腳上踢，右手
迎擊腳面。（圖111）

　上動不停，左腳、右腳
依次落地，右腳落地時向右
落；同時右手擊響後迅速接
槍。（圖112）

　【動作要點】：金龍回
首一次比一次難，注意起身
拋槍時就要打二起腳，槍要
高拋，平穩轉半周下落，右
手接槍要快，開始演練時可

圖 112

做原地拍腳，熟練後再騰空打二起腳。

㊼ 插花蓋頂

上體右轉，左腳向前上步；同時左手握於右手處，兩手握槍頭處落於左肩。（圖113）

上動不停，身體右後轉體360度，轉體時，兩腳先碾地，轉過身後，右腳右上步，同時兩手持隨轉體雲頂一周後落於右肩，左手鬆開，立掌停於左肩前。（圖114）

圖113

【動作要點】：右後轉要快速用力，兩手隨轉身上舉雲頂一周後擺於右肩上。

㊽ 槍裡加棍

右手持槍腕部用力，以脖子右側為支點，右手用力向右前甩槍杆把端；同時右手持槍向右、向下、向左、向上舉起，使槍把端向上、向右、向下、再向左上繞一立圓。（圖115）

圖114

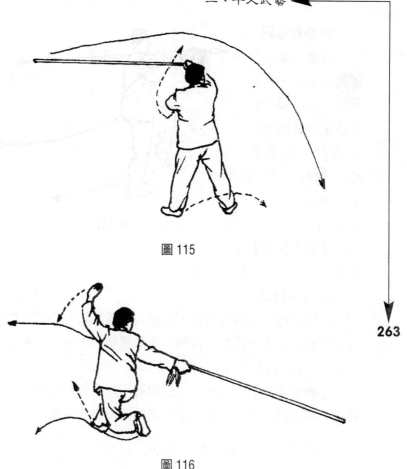

圖 115

圖 116

　　上動不停，重心右移，左腳抬起向右腿後插步兩手屈膝成歇步；同時右手繼續掄棍向右下臂掄把，左手擺架於頭左上方，目視右方。（圖 116）

　　【動作要點】：這是第二個槍裡加棍動作，本動作是由上步轉成雲頂棍和歇步單手掄劈棍組成，劈棍前要單手在體前掄一立圓後再右劈。

㊾ 金雞啄眼

身體左轉，左
腳向前上步，右腿
屈膝上抬；同時右
手持槍隨轉體向前
扎槍左手攔擊右
腕，槍杆在右肩
上，目視前方。
（圖117）

圖117

【動作要點】：
右腳前抬扎槍，右腕擊左掌。

㊿ 鐵牛耕地

上體右轉，左腳尖內扣，右腿向右落步成右仆步；同時
右手持槍頭向下、向右下拉槍，左手握槍杆左擺，目視右側
下方。（圖118）

【動作要點】：右手右下拉槍時，左手順握槍杆，右手
邊拉，左手邊左伸，仆腿右手使槍頭順腿斜下扎槍。

圖118

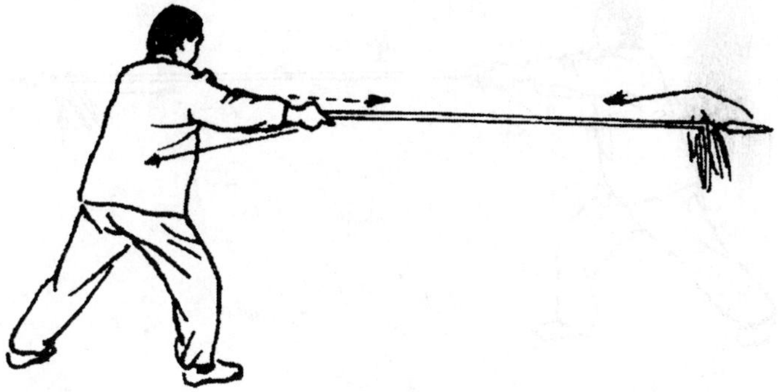

圖 119

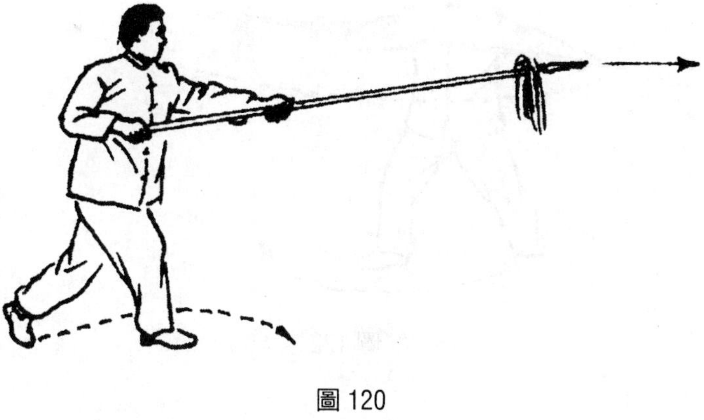

圖 120

(51) 倒把扎槍

身體立起，重心右移，左腳尖內扣；同時左手持把端向右推槍，右手換握槍杆下滑。（圖 119）

上動不停，上體右轉，右手繼續滑握把端右帶，左手鬆手前握槍杆。（圖 120）

上動不停，左腳向前上步屈膝成左弓步；同時兩手持槍

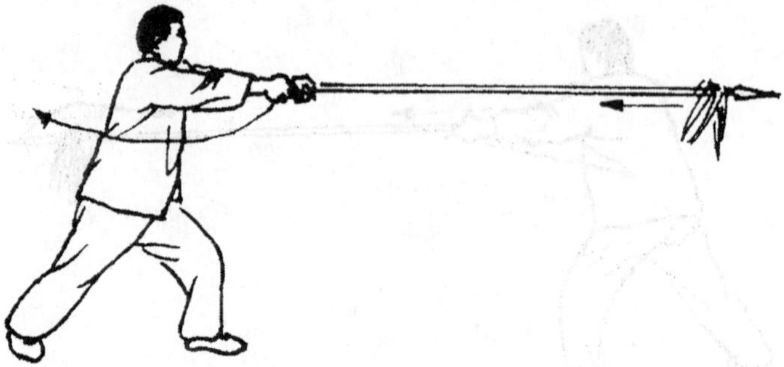

圖 121

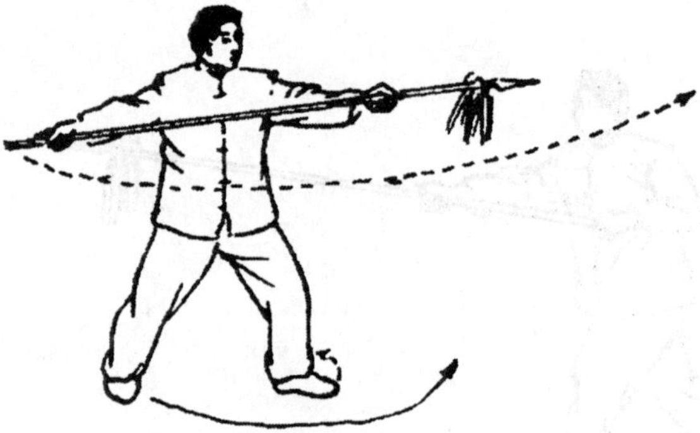

圖 122

攔，拿槍後向前扎槍，目視前方。（圖 121）

【動作要點】：倒把換手時手不要鬆開再握，要邊滑邊貼槍杆轉手，並且要和上轉體、上步等配合好。

(52) 橫馬攔棒

上體微右轉，右手持把端向右後拉槍。（圖 122）

上動不停，身體左後轉體，左腳外展，右腳隨轉體向右上步，兩腿屈膝成馬步；同時右手用力向右側方攔擊，右手

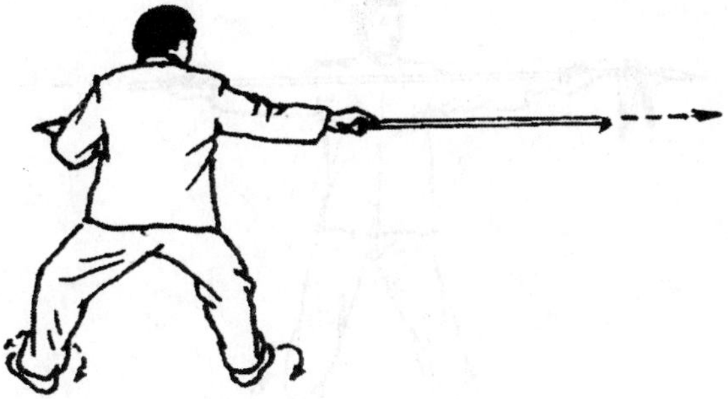

圖 123

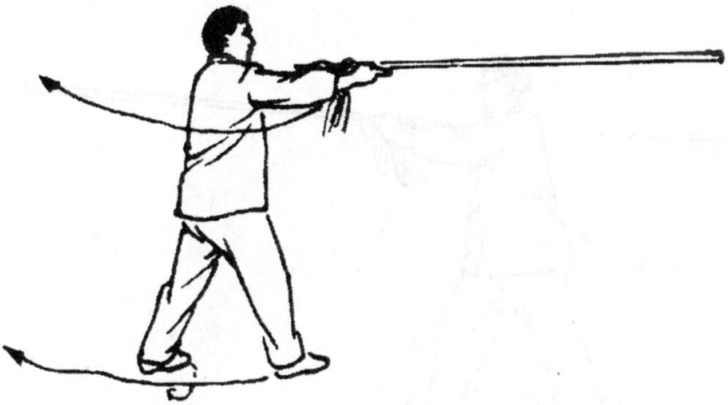

圖 124

順槍杆向中段滑把，左手屈肘，貼於左肩前，手心向裡，目視右側方。（圖 123）

【動作要點】：上步成馬步攔棒要借轉身擰腰之力，用力向前平推，右手順把上滑。

(53) 玉女穿梭

兩腿伸直，左腳內扣，右腳外展，左手向右推槍頭於右手處，右手轉手順握。（圖 124）

圖 125

圖 126

　　上動不停，上體右後轉體，左腳尖內扣，右腳隨右轉向右擺步；同時右手握槍纓處，經腰前向右拉槍。（圖 125）

　　上動不停，上體左轉，左腳尖外展，右腳尖內扣；同時右手向左前推槍。（圖 126）

　　上動不停，上體左轉，右腳尖內扣，左腳隨轉體向左擺落步；同時左手換握槍杆前段向左經脖前向左拉槍。（圖

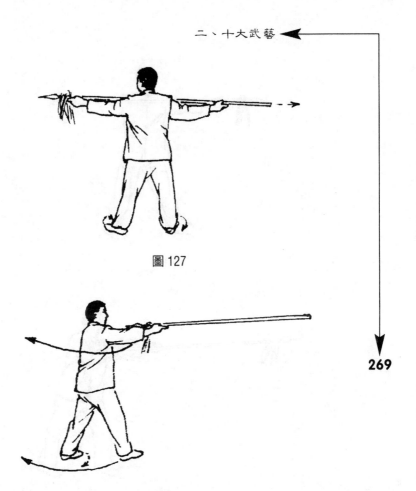

圖 127

圖 128

127）

　　上動不停，上體右轉，左腳尖內扣，右腳尖外展；同時左手持槍纓處向右前推槍。（圖 128）

　　上動不停，上體右轉，左腳尖內扣，右腳隨轉體向右擺落一步：同時右手經脖前向右拉槍，目視右側方。（圖129）

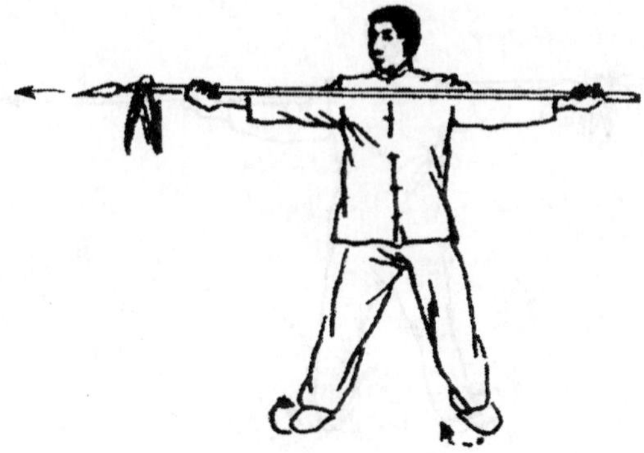

圖 129

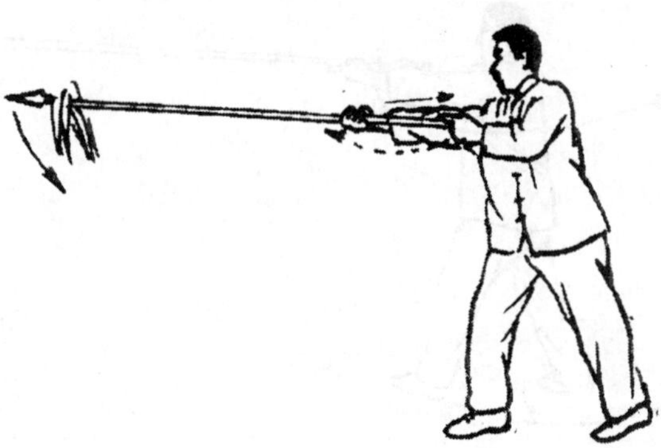

圖 130

【動作要點】：玉女穿梭的動作又叫鎖喉槍，主要是推、拉槍時，左右手的轉換要快，此動連續轉體退步做三次。

(54) 托天叉勢

上體右轉，左腳尖內扣，右腳尖外展；同時左手右前推槍把端。（圖 130）

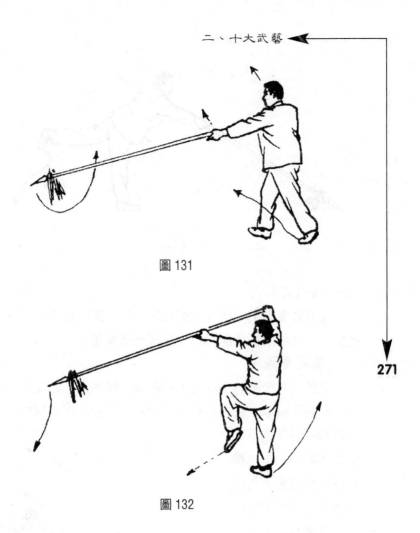

圖 131

圖 132

　　上動不停，上體繼續右轉，重心前移，左腳跟抬起；同時右手繼續向把端滑動，左手換手前握。（圖 131）

　　上動不停，右腿支撐，左腿屈膝前抬；同時兩手持槍上舉。（圖 132）

　　上動不停，左腳向前落步，重心前移，左腿支撐，右腿向後抬起，上體前傾；同時兩手持槍向前下扎槍，目視前下

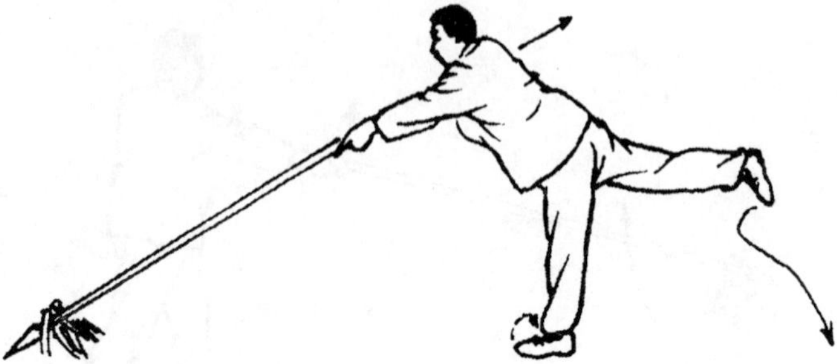

圖 133

方。（圖 133）

【動作要點】：托天叉勢包括串把、提膝托架和探身下扎槍，三個環節都要配合好，探海平衡要穩。

(55) 避身勢

上體向右後翻轉 180 度，右腳向下轉落步，屈膝成右弓步，左腳跟碾地，腳尖內扣；同時右手持把端向右拉槍，左手持槍杆轉臂向下，使槍頭畫弧向下，槍杆貼於左體側，目視右前方。（圖 134）

【動作要點】：轉體落步、拉槍避身要協調一致。

(56) 朝天一柱香

重心前移，右腿支撐，左腿屈膝併抬；同時右手持把向

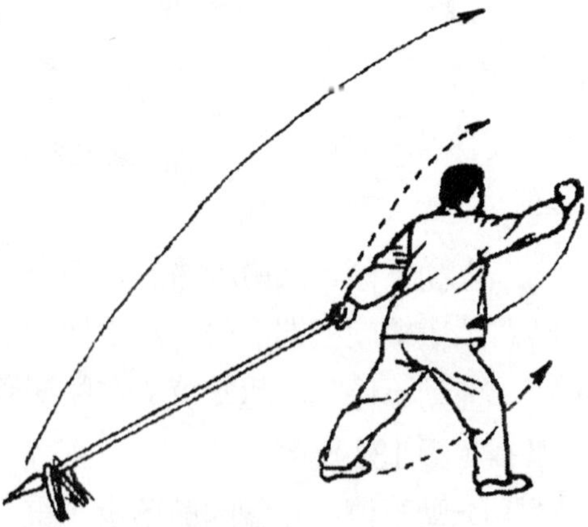

圖 134

下，左手持杆向上、向前立槍上舉，目視前方。（圖 135）

【動作要點】：槍尖從後向上、向前畫弧豎起。

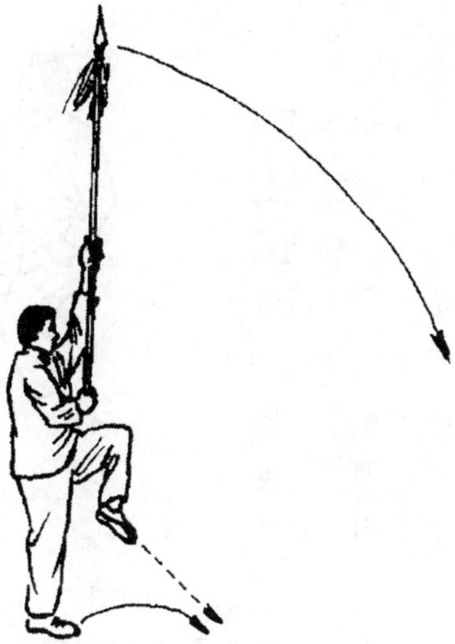

圖 135

(57) 鳳凰點頭

左腳向前落步，右腿向左腳跟步，腳跟抬起，腳前掌點地；同時兩手持槍向前點槍。（圖 136）

【動作要點】：點槍時，槍尖由上向下短促用力，力達槍尖。

此勢是三個墊步，三次連續點槍，圖示沒有標出，演練時，可做連續三次墊步點槍，也可以做原地的三次點槍，兩

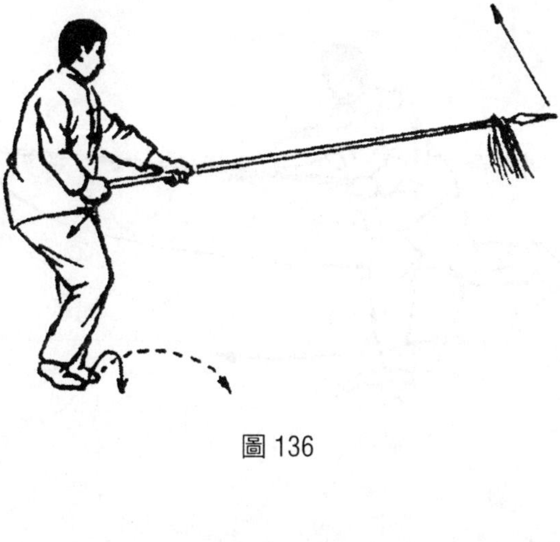

圖 136

手短促用力，力達槍尖。

(58) 坐虎勢

右腳抬起下震，左腳向前上步，屈膝成左虛步；同時右手下按，左手上抬，短促用力，使槍尖上崩，槍尖上下顫動，目視槍尖。（圖 137）

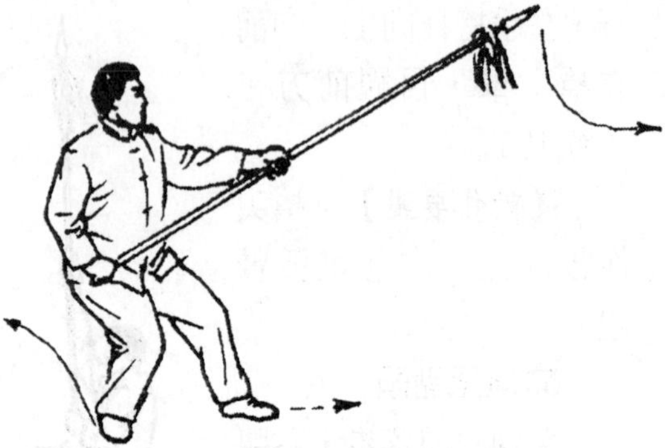

圖 137

【動作要點】：如做墊步點槍時，可接著向下震腳，同時上崩槍。

(59) 烏龍翻江

左腳向左前上步，重心前移，右腳向後抬起；同時兩手持槍前送。（圖 138）

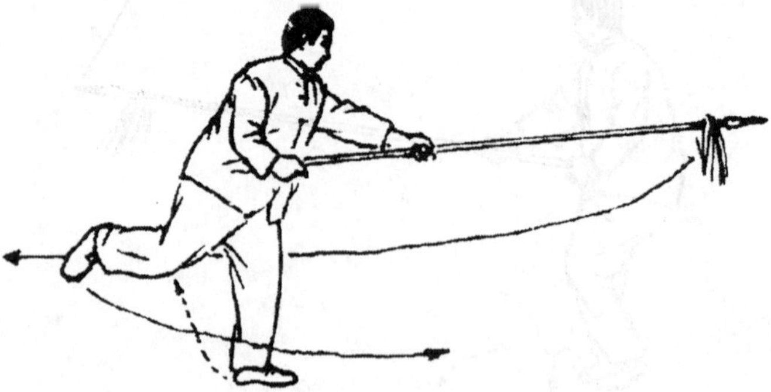

圖 138

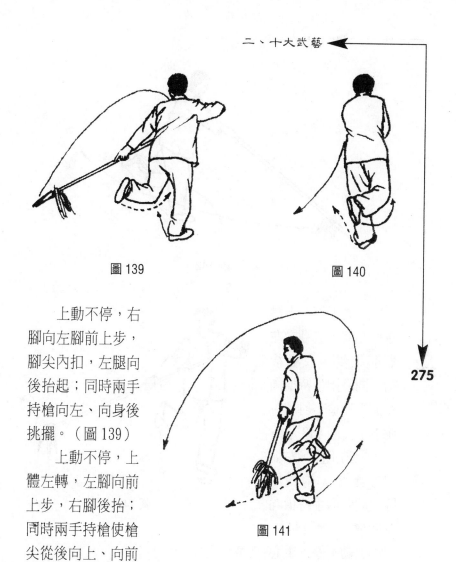

圖139

圖140

上動不停，右腳向左腳前上步，腳尖內扣，左腿向後抬起；同時兩手持槍向左、向身後挑擺。（圖139）

上動不停，上體左轉，左腳向前上步，右腳後抬；同時兩手持槍使槍尖從後向上、向前下點扎。（圖140）

圖141

上動不停，上體繼續左轉，右腳向左腳前上步，左腳後抬；同時兩手持槍向前扎一下接著向後擺槍。（圖141）

上動不停，左腳向右前上步，右腳後抬；同時兩手持槍向上、向前下點扎。（圖142）

圖 142

上動不停，上體
繼續左轉，右腳向左
腳前上步，左腳後
抬；同時兩手持槍向
左前下擺槍，目視左
側方。（圖143）

上動不停，左腳
向左上步，兩腿屈
膝；同時兩手持槍向
左攔槍。（圖144）

上動不停，重心

圖 143

前移，左腿成左弓步，右腿伸直；同時兩手持槍向右側拿
槍，然後向前扎槍，目視前方。（圖145）

【動作要點】：上勢開始向左轉一圈後，一直是左轉
體，基本上是左上步向前下扎槍，右上步兩手持槍向後擺
挑，連貫動作在體左側掄擺立圓；轉一圓一般做3～5次，

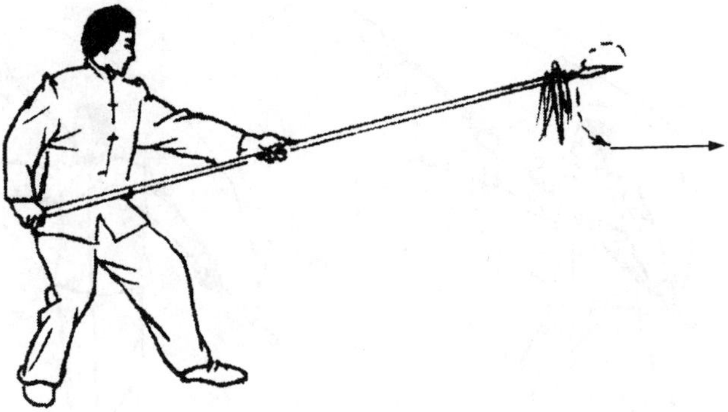

圖 144

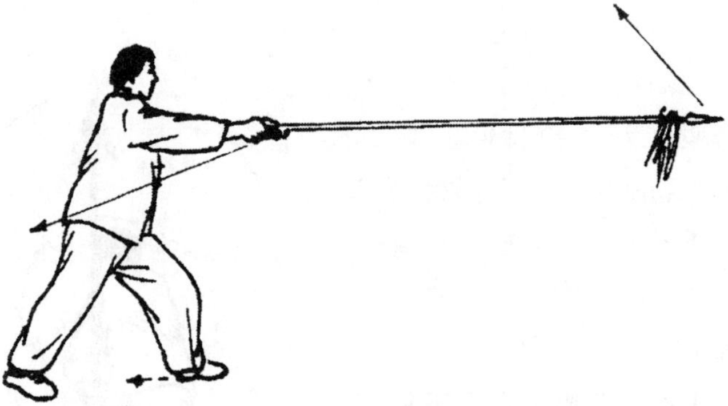

圖 145

要根據情況轉回原起式處；一周的也可以不做攔槍、拿槍，可順勢直接向右下壓槍，然後向前扎槍。

(60) 樵夫問信

左腳蹬地，重心移中，右手握把向右下拉槍，左手上托。（圖 146）

上動不停，重心繼續後移，左腳向右腳併步；同時右手

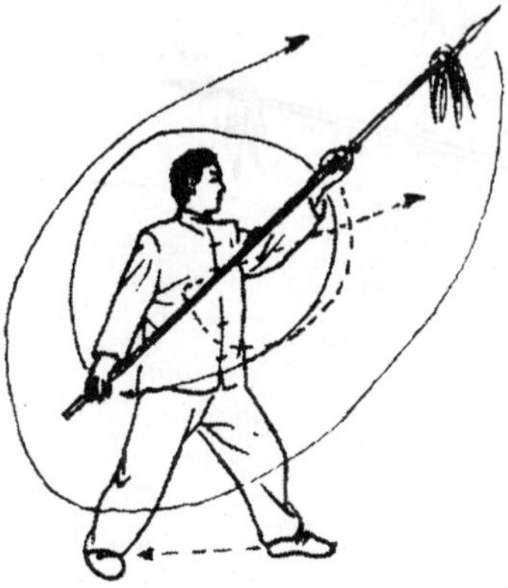

圖 146

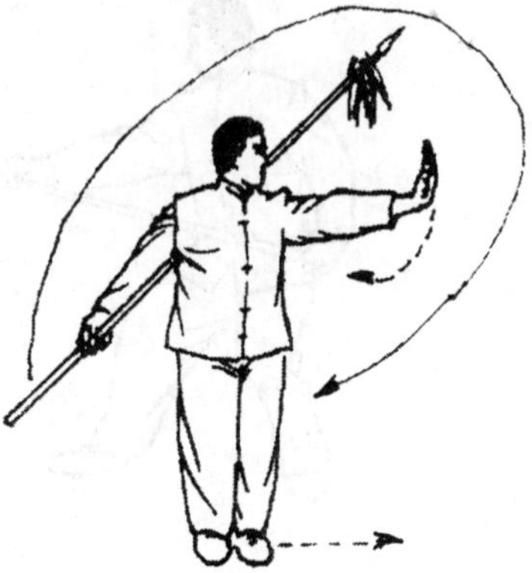

圖 147

持槍把端向上、向前、向下、向後擺動，左手持杆向右腋下擺動，至右腋時鬆手向前推掌，右手向後擺動，使槍杆背於身後，槍尖向左斜前方。目視左前方。（圖 147）

【動作要點】：右下舞花成併步背槍。

(61) 一溜斜踩

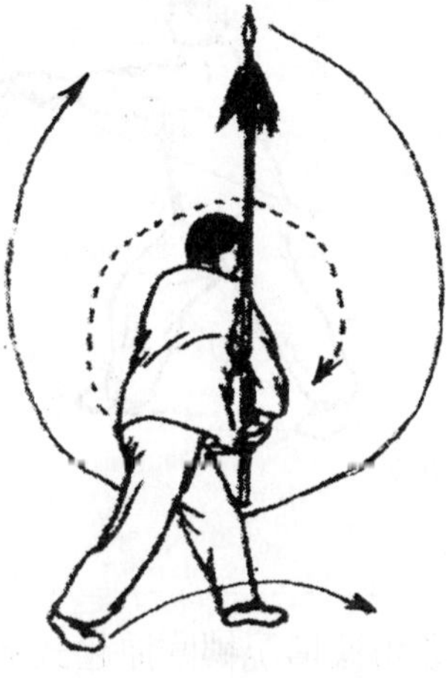

圖 148

重心前移，左腳向前上步，右腳跟抬起，上體左轉前傾；同時右手持把向上、向前、向左下擺動，左手在右腋下握槍杆。（圖 148）

上動不停，右腳向前上步；同時右手繼續持把向左後、向上、向前下擺動，左手握杆向下、向左後、向上擺動。

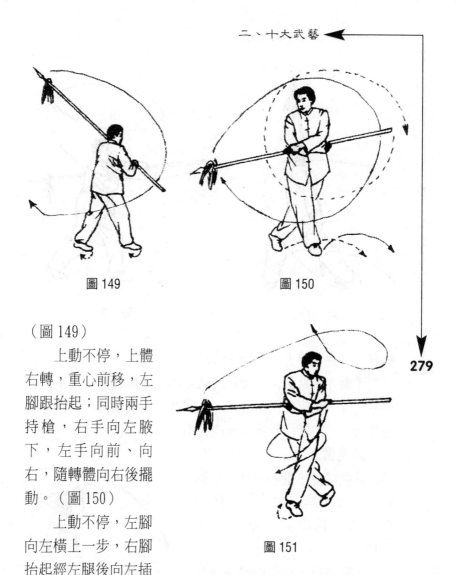

圖 149

圖 150

（圖 149）

上動不停，上體右轉，重心前移，左腳跟抬起；同時兩手持槍，右手向左腋下，左手向前、向右，隨轉體向右後擺動。（圖 150）

上動不停，左腳向左橫上一步，右腳抬起經左腿後向左插步；同時兩手掄絞臂，使槍在體前掄轉一立圓，右手持把向左側方蓋把。（圖 151）

圖 151

上動不停，右後轉體成右弓步；同時右手向下壓把使槍豎起，隨右轉體在身前格一周，至身後，成右背槍，左手前

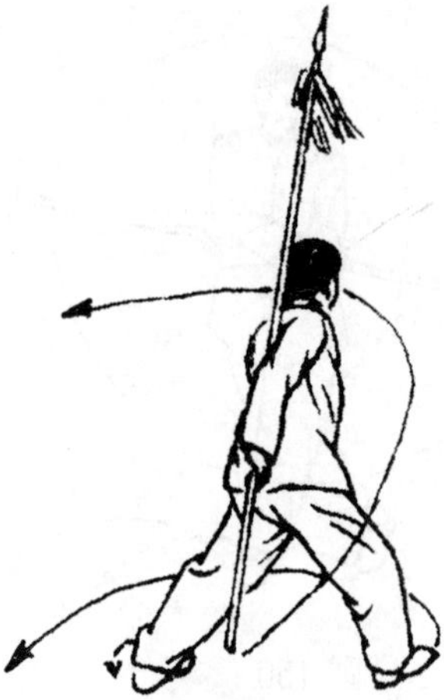

圖 152

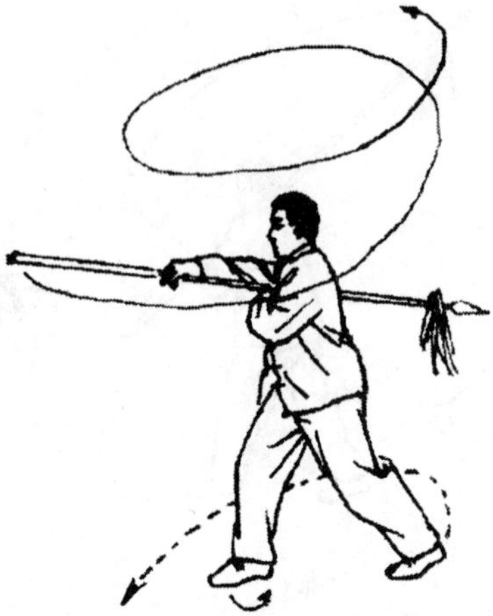

圖 153

推掌，目視左前方。（圖 152）

【動作要點】：一溜斜踩式是由上步舞花槍、叉步蓋把和平轉身三動組成，演練時，式與勢之間要銜接好，轉身時把端向下，在體前豎攔向後成背槍。

(62) 烏雲蓋頂

身體左轉，重心左移，右腳向前上步；同時右手上抬與肩平，隨左轉向前平擺。（圖 153）

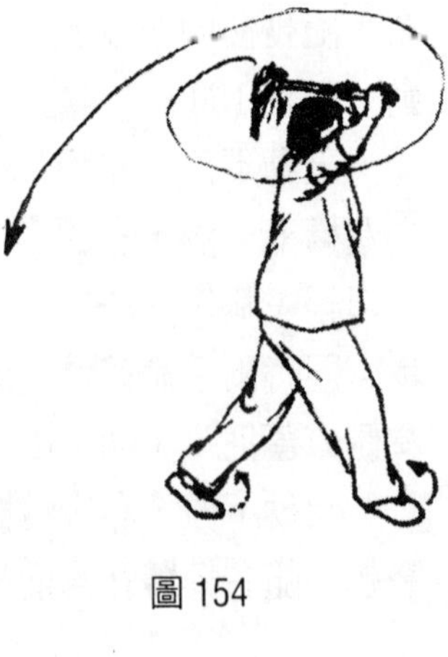

圖 154

上動不停，身體繼續左後跳轉，左腳抬起，向左後插步；同時右手上抬，左手擺出，隨轉體接做雲頂槍一周。（圖 154）

上動不停，重心左移，左腳

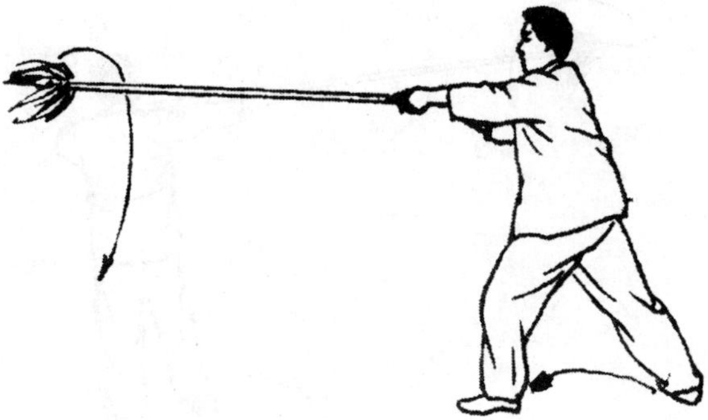

圖 155

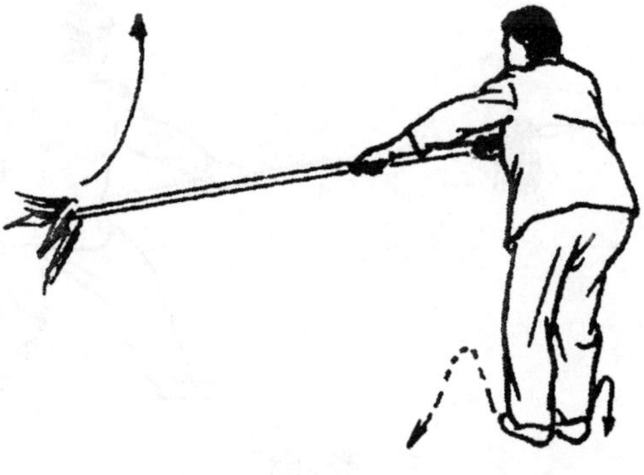

圖 156

尖外展，左腿屈膝成左弓步，右腳內扣，右腿蹬伸；同時兩手持槍繼續平掄左擺，目視前方。（圖 155）

(63) 存欄崩槍

重心前移，右腳向左腳處上步成併步，兩腿彎曲；同時兩手持槍向左下攔槍。（圖 156）

上動不停，右腳微抬下震，左腿伸直，左腳向左前上半

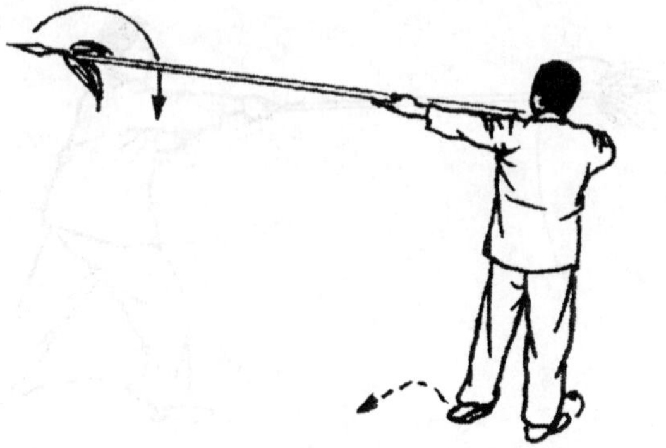

圖 157

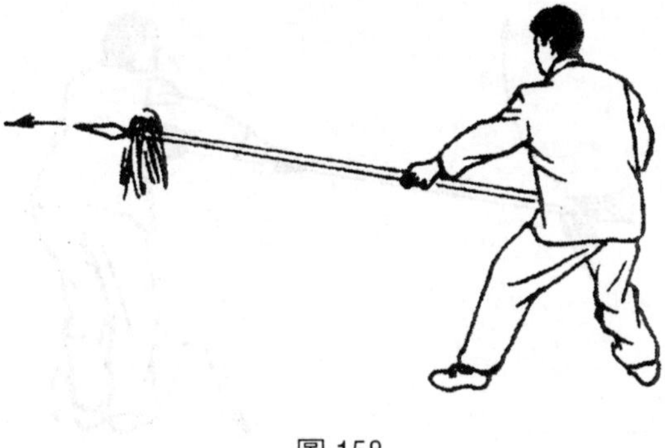

圖 158

步成高虛步；同時上體微後仰、左傾，兩手持槍轉腕向右上橫槍崩推，目視左前方。（圖 157）

【動作要點】：向左下攔槍，有點向下圈捲，右震腳時，猛然向右上仰身橫崩推槍。

(64) 蘇秦背劍

上體裡合，左腳向左前上步，兩手持槍轉腕下落。（圖 158）

圖 159

上動不停，重心左移，上體微左轉，右手向前推槍，觸及右手。（圖 159）

上動不停，重心微後移，右手握把端向上、向裡屈肘轉腕後下拉槍，使槍尖轉一立圓。（圖 160）

上動不停，兩手持槍上舉，過頭後下

圖 160

落於背後，左手鬆開手指成屈臂托槍，右手握把端於身後，手心朝左，目視左前方。（圖 161）

上動不停，右手向左前猛然打把端，使槍從左手掌上向左前上方彈出；同時起身右上步，身體左轉，右手向前握住把端，目視右前方。（圖 162）

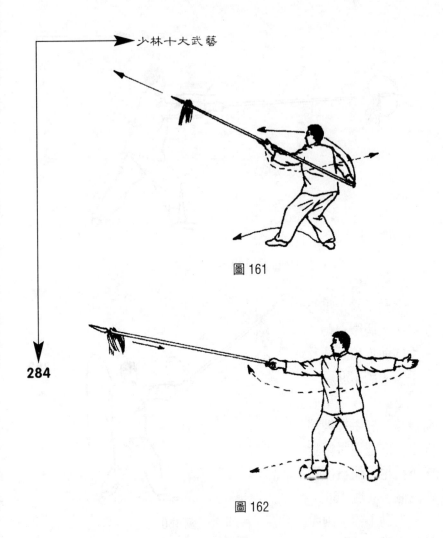

圖 161

圖 162

【動作要點】：右手向後拉槍時，右手掌應隨把端轉動，反臂下拉，然後上舉成左虛步背後托槍；彈送槍時，右手要短促用力裡抖手腕。

⑥⑤風捲殘雲

左腳向前上步；同時右後轉體，左手握槍，左肩轉於槍下把處。（圖163）

上動不停，身體繼續右後轉體，右腳先向後插步，隨轉體腳跟碾地，轉身後，左腳再向前上步；同時兩手持槍用力使槍平掄。（圖164）

圖163

上動不停，身體繼續右後轉右腳抬起隨轉體右落，右腿屈膝成右弓步，左腿伸直；同時兩手持槍繼續平掄，至右側時，隨弓步右手下拉，左手上抬，使槍立於體右側，目視前方。（圖165）

【動作要點】：上步跳轉身平掄槍一周後轉成右弓步，兩手抱槍上舉，右手在右腿上。

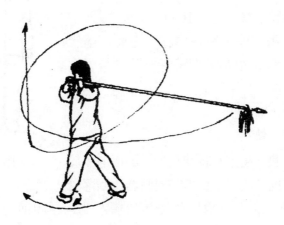

圖164

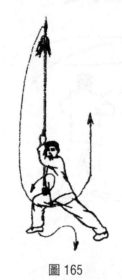

圖 165

圖 166

圖 167

⑥⑥ 仙人坐洞

左手持槍向前下，右手握把上抬，使槍尖轉向左下方，再向上挑起，左手單手向下柱槍，右手鬆手後移；同時右腳向左腳側落腳下震。（圖166）

上動不停，右腿屈膝，左腳前落半步，屈膝成左虛步；同時右手向後、向上、向前下立掌下擺於左手握槍處，目視前方。（圖167）

收　勢

身體立起，右腿伸直，左腳後退，於右腳併攏，成立正姿勢；同時右手回落於右胯側，左手持槍屈肘提槍於體左側，目視前方。（圖168）

圖 168

（六）六合棍

1.器械構造

棍以齊眉棍為多，但少林棍多用大棍，一般高於身高。棍取材容易，多用白蠟杆，分棍梢、棍身、把端三部分。（見下圖）

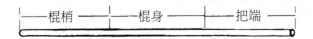

| ——棍梢—— | ——棍身—— | ——把端—— |

2.基本動作

（1）掃 棍

棍梢在腰部以下平擺或以棍梢貼地，棍身傾斜掄擺。要求迅猛有力，力達棍前端。

（2）撥 棍

棍梢斜向前上方左右撥動。用力輕快平穩，幅度不要太大。

（3）雲 棍

棍在頭前上方左右撥動。用力輕快平穩，幅度不要太大。

（4）架 棍

棍身橫平或傾斜，由下向頭上舉起。

（5）格　棍

棍身豎直在身前向左（右）格擋，動作要快速有力。

（6）蓋　棍

兩手開握，棍身平，一手滑握使棍的一端由下向另一側下蓋，棍身仍成水平，動作要快速有力。

（7）挑　棍

兩手握棍，棍的一端由下向前上方挑起，動作要快，力達上挑的一端。

（8）掛　棍

用棍梢或棍把由前向側後上方或側後下方撥擺。棍身貼近身體，快速有力。

（9）點　棍

棍梢向上短促用力，力達棍梢。

288

（10）崩　棍

棍梢向上或左右短促用力，力達棍梢。

（11）撩　棍

棍沿身體左側或右側或立圓向前或向後撩出，速度要快，力達棍前端。

（12）絞　棍

棍梢或棍把向內或向外繞立圓，動作快速柔和，力達梢端或把端，立圓不要太大。

（13）戳　棍

棍梢或棍把直線向前、向側或向後戳擊，力達棍頂端。

（14）擊　棍

棍梢或把平向左或右用力橫打，力達棍前端。

（15）劈　棍

棍由上向下劈出，迅猛有力，力達棍前端。

（16）立舞花棍

棍要貼近身體，速度要快，動作要連續。

（17）平舞花棍

棍在頭頂上方或平圓舞動，動作要連續快速。

（18）旋風舞花棍

棍隨體跳轉在頭頂上方成平圓舞動，動作要連續快速。

（19）穿梭棍

棍直線貼喉或腰部向一側穿出，棍身要平，動作要快速連貫。穿喉棍高不過口，低不過胸；穿腰棍高與腰平。

（20）抱　棍

兩手開握，並握成兩臂交叉握，將棍抱於體前或體側，不得搖擺。

3. 風格特點

六合棍是棍術中的一種，最原始、簡單，但很實用，自古以來就被奉為兵器之首，武術界人士常說「未練長兵，先習棍」和「拳為種，棍為師」等。在武術器械中屬長器械，在諸兵器中被譽為「藝中魁首」。

六合棍的棍法主要是以劈、掄、砸、掃，掛、戳、攔、挑，雲、架、托、提，崩、點、圈、絞及舞花等棍法所組成的套路練習。拳諺云：「槍扎一條線，棍掃一大片」、「槍似游龍、棍若雨」，這說明了槍棍具有不同的風格和特點，演練時要棍使兩端，梢把兼用，身靈步活，順其自然。

棍術的特點是：氣勢威猛，變化多端，剛柔兼備，密集

如雨，快速潑辣。

4. 重點提要

　　六合棍是繁多的棍術套路中的一種套路，因為取械方便，利於研練，習練者較多，本套路動作潑辣、大方、樸實無華。主要動作由花棍開山、橫斷碑石、孤雁出群、泰山壓頂、偷步撞鐘、力劈華山、猛虎甩尾、退身纏攔、旋天攪地、鳳凰點頭、漁翁划船、霸王展旗、四海騰蛟、犀牛揚角、漁翁蕩舟、罡風掃葉、餓虎撲食、平地旋風等組成。全套短小，利於初學者習練，同時也是練習長兵的基礎，個別動作有以棍帶槍的動作，習練時需體會到棍的風格和特點。

5. 套路歌訣

　　　　上步扛棍巡山勢，仙人指路推中膛；
　　　　二郎擔山轉虛步，花棍開山舞花忙；
　　　　橫斷碑石使攉勁，懷抱琵琶棍捲揚；
　　　　孤雁出群緊戳棍，踏步崩棍鳳朝陽；
　　　　孤雁出群棍加槍，避身斜行左下防；
　　　　錦雞獨立上挑勢，撥草尋蛇奔上樑；
　　　　泰山壓頂馬步劈，偷步撞鐘向後望；
　　　　尋徑斜踩撥左右，翻身打鞭仆棍忙；
　　　　力劈華山騰身起，踏步進身勢托槍；
　　　　猛虎甩尾前撩棍，老鴉登枝踢胸膛；
　　　　老僧撞杖登山勢，寒鳥宿林棍後藏；
　　　　泰山壓頂馬步劈，退身纏攔連三匝；
　　　　旋天攪地捲拿勢，鳳凰點頭劈頂樑；

登山挑燈先撩襠，偷步撞鐘換手忙；

書童獻琴斜架棍，漁翁划船左右防；

力劈山岳先撥打，大蟒翻身劈後方；

旋天攪地捲拿勢，鳳凰點頭劈頂樑；

霸王展旗左右撩，鐵杵探海點下方；

力劈山岳先撥打，四海騰蛟劈四方；

黑虎攔路虛步崩，跪步掛耳牛角揚；

回身迎風先掛攔，漁翁蕩舟前後忙；

泰山壓頂馬步劈，罡風掃葉撩兩旁；

餓虎撲食掄劈棍，平地旋風棍高揚；

二郎擔山轉虛步，謝步請示棍收藏；

若問此路名和姓，六合大棍強中強。

6. 套路圖解

（1）棍　譜

①扛棍巡山	⑪錦雞獨立	㉑老僧撞杖
②仙人指路	⑫撥草尋蛇	㉒寒鳥宿林
③二郎擔山	⑬泰山壓頂	㉓泰山壓頂
④花棍開山	⑭偷步撞鐘	㉔退身纏攔
⑤橫斷碑石	⑮尋徑斜踩	㉕旋天攪地
⑥懷抱琵琶	⑯翻身打鞭	㉖鳳凰點頭
⑦孤雁出群	⑰力劈華山	㉗登山挑燈
⑧丹鳳朝陽	⑱進身托槍	㉘偷步撞鐘
⑨孤雁出群	⑲猛虎甩尾	㉙書童獻琴
⑩避身斜行	⑳老鴉登枝	㉚漁翁划船

㉛力劈山岳　　㊲力劈山岳　　㊸泰山壓頂

㉜大蟒翻身　　㊳四海騰蛟　　㊹罡風掃葉

㉝旋天攪地　　㊴黑虎攔路　　㊺餓虎撲食

㉞鳳凰點頭　　㊵犀牛揚角　　㊻平地旋風

㉟霸王展旗　　㊶回身迎風　　㊼二郎擔山

㊱鐵杵探海　　㊷漁翁蕩舟　　㊽謝步請示

（2）套路圖解

預備勢

兩腳併攏，成立正姿勢，左手自然下垂，手掌貼於左胯側，右手持棍扛於右肩上，頭正、頸直、兩眼平視。（圖1）

292

①扛棍巡山

左腳向前上一步；同時左手向後、向上舉起，掌心向前，右腳跟抬起，兩眼目視前方。（圖2）

上動不停，右腳上步成併步，右掌塌腕，掌心向下，經

圖1　　　　　　圖2　　　　　　圖3

圖4

圖5

右身側下按於體側，掌心向下、掌指向前；同時擺頭左視。（圖3）

【動作要點】：上步按掌要連貫，右手屈肘持棍不變。

②仙人指路

左手外旋，直臂左前舉，虎口向上。（圖4）

上動不停，左手屈肘收回後，立掌前推掌，目視左前方。（圖5）

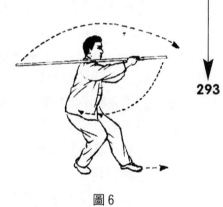

圖6

【動作要點】：左手向左前挑起後，繼續向上、向後收回再推掌，路線走一立圓。

③二郎擔山

身體左轉，右腳內扣，右腿屈膝，左腳隨轉體向前上一步，屈膝成左虛步；同時右手持棍向下，經胸前上挑棍，左手擺掌扶於棍內側，目視前方。（圖6）

圖7　　　　　　　　　　圖8

【動作要點】：右手持棍先下落隨轉身再向左前挑起。

④ 花棍開山

左腳向前上步，左腿屈膝成左弓步，右腳內扣，右腿伸直；同時右手持棍前拉、接著向下、向後、向上、向前劈棍，左手在右手前拉時握住梢段，向前、向下、向體左側掄擺，目視前方。（圖7）

【動作要點】：成左弓步向前舞花一立圓掄劈。

⑤ 橫斷碑石

重心微後移，左手持棍後引，右手滑握住把端，然後，兩手用力向右前方橫掃；同時重心前移，左手順棍梢滑握棍中段，目視前方。（圖8）

【動作要點】：擺棍時，兩手要用力，同時兩手要滑動，右手從中段滑向把端，左手從梢段滑握中段。

⑥ 懷抱琵琶

重心後移成左弓步；同時左手持棍向內捲腕，目視前方。（圖9）

【動作要點】：捲腕時使棍前段由右往左撥。

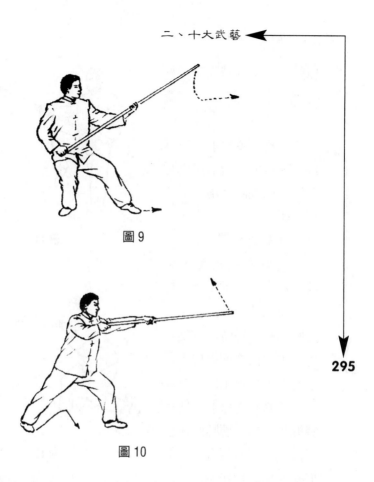

圖 9

圖 10

⑦ 孤雁出群

重心前移，左腳向前上步，屈膝成左弓步，右腳內扣，右腿伸直；同時左手持棍腕內旋隨重心前移時，兩手持棍用力前戳，目視前方。（圖 10）

【動作要點】：左手邊轉腕邊向前用力，右手握把端整個棍要送出。

⑧ 丹鳳朝陽

重心前移，右腳抬起向前上半步，右腿直立支撐，左腿

屈膝上抬；同時兩手持棍上崩，目視前方。（圖11）

【動作要點】：右腳落步要震腳，向上崩棍時先使棍前段向下落一下，再崩起。

⑨ 孤雁出群

圖11

左腳向前落步、屈膝，右腳向左腳跟步，接著右腿屈膝成半跪步，右腳跟抬起；同時右手腕內旋，兩手用力前戳棍，目視前方。（圖12）

【動作要點】：向前戳棍時，左手轉腕應使棍梢畫一半圓後再戳棍，似棍裡加槍的動作。

圖12

⑩ 避身斜行

上體右轉，重心右移，右腳向右擺步，右腿屈膝成右橫襠步，左腳內扣，左腿伸直；同時兩手持棍右畫半圓下避棍，目視棍梢端。（圖13）

【動作要點】：向下

圖13

圖 14

圖 15

297

避棍要與右橫襠步一致，棍
與左腿方向一致。

⑪錦雞獨立

重心右移，右腿伸直支
撐，左腿屈膝抬起，同時兩
手持棍從左下向右上挑起，
目視左前方。（圖14）

【動作要點】：左腿收
拾要和挑棍一致。

⑫撥草尋蛇

圖 16

上體微左轉，重心前移，左腳向前上步，左腿屈膝；同
時兩手持棍從上向左腿外側下落。（圖15）

上動不停，右腳向前上一步，屈膝成右弓步，左腿伸
直；同時右手持棍前劈，左手持棍，擺於左體側，目視右前
方。（圖16）

【動作要點】：劈棍兩手要往後滑棍，突出右把端。

⑬泰山壓頂

重心左移，左腿伸直支撐，右腿屈膝抬起；同時左手持梢端左上舉，右手持棍向右下撥棍。（圖17）

圖17

上動不停，右腳向右前落步；同時右轉體，左腳向左前上步兩腿屈膝成馬步；兩手持棍，左前劈棍，目視左前方。（圖18）

【動作要點】：劈棍時，右手先滑向把端，下劈時左手再滑向中段。

⑭偷步撞鐘

上體立起，重心右移，左腳抬起向右腳右側落步成叉步，左腳跟抬起；同時兩手持棍向後搗，目視右後方。（圖19）

圖18

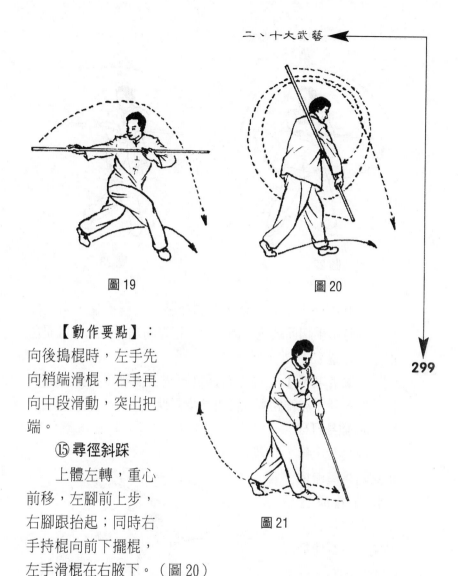

圖 19

圖 20

299

圖 21

【動作要點】：
向後搗棍時，左手先
向梢端滑棍，右手再
向中段滑動，突出把
端。

⑮尋徑斜踩

上體左轉，重心
前移，左腳前上步，
右腳跟抬起；同時右
手持棍向前下擺棍，
左手滑棍在右腋下。（圖20）

上動不停，右腳向前上步，左腳跟抬起；同時兩手持棍
在左體側絞花後，左手使棍梢向右前擺。（圖21）

上動不停，上體右轉，右腳外展，左腳向左上步，兩腿
直立；同時兩手持棍繼續向右上擺動。（圖22）

圖 22 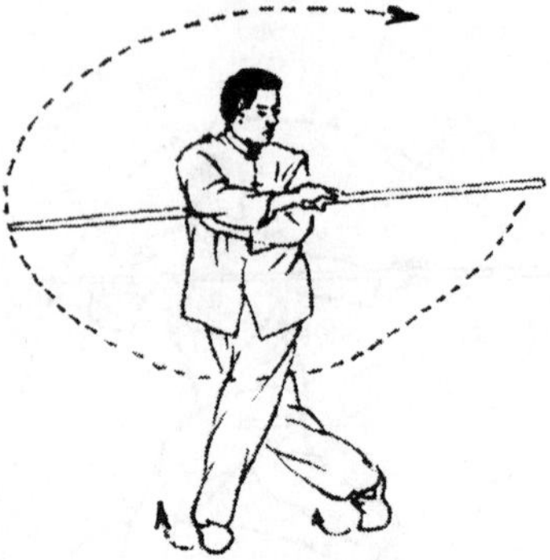　　　　　　　　　　圖 23

300

　　上動不停，重心左移，左腿屈膝，右腳抬起，向左插步；同時兩手胸前絞花一周，右手把端向左後蓋把，目視左棍把。（圖23）

　　【動作要點】：尋徑斜踩是一個上步舞花棍接叉步蓋把，舞花時左右舞動兩次後再叉步蓋棍。

　　⑯ **翻身打鞭**

　　身體右後轉，兩腳隨轉體碾地，右腿屈膝成右弓步，左腿伸直；同時兩手持棍使把端向下、向右、向上隨轉體再向右拉棍，上舉，左手扶棍斜舉。（圖24）

　　上動不停，右

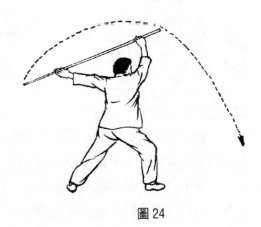

圖 24

圖 25

手單手用力向前下劈棍，
左手上架於頭左上方，目
視棍梢。（圖 25）

【動作要點】：轉體
時棍要絞立圓上舉，不要
平擺上舉。

⑰ 力劈華山

重心後移、左腿支
撐，右腿屈膝上抬；同時
右手持棍從前，經體右
側，掄棍上舉，至頭上方
時左手接握右手處。（圖 26）

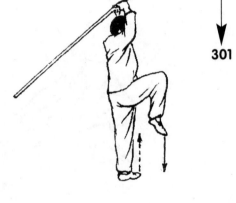

圖 26

上動不停，右腳下踏，左腳同時抬起。（圖 27）

上動不停，上體微右轉，右腿屈膝全蹲，左腳向前上步
成左仆步；同時兩手用力向左前下劈棍，目視棍梢端。（圖
28）

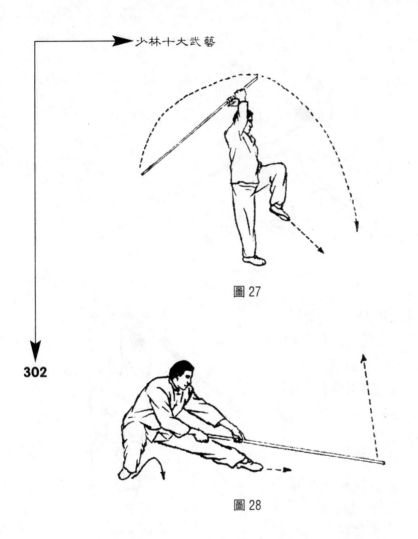

圖 27

302

圖 28

　　【動作要點】：此動是原地跳換步成左仆步劈棍，上體要左前傾。

⑱ 進身托槍

　　身體立起，右腳抬起向左落半步下震，右腿屈膝，左腳向左前落半步，左腿屈膝成左虛步；同時雙手持棍上崩，目視左前方。（圖29）

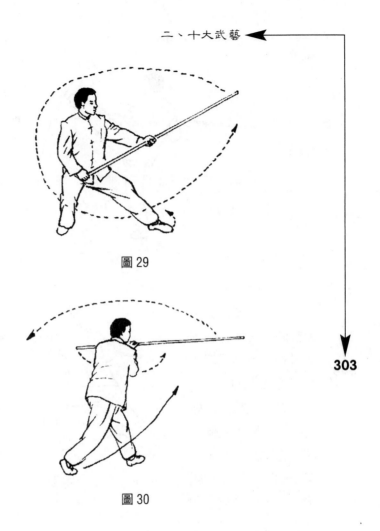

圖 29

圖 30

【動作要點】：崩棍時，隨起身把端先抬起，然後再崩棍；上崩時，左手向上，右手向下，兩手同時用力。

⑲ 猛虎甩尾

上體左轉，重心前移，左腳外展，左腿屈膝，右腳內扣，腳跟抬起，右腿伸直；同時兩手持棍向上、向後、向下，隨轉體再向右前撩棍，目視右前方。（圖 30）

圖 31

【動作要點】：
撩棍時左右手都向中
間滑動，留出把端。

圖 32

⑳ 老鴉登枝

重心前移，左腿
支撐，右腳抬起向右
前上方蹬踢，腳尖勾
起；同時兩手持棍繼
續向上、向後擺動，
目視右前方。（圖 31）

【動作要點】：蹬踢時腳跟用力。

㉑ 老僧撞杖

重心前移，右腳向前落步成右弓步，左腿蹬直；同時右
手拉棍向右戳棍，左手滑握梢節，目視右前方。（圖 32）

【動作要點】：右弓步要和戳棍一致，右棍把要突出
來。

㉒寒鳥宿林

上體左轉，重心左移，左腿屈膝，右腳收於左腳側，腳尖點地；同時兩手持棍向左腿外側下豎棍，目視左側。（圖33）

【動作要點】：此動是左防掃棍，棍頭要著地。

㉓泰山壓頂

上體右轉，重心前移，右腳向前上步，左腳內扣，腳跟抬起；同時兩手持棍隨轉體上步向右前下方擺棍，左手後滑於右手處。（圖34）

上動不停，上體繼續右轉，左腳向左前上步，兩腿屈膝成馬步；同時兩手持棍

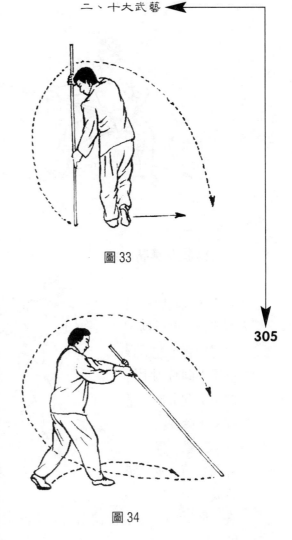

圖33

圖34

繼續向後，經體右側，再向上、向左前劈棍，右手滑握把端，左手前滑，目視左前方。（圖35）

【動作要點】：上步掄棍成馬步劈棍。

圖 35

㉔ 退身纏攔

　　重心右移，左
腳抬起經右腿前向
右落步，腳外展，
左腿伸直，左腿跟
抬起；同時兩手持
棍由下向上挑一半
圓。（圖 36）

　　上動不停，右
腳向右前上步，屈
膝成弓步，左腿伸

圖 36

直；同時兩手持棍繼續由上向下圈棍，目視左側方。（圖
37）

　　【動作要點】：本動作圖示只介紹了一個完整的退步纏
攔，應該連續做三個再接動作，退步纏攔應使棍梢絞以立
圓。

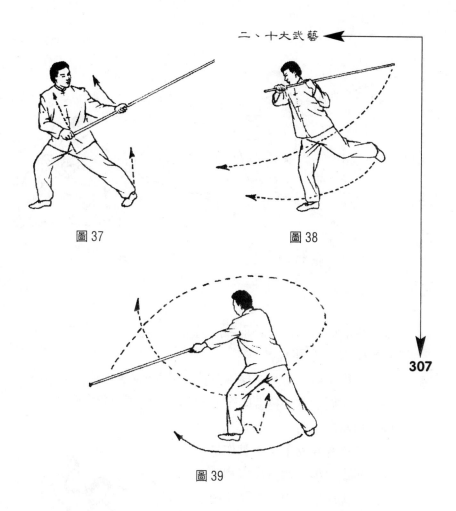

圖 37

圖 38

圖 39

㉕ 旋天攪地

　　身體右轉，重心前移，右腿支撐，左腳後抬；同時隨轉
體兩手持棍舉於左肩側。（圖 38）

　　上動不停，左腳向前落步，雙手持棍向前下掃棍。（圖
39）

　　上動不停，身體繼續右後轉體，左腿支撐，右腿屈膝上
抬；同時兩手持棍繼續隨轉體掃棍。（圖 40）

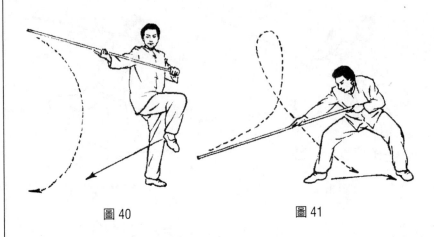

圖 40　　　　　　　　圖 41

上動不停，上體繼續右轉，右腳落步，兩腿屈膝成馬步，重心微右傾；同時兩手持棍向前、向下、向後捲掃，目視右側方。（圖41）

上動不停，重心左移，右腳抬起落於右腳內側，腳尖虛點地面；同時兩手持棍向後、向上、向前再向體右側圈一立圓，目視右下方。（圖42）

【動作要點】：本動作是由上步上雲棍，轉身掃棍和圈拿式三動組成，第三動圈拿後向右腿側避棍。

㉖鳳凰點頭

上體右轉，右腳向前上步成右弓步，左腿蹬直；同時兩手持棍使棍梢向後、向上、向前點擊，目視前方。（圖43）

圖 42

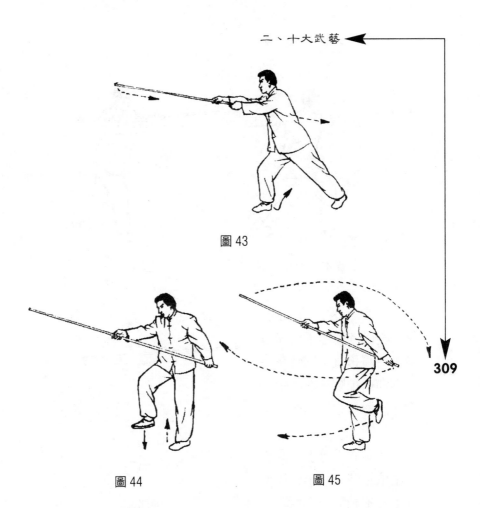

圖 43

圖 44　　　　　　圖 45

309

【動作要點】：此動要結合好上一動，棍向右避身時，上體微左移一下，接著絞棍前點。

㉗登山挑燈

重心後移，左腿支撐，右腿屈膝抬起；同時左手握梢把後拉。（圖 44）

上動不停，右腳向前落步震腳；同時左腳抬離地面。（圖 45）

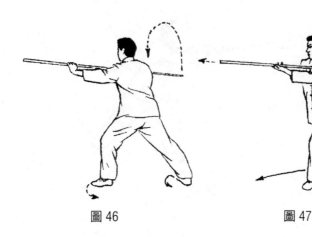

圖46　　　　　　　圖47

上動不停，重心前移，左腳向前落步成左弓步，右腿蹬直；同時左手持棍向前撩擊，右手由前向後屈肘持棍，目視左側方。（圖46）

【動作要點】：向前左撩擊棍時，左手要順棍向中間滑動，突出把端。

圖48

㉘偷步撞鐘

上體左轉，重心前移，右腳內扣，腳跟抬起；同時右手持棍上舉過頭後下落於左臂裡。（圖47）

上動不停，右腳向前上步，屈膝成右弓步，左腿伸直；同時右手鬆開向左手前握棍右前搗擊，左手後滑，以虎口托棍，掌心向裡，目視右前方。（圖48）

【動作要點】：本動作是接上勢的左撩擊接右搗棍，側

圖 49

圖 50

身換手要快，右搗棍要用力。

㉙ 書童獻琴

　身體左後轉，右腳內扣、屈膝，左腳外展，左腿屈膝成左虛步；同時兩手持棍隨轉身右手上舉，左手持棍前舉成斜架棍勢，目視左前方。（圖 49）

【動作要點】：轉身時兩手同時推架。

㉚ 漁翁划船

　左腳踏實，重心前移，左腿屈膝支撐，右腳向後上抬；同時左手持棍向左屈肘，右手持棍向前、向右下撥棍。（圖 50）

　上動不停，右腳向前上步，左腳後抬；同時左手持棍向前、向左下撥棍。（圖 51）

圖 51

圖 52

圖 53

　　上動不停，左腳向前上步，右腳後抬；同時右手向右下撥棍。（圖52）

　　上動不停，右腳向前上步，左腳後抬；同時左手持棍向前、向左下撥棍。（圖53）

　　【動作要點】：本動作是一個進步左右下撥棍，一般進四步，要先撥後上步，動作要連貫，要身械協調。

　　㉛ 力劈山岳

　　左腳向前落步，左腿屈膝成左弓步，右腿伸直，同時兩手持棍從左側下方向後、向上、向前劈棍，目視前方。（圖54）

圖 54

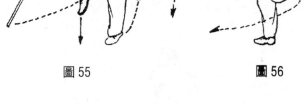

圖 55　　　　　　　　圖 56

【動作要點】：左下撥棍時，左腿微向右收一下，再雙手掄劈。

㉜ 大蟒翻身

重心前移，右後轉體；左腳內扣，左腿伸直支撐，隨轉身時右腿屈膝上抬；同時兩手持棍隨轉體向右後、右下撥棍。（圖 55）

上動不停，右腳前落，右腿支撐，左腳後抬；同時棍繼續向右後、向上舉起。（圖 56）

上動不停，上體微向右轉，右腳外展，左腳向左前上步，左腿伸直成仆步；同時兩手持棍向左下劈棍，目視左前下方。（圖57）

圖 57

【動作要點】：轉身後先右下撥棍再下劈棍，翻轉時要做跳換步成仆步劈棍。

㉝ 旋天攪地

重心左移起身右轉，左腳內扣，左腿伸直支撐，右腿屈膝抬起；同時兩手持棍拉於體左側。（圖58）

上動不停，右腳向前跨步。（圖59）

圖58

圖59

　　上動不停，上體右轉，右腳外展，左腳向左上步，腳內扣，兩腿屈膝成馬步；同時兩手持棍右手掄棍，至右肩側時轉腕使棍梢轉向身後，棍在肩上，目視左側方。（圖60）

　　上動不停，重心前移，右腳向左跨一步，身體迅速左後轉體一周，左腳再向前上一步，屈膝成左弓步；同時兩手持棍隨跨跳轉體一周後再向前平掃。（圖61）

圖60

圖61

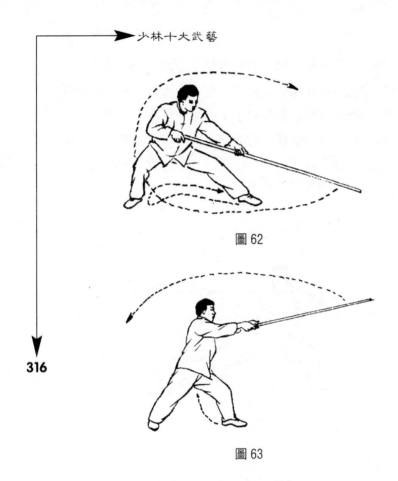

圖 62

圖 63

316

上動不停，重心右移；兩手持棍向上、向右、向下、向後、向上，再向右下圈棍一周半，目視左側方。（圖62）

【動作要點】：旋天攬地一勢是由多動組成，和前面的右勢多了轉身掄棍成馬步扛棍，其他要領與右勢反之。

㉞鳳凰點頭

重心右移，左腳向右腳內側收一下，接著向左前上步成左弓步，重心前移，左腿蹬直；同時兩手持棍在左收腿時向左下撥一下棍，然後再向前點棍，目視前方。（圖63）

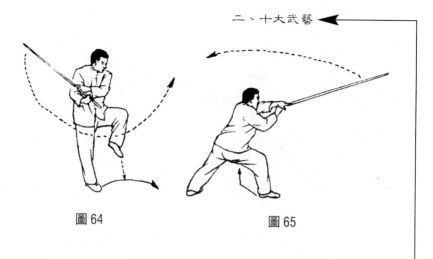

圖64　　　　　　　　圖65

【動作要點】：
棍在左下撥時，先向
上、向右，再向下撥
棍。

㉟霸王展旗

重心後移，右腿
獨立，左腿屈膝抬
起；同時兩手持棍向
右後擺棍。（圖64）

上動不停，左腳
向下震腳，右腳向前

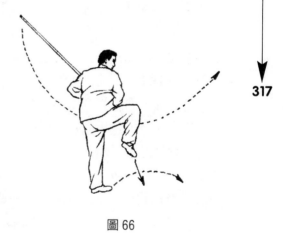

圖66

上步；同時兩手持棍繼續向下，再斜向左上方斜擊，目視前
方。（圖65）

上動不停，重心後移，左腳獨立支撐，右腿屈膝抬起；
同時兩手持棍向後擺棍。（圖66）

上動不停，右腳下震，左腳上步；同時兩手持棍向右前
斜擊。（圖67）

圖 67

【動作要點】：本動作是左震腳、右上步、斜上迎擊棍，斜上擊時，上體先向右傾一下再斜擊。第二動是右震腳左上斜擊棍，兩動都是上步斜迎擊棍。

㊱ 鐵杵探海

重心後移，右腿直立支撐，左腿屈膝上抬；同時兩手持棍，右手向左上、左手向右下使棍從左向下攔。（圖 68）

【動作要點】：左提膝要和下攔棍一致。

㊲ 力劈山岳

重心前移，左腳向前落步，左腳屈膝成左弓步，右腿伸直；同時棍梢向後、向上、向前劈棍，目視前方。（圖69）

【動作要點】：棍向後時，左腳向右下虛

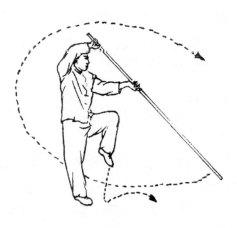

圖 68

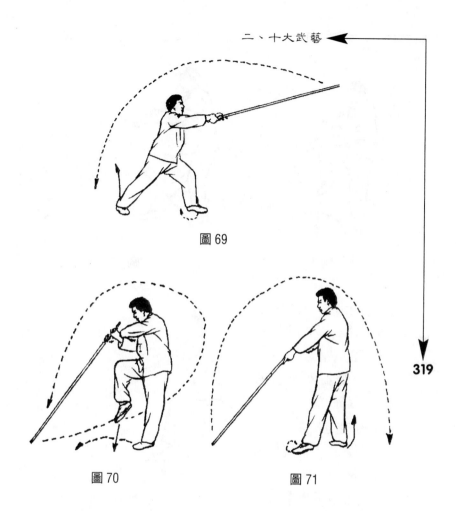

圖 69

圖 70

圖 71

點一下地面，棍在向前劈。

㉟ 四海騰蛟

　　重心左移，左腳內扣，上體右後轉體，右腳屈膝上抬；同時兩手持棍隨轉身向右後、右下點棍。（圖 70）

　　上動不停，右腳下落，左腳上步成左高虛步；同時兩手持棍繼續向右後、向上、向左前下劈點棍。（圖 71）

　　上動不停，右腳外展，身體右後轉，右腿獨立支撐，左

圖 72

圖 73

腿屈膝抬起；同時兩手持
棍向右後、向右下點棍。
（圖72）

　　上動不停，右腳下
落，左腳向前上步；同時
兩手持棍向右後、右上、
左前下點棍，目視棍梢。
（圖73）

　　【動作要點】：以上
幾動是前後的四次掄劈點

圖 74

棍，先右側，再左側，轉身後再右側，再左側。

　　㊴ 黑虎攔路

　　重心前移，左腿支撐，右腳前抬；同時兩手持棍下落。
（圖74）

　　上動不停，右腳向下落地震腳，右腿屈膝，左腳抬起向
前上步，屈膝成左虛步；同時兩手持棍左手上提，右手下

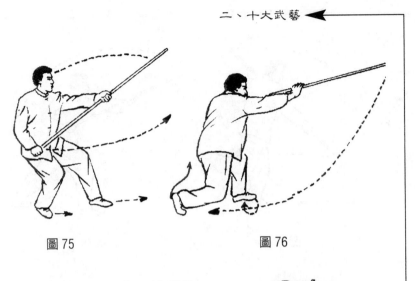

圖75　　　　　　　　　　圖76

按，使棍梢段上崩，目視前
方。（圖75）

【動作要點】：本動作是
一個右上步震腳成左虛步上崩
棍，崩棍前使棍先向下再上
崩。

⑩犀牛揚角

左腳向前上步屈膝全蹲，
右腳向前跟步成右跪步；同時
左手向梢節滑棍後拉，右手向

圖77

前斜上方擊把；擊把時右手順棍下滑，目視前上方。（圖
76）

【動作要點】：突出把端，方向擊對方耳部。

⑪回身迎風

身體立起右轉，左腳內扣，左腿支撐，右腿屈膝上抬；
同時兩手持棍隨右後轉體回身下格。（圖77）

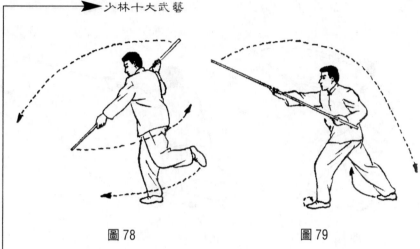

圖 78　　　　　　　　　　圖 79

上動不停，上體繼續右轉，
右腳前落，左腳後抬；同時兩手
持棍繼續向右下、右後，右上舉
棍。（圖 78）

上動不停，左腳向前落步，
左腿屈膝成左弓步，右腿伸直；
同時兩手持棍向前劈右把，突出
把端，目視前方。（圖 79）

【動作要點】：轉身右下撥
再上步劈棍。

圖 80

㊷漁翁蕩舟

重心前移，身體右後轉，左腿支撐，左腳內扣，右腿屈
膝上抬；同時兩手持棍隨右轉向右下撥棍。（圖 80）

上動不停，右腳向前上步，屈膝；同時右手持棍屈肘上
抬，左手持棍向下、向前撩棍。（圖 81）

上動不停，身體左轉，右腳內扣，左腿屈膝上抬，兩手

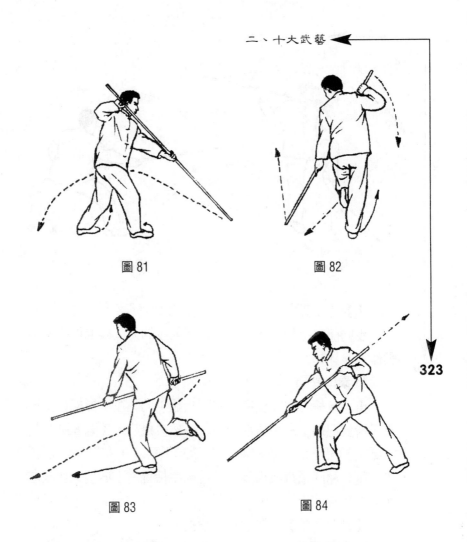

圖 81 圖 82

圖 83 圖 84

323

持棍向左側方下撥棍。（圖 82）

　　上動不停，上體繼續左轉，左腳向前落步，右腳後抬；同時右手持棍下落、左手上抬。（圖 83）

　　上動不停，上體繼續左轉，右腳向前落步，屈膝成右弓步；同時左手屈肘收棍，右手持棍向前下撩擊，目視右前方。（圖 84）

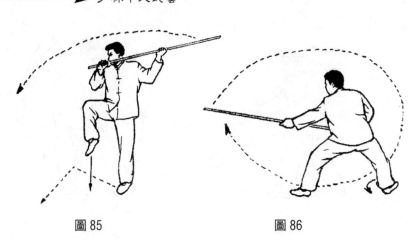

圖 85   圖 86

【動作要點】：圖 81 動，也可以右腳落步下震，左腳上一步向前左撩擊；本動作是一個前後的先攔撥棍再撩擊棍動作。

㊸泰山壓頂

重心後移，左腿支撐，右腳抬起；同時左手握棍後拉，右手滑於把端，左手再滑於中段，然後舉起。（圖 85）

上動不停，身體右轉，右腳向下落步，左腳向左橫落步，兩腿屈膝半蹲成馬步；同時兩手持棍左下劈棍，目視左側方。（圖 86）

【動作要點】：注意舉棍滑把。

㊹罡風掃葉

重心前移，上體左轉，右腳向前跟步；同時左手滑向右手處，然後，使棍向上、向後、向下，再向前撩棍。（圖 87）

上動不停，重心前移，右腳向前上步；同時兩手持棍繼續向上、向後、向左下再向前撩棍。（圖 88）

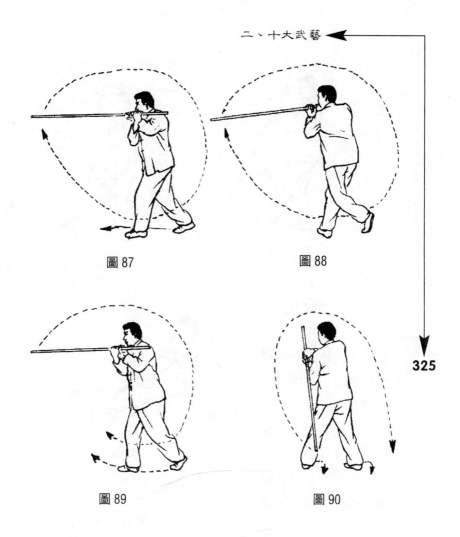

圖 87　　　　　　　　圖 88

圖 89　　　　　　　　圖 90

　　上動不停，棍繼續向右上、右後、右下、右前撩棍。
（圖 89）

　　上動不停，上體右轉，左腳向前上步，腳內扣；同時兩
手持棍繼續向左後、左下、左前擺棍。（圖 90）

　　【動作要點】：罡風掃葉實際是一個上步左右前撩棍，
一般走 6～8 步。

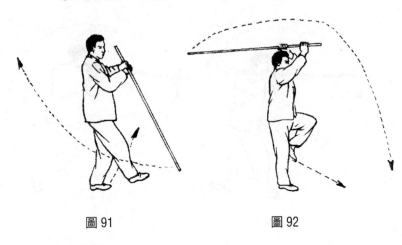

圖91　　　　　　　　　　圖92

㊺餓虎撲食

　　上體右轉，兩腳
碾地；同時兩手持棍
隨轉體向前下運行。
（圖91）

　　上動不停，右腿
支撐，左腿屈膝上
抬；同時兩手持棍繼

圖93

續向右後、向上舉棍。（圖92）

　　上動不停，上體右轉，右腳外展，右腿屈膝全蹲，左腳
向前上步成仆步；同時兩手持棍下劈，目視左前下方。（圖
93）

　　【動作要點】：隨轉身先右下撥棍再上步成仆步劈棍。

㊻平地旋風

　　上體微起右轉，右腳外展，左腳內扣；同時兩手持棍上
舉於左肩上。（圖94）

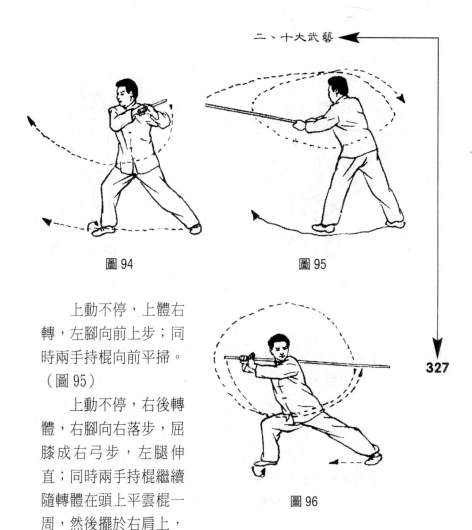

圖94　　　　　　　　圖95

圖96

圖 97

圖 98

立圓的前挑，目視前方。（圖 97）

【動作要點】：同第 3 勢二郎擔山。

㊽謝步請示

左手鬆開，右手持棍把向下、向後、向上、向前，再向下繞立圓；同時身體起立右轉，右手背棍貼體右側，左手落於右體側，目視前方。（圖 98）

【動作要點】：收勢左腳向右腳併攏即可；或併攏後，右手使棍繞立圓，使棍轉到右肩和起勢相同。

（七）七星劍

1. 器械構造

劍的構造大體上包括劍身和劍柄兩大部分。劍身包括劍尖、劍刃、劍脊；劍柄包括劍格、劍首、劍穗。（見下圖）

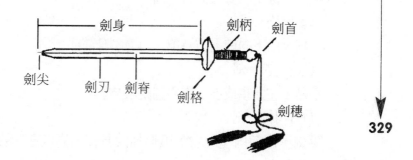

2. 基本動作

（1）刺 劍

立劍或平劍向前直出為刺，力達劍尖，臂與劍成一直線。劍刃朝上下為立劍，劍刃朝左右為平劍。平刺劍劍尖高與肩平；上刺劍劍尖高與頭平；下刺劍劍尖高與膝平；低刺劍劍尖貼近地面，不得觸地；後刺劍要與身體後轉、後仰動作協調一致；探劍刺劍前臂內旋，手心朝外，經肩上向前上方或前下方立劍刺出，上體和持劍之臂順勢前探。

（2）劈　劍

立劍，由上向下為劈，力達劍身，臂與劍成一直線。掄劈劍沿身體右側或左側繞一立圓；後掄劈劍要與身體後轉協調一致。

（3）掛　劍

立劍，劍尖由前向上、向後，或由前向下、向後為掛，力達劍身前部。上掛向上、向後貼身掛出；下掛向下、向後貼身掛出，掄掛貼身立圓掛一周。

（4）撩　劍

立劍，由下向前上方為撩，力達劍身前部。

（5）雲　劍

平劍，在頭頂或前上方平圓繞環為雲。

330

（6）抹　劍

平劍，由前向左（右）弧形抽回為抹，高度在胸腹之間，力達劍身。

（7）絞　劍

平劍，劍尖向左（右）小立加圓繞環為絞，力達劍身前部，肘微屈。

（8）架　劍

立劍，橫向上為架，劍高過頭，力達劍身，手心朝裡或朝外。

（9）挑　劍

立劍，由下向上為挑，力達劍尖，臂與劍成一直線。

（10）點　劍

立劍，提腕，使劍尖猛向前下為點，力達劍尖，臂伸直。

（11）崩　劍

立劍，沉腕使劍尖猛向前上為崩，力達劍尖，臂伸直，劍尖高不過頭。

（12）截　劍

劍身斜向上或向下為截，力達劍身前部。

（13）抱　劍

右手抱劍於胸前，劍尖朝右為橫抱劍；劍尖朝上為立抱劍；劍尖朝前為平抱劍。

（14）帶　劍

平劍或立劍由前向側後或側後上方抽回為帶，力達劍身。

（15）穿　劍

平劍，劍尖經胸腹間弧形向前為平穿劍，力達劍尖，劍身不得觸及身體；前臂內旋，立劍劍尖由前向後轉動而出為後穿劍，力達劍尖，高不過膝，低不觸地；掄穿劍劍尖向後、向左轉體貼身立圓繞環一周。

（16）提　劍

劍尖垂直朝下，前臂內旋，虎口朝下。

（17）斬　劍

平劍向左（右）橫出，高度在頭與肩之間為斬，力達劍身，臂伸直。

（18）掃　劍

平劍向左（右）與踝關節同高，力達劍身。

（19）剪腕花

以腕為軸，立劍在臂兩側向前下貼身立圓繞環，力達劍尖。

（20）撩腕花

以腕為軸，立劍在臂兩側向前上貼身立腕繞環，力達劍尖。

3.風格特點

七星劍是劍術中的一種，以勢走七星而得名，在武術器械中屬短器械。

七星劍主要是以刺、劈、撩、掛，雲、抹、絞、架，崩、點、格、削，抱、帶、提、壓等劍法結合各種平衡旋轉等動作所組成的套路練習。

拳諺云「刀如猛虎、劍似飛風」，說明了刀、劍具有不同的風格和特點。演練時要明確一尖兩刃的概念，不能與刀練習混淆。另外，要內外貫通，神形達化，身動勢出，法變勢換，注意劍指與劍法變化的協調，要體現出劍術的優美、豪放，流暢無滯，剛柔相濟的氣勢。

劍術的特點是：輕快、靈活、矯捷、奔放。

4.重點提要

七星劍以路線走七星圖而得名。習練劍術，首先要明確一尖兩刃的概念，注意劍與劍指的配合和身械的協調性，做到輕快優美而不輕浮，靈活矯捷而流暢無滯。

本套路的主要動作是由旋天指地、懷中抱月、登山刺虎、力劈華山、白蛇吐信、烏龍擺尾、紫燕入林、犀牛望月、左右插花、蒼龍探爪、相子挎蘭、雙龍戲珠、金童提爐、旋身挑簾、回馬轉峰等主要動作組成。

注意雙龍戲珠的右揮劍要轉身90度，犀牛望月和葉底

藏花，一個是坐盤上刺劍，一個是坐盤下截劍；另外還要注意迎風揮扇和烏鵲飛空兩個動作的相同點與不同點。

5. 套路歌訣

手持寶劍立中堂，仙人指路意氣揚；
遙望魁星斜點勢，旋天指地奔下方；
懷中抱月先雲頂，登山刺虎奔中膛；
錦雞理尾顧身後，玉帶攔腰斬前方；
蜻蜓點水連進勢，金針探海先架樑；
力劈華山橫襠步，迎風揮扇劍斜揚；
白蛇吐信先帶劍，金雞獨立刺後方；
烏龍擺尾雲遮月，紫燕入林扣腿忙；
金蛇出洞先雲劍，犀牛望月側身望；
左右插花雙掛劍，吳王試劍劈下方；
葉底藏花坐盤勢，蒼龍探爪奔下方；
平地插香先撩劍，金蛇出洞刺胸膛；
湘子挎籃撩左右，吳王試劍劈下方；
靈貓撲鼠騰身起，伏虎轉峰步跟上；
夜叉探海倒身刺，雙龍戲珠舞兩旁；
打落金錢寒雞步，烏鵲飛空劍斜揚；
金童提爐轉歇步，玉女投壺刺前方；
旋身挑簾反崩劍，回馬轉峰劍抹藏；
刀劈華山橫襠步，仙人指路劍收藏；
若問此路名和姓，勢走七星劍獨揚。

6. 套路圖解

（1）劍　譜

①上步持劍　　⑭金雞獨立　　㉗靈貓撲鼠
②仙人指路　　⑮烏龍擺尾　　㉘伏虎轉峰
③遙望魁星　　⑯紫燕入林　　㉙夜叉探海
④旋天指地　　⑰金蛇出洞　　㉚雙龍戲珠
⑤懷中抱月　　⑱犀牛望月　　㉛打落金錢
⑥登山刺虎　　⑲左右插花　　㉜烏鵲飛空
⑦錦雞理尾　　⑳吳王試劍　　㉝金童提爐
⑧玉帶攔腰　　㉑葉底藏花　　㉞玉女投壺
⑨蜻蜓點水　　㉒蒼龍探爪　　㉟旋身挑簾
⑩金針探海　　㉓平地插香　　㊱回馬轉峰
⑪力劈華山　　㉔金蛇出洞　　㊲力劈華山
⑫迎風揮扇　　㉕湘子挎籃　　㊳仙人指路
⑬白蛇吐信　　㉖吳王試劍　　收　　勢

（2）套路圖解

預備勢

　　兩腳併攏，成立正姿勢，左手反手握劍立於臂後，劍尖向上，貼於左胯側，右手掌心自然貼於右胯側，頭正、頸直、兩眼平視。（圖1）

①上步持劍

　　左腳向前上一步，同時右手向後、向上舉起，重心前移，右腳跟抬起，兩眼目視前方。（圖2）

圖1

圖2

圖3

上動不停，右腳上步與左腳成併步，右掌塌腕，掌心向下，經右側下按於右體側，掌心向下，掌指向前；同時左手上提，左肘微彎曲，目視左側方。（圖3）

【動作要點】：上步按掌要連貫，按掌時力在掌根。

② 仙人指路

右手腕外旋，直臂前挑，虎口向上，然後收於右肩側成劍指，再內轉腕前指，目視前方。（圖4）

圖4

【動作要點】：挑掌後回收右肩側時，無名指、小指和拇指勻彎曲，拇指壓於無名指、小指上。

③ 遙望魁星

左手持劍向上、向右平擺，手心向外：右手向右、向

圖5   圖6

下、向腰側擺動，手心向上，手指向前。（圖5）

上動不停，重心左移，左腳向左橫上步成左弓步，右腿伸直；同時右手向上斜指，手心向前，左手持劍屈肘左收，手心向下，目視左上方。（圖6）

【動作要點】：左擺劍要和右收劍指同時左跨弓步要於右上斜指一致。

④旋天指地

上體右轉，重心前移，左腿支撐，左腳跟抬起；同時左手持劍隨右轉向前上擺劍，至頭上方時腕外旋，使劍尖擺於頭上方，右劍指收於左腰側。（圖7）

上動不停，身體繼續轉體180度，同時左腳向前上步，隨轉體右腳向後插一步；左手持劍隨轉體前擺，右手上舉扶握劍柄。（圖8）

上動不停，上體右轉，重心右移，左腳抬起，經右腿後向右插落步，然後兩腿屈膝下蹲成歇步；同時右手持劍向右側下方揮劍，手心向下，左手成劍指上架於頭左上方，目視

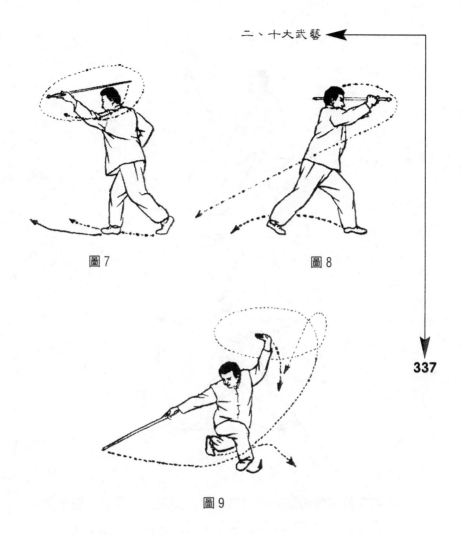

圖7

圖8

圖9

右側下方。（圖9）

　　【動作要點】：上步轉身時，步子要跟上，左手持劍，上舉轉腕雲劍後要落於頭左側方；成歇步時，右揮劍、左抖劍指要一致。

　　⑤懷中抱月

　　身體立起左轉，右腳內扣，左腳向前上步成左虛步；同

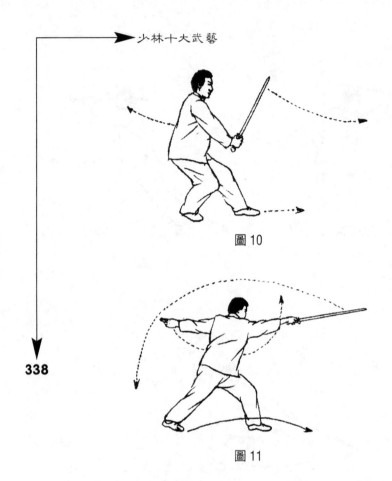

圖 10

圖 11

時右手持劍隨轉體向前上舉轉腕在頭前上方雲劍一周下帶，手心向裡，左劍指落於右腕處，目視劍身。（圖10）

　　【動作要點】：應從歇步起身左轉時，劍從右下直接左前上擺再雲劍下帶。

　　⑥登山刺虎

　　重心前移，左腳向前上步成左弓步，右腿蹬直；同時右手持劍內旋立劍前刺，左手向後擺伸，目視前方。（圖11）

【動作要點】：左上步要一步到位，同時前刺，上體微前傾。

⑦ 錦雞理尾

右腳向左腳前上步屈膝成右弓步，左腳跟抬起成叉步；同時右手持劍轉腕向後，向下斜劈劍，左後劍指左前擺架，目視右後方。（圖12）

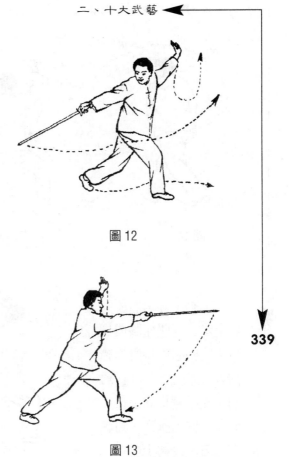

圖12

【動作要點】：右上步時要右轉上體，劈劍要和左擺架劍指一致。

⑧ 玉帶攔腰

上體左轉，左腳向前上步，屈膝成左弓步，右腿蹬直；同時左手向右、向下、向左隨左轉上架，右手持劍外轉腕，手心向上、隨左轉向前橫攔。目視前方。（圖13）

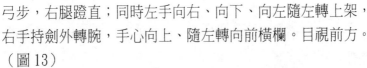

圖13

【動作要點】：左劍指先動做引手，再攔掃劍。

⑨ 蜻蜓點水

上體左轉，右腳跟抬起，左腳外展；同時右手持劍內轉腕，向左腿外側擺動，左手下落向右臂裡側插伸。（圖

圖 14 　　　　　　　　　圖 15

14）

　　上動不停，右腳向右上步，兩腿屈膝成馬步；同時右手持劍繼續向左、向上、向右劈劍，左手劍指向上後，向左、向上擺架，目視右前方。（圖 15）

　　【動作要點】：蜻蜓點水可以連續做二次，第二次可做成右轉左上步，右下擺劍，右上步成馬步再劈劍。

圖 16

　　⑩ 金針探海

　　身體左轉，左腳外展，右腳內扣成左弓步；同時右手持劍轉腕隨轉體上架，左手收於左腰側，手心向上。（圖 16）

340

上動不停，重心後移，左腳抬起後插，左腿蹬伸，腳跟抬起，右腿尖外展；同時右手持劍繼續向前、向下、向後揮刺，左手劍指左斜上舉，目視右後方。（圖17）

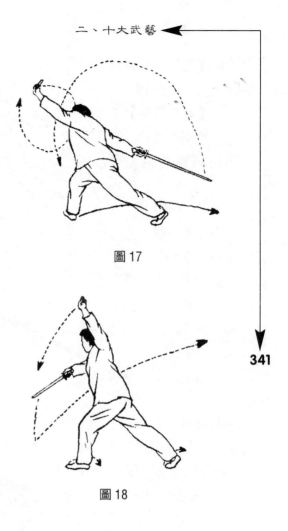

圖17

【動作要點】：要架後探劍，探劍時同時上體右轉。

⑪力劈華山

重心後移，左腿屈膝，右腳向後退一步，腿蹬伸；同時左劍指向右、向下、向左上擺架，右手持劍轉腕體前45度下劈，目視劍前身。（圖18）

圖18

【動作要點】：左手先擺架、右手持劍再劈，劈劍時，從後向前右斜方掄臂大劈。

⑫迎風揮扇

上體右轉，重心右移，左腳尖內扣，右腳尖外展；同時右手持劍先左下帶劍，轉手心向上時隨轉體向右前斜揮劍，

左劍指後伸，目視右斜上方。（圖19）

【動作要點】：右手持劍先擺於左側再隨轉體右斜上揮劍。

⑬ 白蛇吐信

上體左轉，重心左移，左腳尖外展，右腳尖內扣；同時右手持劍轉腕向左前下落，左劍指扶於右腕處。（圖20）

上動不停，身體右後轉、重心前移，右腳尖外展，右腿屈膝，左腳尖內扣，腳跟抬起，左腿伸直，同時右手持劍內轉腕，隨轉體屈肘帶劍，左手仍扶右腕處。（圖21）

上動不停，重心前移，右腿支撐，左腳屈膝前抬；同時左劍指後伸，右手持劍

圖19

圖20

圖21

轉腕立劍前刺，目視前方。（圖22）

【動作要點】：兩次轉身要連貫，右手持劍先向左後擺劍，再右後轉身帶劍不能停頓，再提膝前刺劍。

⑭金雞獨立

上體右轉，左腳隨轉身向左落步，右腿屈膝上抬；同時右手持劍在頭前上方平圓繞環雲劍後，向右下截劍，手心向下，左手向左上方上舉，目視右側方。（圖23）

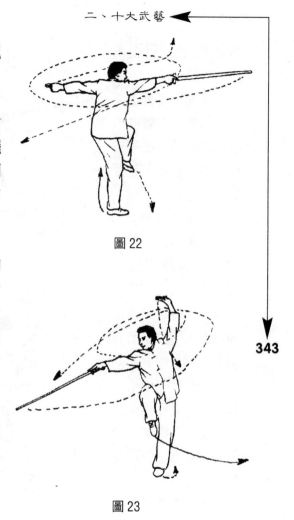

圖22

343

【動作要點】：右轉身時，左上步要扣步，雲劍後接著截劍。

⑮烏龍擺尾

上體左後轉，右腳向前落步，然後兩腳碾地左後轉，左腿屈膝，右腿半跪步；同時右手持劍隨左後轉體先在頭上方出劍，然後向左斬劍，力達劍身，手心向上，左手下落劍指

圖23

扶於腕上，目視前
方。（圖24）

【動作要點】：
左後轉體，右腳向前
落步時雲頂，後轉成
騎龍步時斬劍，整個
動作要連貫。

⑯ 紫燕入林

上體右轉，重心
右移，右腿屈膝半
蹲，左腳抬起扣於右
腿後；同時右手持劍
向右上方平圓繞環雲
劍後轉腕，使手心向
下、向右平劍橫出，
力達劍身；左手劍指
向頭左上方擺架，目
視右側方。（圖
25）

圖24

圖25

344

【動作要點】：
上一動是左斬劍、本勢是右斬劍；應先雲劍，隨移身扣腿時
右劍橫出。

⑰ 金蛇出洞

左腳先向後落，然後雙腳碾地左後轉體；同時右手持劍
隨轉體落於胸前，左手劍指扶於右腕。（圖26）

上動不停，右腳向前上步，屈膝成右弓步，左腿伸直；

圖 26　　　圖 27　　　圖 28

同時右手持劍前刺，左手後伸，目視右前方。（圖 27）

【動作要點】：本勢由兩動組成，先雲劍內收，再快上步前刺；另外，這裡是一個轉折動作，是七星劍套路的特有路線轉勢。

⑱ 犀牛望月

右手持劍以腕為軸，立劍在臂兩側向上立腕繞環做撩腕花，然後轉腕反手上刺，左手劍指屈時擺架於頭左下側；同時重心前移，上體微左轉，左腳向右後落步，兩腿屈膝下蹲成歇步，目視右劍尖。（圖 28）

【動作要點】：本勢是一個上步撩腕成歇步反手上刺劍，刺劍時，上體要左傾右翻轉體斜上目視。

⑲ 左右插花

身體立起左轉，右腳內扣，右腿伸直支撐，左腿屈膝前抬；同時右手持劍向前，向左下、向後掛劍，左手插於右臂裡側。（圖 29）

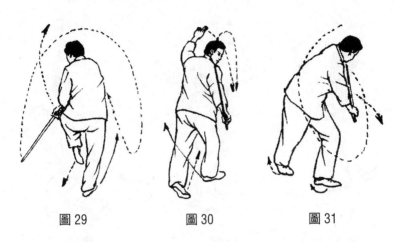

圖 29   圖 30   圖 31

上動不停，左腳向前落步，右手持劍繼續向上，轉向右下貼身掛劍，同時右腿抬起；在劍繼續後掛時，右腳前落步，上體微右轉，左手左前擺拳，目視右後方。（圖 30）

【動作要點】：本勢是上步左右掛劍，掄掛時要貼身掛一周，因此動作不能間斷，左右掄掛劍同時要左右抬腿。

⑳ 吳王試劍

左腳向左側上步，右腳抬起經左腿後向左插步，腳跟抬起；同時上體左轉，右手持劍外轉腕向左下劈劍，劍身斜向上，左手下落扶於右腕處，目視劍身。（圖 31）

上動不停，右後轉體，右腳碾地，右腿屈膝成右弓步，左腳尖內扣，左腳蹬直；同時右手持劍向下、向右，隨右後轉體再向前劈劍，左手後伸，高與劍平，目視右前方。（圖 32）

【動作要點】：左上步、右插步、轉身成弓步三個環節都要一氣呵成；插步劈劍和轉弓步劈劍要外拉劍下劈。

圖 32

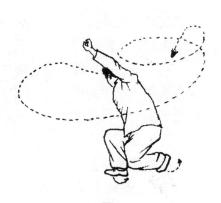

圖 33

347

㉑ 葉底藏花

上體先左移重心，右手持劍做撩腕花再向右下截劍，左手劍指擺架於頭左上方；同時重心右移，左腳向右腿後插步，兩腿屈膝全蹲成歇步，目視右下方。（圖 33）

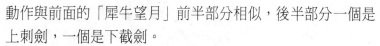

圖 34

【動作要點】：本動作與前面的「犀牛望月」前半部分相似，後半部分一個是上刺劍，一個是下截劍。

㉒ 蒼龍探爪

身體立起左後轉體；右手持劍隨轉體向前上雲劍後收，左手劍指落於右腕處。（圖 34）

上動不停，右腳向前上步，重心前移，右腿伸直支撐，

上體前傾，左腳抬起後伸；同時上體前傾時，右手持劍內旋腕探身前刺，左手劍指向頭前擺架，目視前下方。（圖 35）

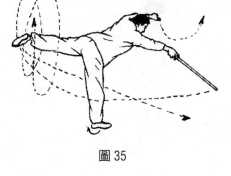

圖 35

【動作要點】：這是第二個轉勢動作，路線從此動開始同前 16 動；探身平衡重心要穩。

㉓平地插香

左腳向前上步，身體右後轉，左腳內扣，左腿屈膝全蹲，右腳尖外展，右腿伸直成仆步；同時右手持劍隨轉體向右側做撩腕花接上崩劍，左手擺架於頭左上方，目視劍身。（圖 36）

【動作要點】：轉身後做撩腕花、上崩劍時仆步。

圖 36

㉔ 金蛇出洞

重心前移，右腿屈膝成右弓步，左腿蹬直；同時右手持劍前刺，左手向後平伸，目視前方。（圖37）

【動作要點】：重心前移時，右手直接挺劍前刺。

圖 37

㉕ 湘子挎籃

重心後移，兩腿屈膝，上體左轉，右手持劍外轉腕，向上、向左下運劍，左劍指扶於右腕處。（圖38）

上動不停，右腳尖外展，重心前移，左腳向前上步成虛步，右腿屈膝支撐；同時右手持劍繼續向前、向左側撩劍，左手仍扶右手。（圖39）

上動不停，重心右移、上體微右轉，左腳尖內扣，同時

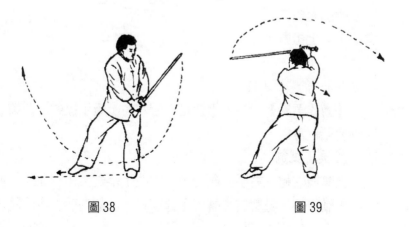

圖 38   圖 39

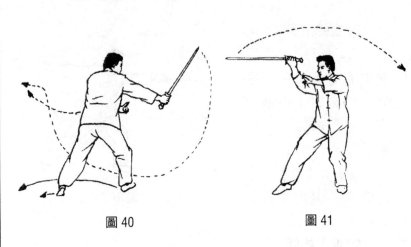

圖 40　　　　　　　　　　圖 41

右手持劍向右下落劍。（圖 40）

　　上動不停，重心左移，上體左轉，左腳尖外展，左腿屈膝，右腳向前上步、屈膝成右虛步；同時右手持劍繼續向下、向前、向上撩劍，左手扶於右小臂內側，目視右前方。（圖 41）

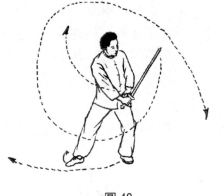

圖 42

　　【動作要點】：湘子挎藍是一個左右上虛步撩劍，前撩時劍要貼近身體。

　　㉖吳王試劍

　　上體微左轉，右手持劍向後、向左下落劍。（圖 42）

　　上動不停，身體右後轉，重心前移，左腳向前上步，隨

圖 43

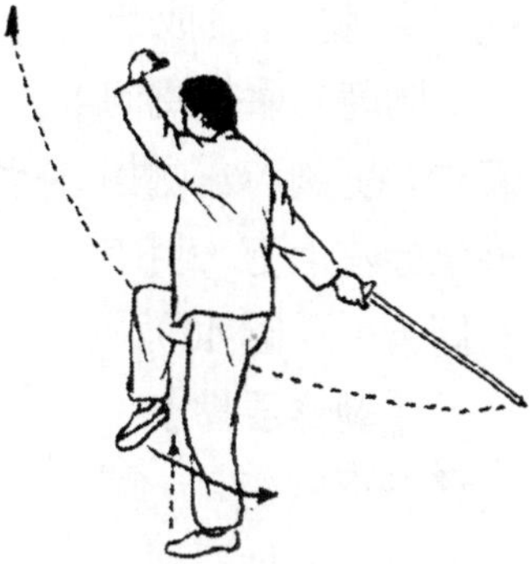

圖 44

轉體兩腳碾地，右腿屈膝成
弓步，左腿蹬直；同時右手
持劍隨轉體向前、向上、向
右下斜劈劍，左手擺架於頭
左上方，目視右劍尖下方。
（圖 43）

【動作要點】：直接左
上步右轉身，隨轉體揮劍下
劈。

㉗ 靈貓撲鼠

上體左轉，重心前移，
左腳尖外展，左腿伸直支
撐，右腿屈膝前上抬。（圖 44）

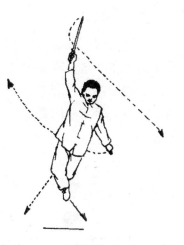

圖 45

上動不停，左腳蹬地，身體騰空左轉；同時右手持劍隨
騰空上舉，左手後伸。（圖 45）

上動不停，身體繼續騰空左轉下落，左腳、右腳依次落

地，兩腿屈膝成馬步；同時右手持劍向體右側劈劍，左劍指擺架頭左上方，目視右側方。（圖46）

圖46

【動作要點】：跳翻身下劈劍時，騰空要高，落地要穩，右手持劍掄一大立圓下劈。

㉘ 伏虎轉峰

上體左轉，重心後移，左腳尖外展；同時左手前指，右手持劍向左下裡合擺劍，劍前身貼於右膝側。（圖47）

上動不停，右腳向前上步，與左腳成併步，兩腿屈膝半蹲；同時右手持劍前刺，左手劍指按於右腕處，目視前方。（圖48）

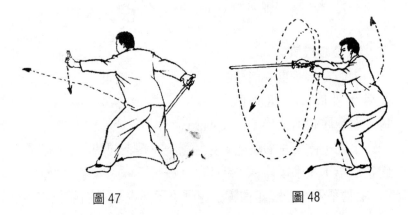

圖47　　　圖48

圖 49　　　　　　　　　　　圖 50

【動作要點】：先向左前擺劍，後拉時左轉、向前指；併步與刺劍要一致。

㉙ 夜叉探海

身體立起左轉，右腳向前上步，腳尖內扣，左腿屈膝上抬，腳尖內扣；同時右手持劍以腕為軸，立劍在臂兩側向前下貼身立圓繞環做前腕花，然後向右下刺劍，左劍指向頭左上方擺架，目視右下方。（圖 49）

【動作要點】：右上步時做剪腕花，左提膝時，右下刺劍，上體微右傾。

㉚ 雙龍戲珠

上體左轉，重心前移，左腳向前上步，屈膝，右腳尖內扣，右腿蹬伸；同時右手持劍轉腕隨轉體向前平斬。（圖 50）

上動不停，右腳向前跨步，同時向左轉體，左腳後插；隨轉體右手持劍在頭上方雲劍一周，左手屈肘擺於右肩側。（圖 51）

圖 51   圖 52

　　上動不停，上體繼續左轉，兩腳碾地，左腿屈膝成左弓步，右腿挺膝蹬直；同時右手持劍隨左轉體向前平斬，左手擺架於頭左上方，目視前方。（圖 52）

　　上動不停，上體右轉 90 度，右腿抬起向右上步；同時右手持劍向內轉腕，使手心向下，平劍向右平掃，左手後伸。（圖 53）

圖 53

　　上動不停，上體繼續右後轉，左腳向前跨步；同時劍隨轉體在頭前方雲劍一周。（圖 54）

　　上動不停，身體繼續右轉，左腳尖內扣，右腳隨右轉體向前上步；同時右手持劍隨轉體右斬，左手劍指擺架於頭左

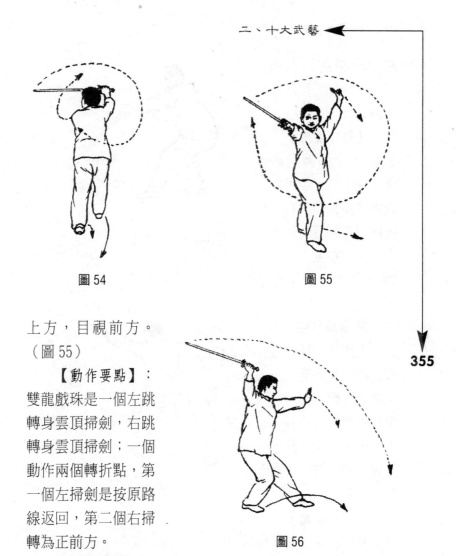

圖 54

圖 55

355

上方，目視前方。

（圖 55）

【動作要點】：

雙龍戲珠是一個左跳
轉身雲頂掃劍，右跳
轉身雲頂掃劍；一個
動作兩個轉折點，第
一個左掃劍是按原路
線返回，第二個右掃
轉為正前方。

圖 56

㉛ **打落金錢**

上體左轉，左腳抬起前落；同時左手下落，右手持劍屈
肘上舉。（圖 56）

上動不停，重心前移，左腿屈膝，右腳向前上步，腳尖
虛點地面，右腿屈膝成右虛步；同時右手持劍向前下點劍，

左手劍指落於右腕處，目視前下方。（圖57）

【動作要點】：
這是又一個轉勢動作，左、右上步可做成跳上步動作，右手持劍可在跳時向前、向下、向右後、向上掄一立圓後再下點劍。

圖57

③ 烏鵲飛空

上體微左轉，右腳抬起向右前落步，上體微右傾；同時右手持劍猛然向右斜上方扎出，左手後伸，目視右側上方。（圖58）

圖58

【動作要點】：
這個動作和迎風揮扇有點相似，但本動作是斜上刺劍，刺劍時猛然挺身、挺胸。

③ 金童提爐

身體左後轉體，左腳尖外展，右腳尖內扣，兩腿轉成交叉步時，屈膝下蹲成歇步；同時右手隨轉體左前下劈轉掄一周，轉腕上提，左手劍指擺扶於右腕處，目視右前方。（圖

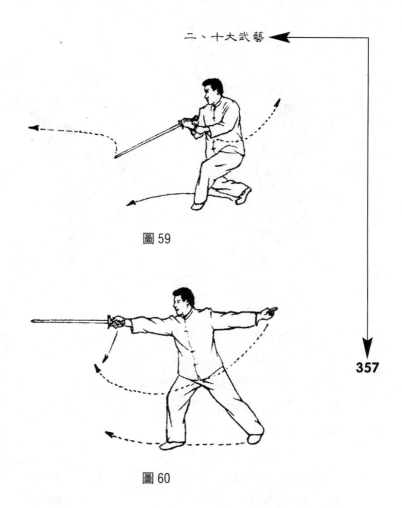

圖 59

圖 60

59）

【動作要點】：下劈劍時接一個右剪腕花上提。

㉞玉女投壺

　　身體立起，重心前移，右腳向前上步，右腿屈膝成右弓步，左腿伸直；同時右手持劍內轉腕向前刺劍，高與肩平，左手後伸，目視右前方。（圖 60）

【動作要點】：直接起身順勢前刺劍。

圖 61

圖 62

358

㉟ 旋身挑簾

上體右轉，左腳向前上步，腳尖內扣，右腿微屈；同時右手持劍內轉腕，隨右轉體橫擺，左手劍指按於右腕上。（圖 61）

上動不停，上體右轉，左腳尖內扣，右腳向左腳併步下震，腿屈膝半蹲；同時隨右轉身，右手持劍先雲劍

圖 63

一周後反手斜上崩劍，左手劍指扶於右臂內側，目視右斜上方。（圖 62）

【動作要點】：右轉身時雲劍，上崩劍時震腳。

㊱ 回馬轉峰

上體右轉，兩腳碾地右手持劍向右、向下做剪腕花後收於右胯側，左手劍指上舉於頭上左側方。（圖 63）

上動不停，重心前移，右腳向前上步，右腿屈膝成右弓步，左腿伸直；同時右手持劍前刺，左手劍指擺架於頭上左側方，目視右前方。（圖 64）

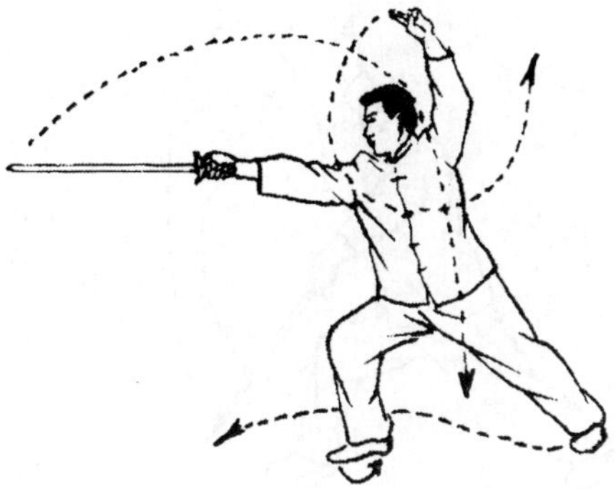

圖 64

【動作要點】：轉體後，右手持劍剪腕時，也可以左腳尖內扣，左腿微伸，右腳抬起，接著上步刺劍。

㊲ 力劈華山

身體左後轉，右腳內扣，左腳抬起後插；同時右手持劍轉腕使劍向左前、向下、向右腿前掄擺，左手向右、向下、向左、向上擺架於體左側。（圖 65）

圖 65

上動不停，右腳向後退步，左腿屈膝成弓步，右腿挺膝蹬直；同時右手持劍繼續向後、向上、向右前下劈劍，左手擺於頭的左上方，目視劍身。（圖 66）

【動作要點】：退步應成橫襠步，右手持劍隨退步掄立

圖 66　　　　　　　　　　　圖 67

圓下劈，劈劍的角度應是 45 度。

㊳ 仙人指路

右手持劍翹腕做撩腕花，劍在左側下落時左手伸握劍柄。（圖 67）

上動不停，上體右轉，重心右移，右腳尖外展，左腳向右腳併攏；同時右手鬆開手握成劍指，隨右轉先向右、向下擺於體側後再直臂前指，左手握劍落於體側，目視前方。（圖 68）

【動作要點】：右手持劍撩腕花左落時，要屈肘內收；併步時成立正姿勢；左手持劍應隨右擺手時，同時屈肘向右擺後，再落於左體側。

收 勢

左腿微屈，右腳抬起後落一步；同時右手向下、向後擺動。（圖 69）

上動不停，重心後移，左腳抬起後落一步與右腳併攏，兩腿直立；同時右手繼續向上、向下按掌，然後鬆開劍指，

圖 68　　　　　　　圖 69　　　　　　　圖 70

輕貼於右胯側，成立正姿勢，目視前方。（圖 70）

　　【動作要點】：右按掌時，左手反握微上提，右手鬆開
劍指，貼於體側時，左手持劍下落貼於左體側。

361

（八）八掛叉

1. 器械構造

　　叉的結構大體包括叉頭和叉把兩部分。叉頭部分包括叉尖、側鋒、叉環、叉庫；叉把部分分上把段、中段、下把段（見下圖）

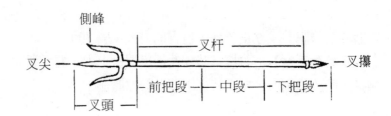

2. 基本動作

　　（1）扎　叉

　　雙手握叉，叉尖平放，向左前或右前方扎出，前手腕內旋，叉旋半周，力達叉尖。

　　（2）刺　叉

　　雙手握叉，叉尖立放，向左前方或右前方刺出；倒刺在體後下方，力達叉尖。

　　（3）壓　叉

　　雙手握叉，叉尖平放，向上向下壓，兩臂微屈，力達叉尖。

（4）拍　叉

雙手握叉，叉尖平放，向左或向右橫擊，叉把貼身，力達叉尖。

（5）撩　叉

雙手握叉，叉尖平放，由下向上撩擊，高於肩平，力達叉尖。

（6）挑　叉

雙手握叉，叉尖平放，由下向斜前上方用力上挑，稍高於頭。

（7）崩　叉

雙手握叉，叉尖平放，由下向上短促用力彈抖，力達叉尖。

（8）鎖　叉

雙手握叉，叉尖立放，前把上提斜刺，後把下壓觸地，一般用於仰身或跪步。

（9）掛　叉

用叉尖或把端，由前向側後上方或下方撥擺，叉的中段貼近身體，力達叉尖。

（10）絞　叉

叉尖或叉把，向內或向外繞立圓，力達叉尖或叉把，立圓不要過大。

（11）吐　叉

雙手握叉，叉尖平放，前手微鬆，後手腕內旋或外旋，使叉從左向右，或從右向左旋轉一周。

（12）擂　叉

雙手握叉，叉尖平放，從一側下方向另一側上方斜擂，

前手腕內屈，力達叉側刃。

（13）繞脖花

使叉上把段貼於脖子側方，兩手用力推送，使叉沿脖繞轉一周。

（14）胸背花

叉隨上體的俯仰，使叉在胸上和背上連續雲轉，同時兩手的交接要隨雲叉的運行速度。

3. 風格特點

八掛叉是叉術中的一種，亦叫馬叉、鋼叉或托天叉，屬古兵器，現在練者較少，但在古戰場上馬、步軍中曾發揮過作用，列為十八般兵器之一，在武術器械中屬長器械。

八掛叉主要是以扎、拍、撩、挑，崩、鎖、掛、絞等叉法和脖花、胸背花等主要動作所組成的套路練習。演練時要注意手腕的內旋外翻，果斷沉穩，力達叉尖，外拍下壓注意叉身、力達叉面，一開一合緊密配合，一招一式運用自如，要表現出身捷力猛、勢烈招狠的氣勢。

八掛叉的特點是：把不離大腿，果斷、沉實。

4. 重點提要

八掛叉套路主要動作由迎風挑燈、泰山壓頂、金雞顧影、馬上揮扇、反抱琵琶、撥打雕翎、黑虎攔路、怒拍頑石、金龍旋身、臥看秋雲、大蟒翻身、二郎趕山、一鶴沖天、陸地行舟、猛虎回頭、金雞啄眼、翻天覆地、大海揚波、夜叉巡山等動作組成。

　　練叉主要表現為招烈勢猛、果斷、沉實，演練時不但要注意右手的內旋外翻，同時還要注意叉攬的運用。

5. 套路歌訣

　　　　手持鋼叉立中堂，仙人指路意氣揚；
　　　　迎風挑燈斜撩勢，泰山壓頂砸頂樑；
　　　　登山刺虎轉右勢，老僧挑袍崩鐵棒；
　　　　回馬轉峰奔咽喉，老僧挂杖防下方；
　　　　金雞顧影奔身後，馬上揮扇拍胸膛；
　　　　反抱琵琶翻身劈，金蛇探頭吐鋒芒；
　　　　懷中抱月轉歇步，撥打雕翎格下方；
　　　　黑虎攔路上崩叉，撥雲觀日化疊忙；
　　　　怒拍頑石進身砸，回頭望月金鋒藏；
　　　　金龍旋身跳雲進，臥看秋雲扎後方；
　　　　大蟒翻身跳轉砸，登山刺虎奔胸膛；
　　　　夜叉探海先雙掛，二郎趕山雙攉揚；
　　　　泰山壓頂騎馬勢，一鶴沖天鎖喉忙；
　　　　反抱琵琶翻身批，金蛇探頭吐鋒芒；
　　　　陸地行舟雙掛叉，猛虎回頭轉架望；
　　　　老僧撞鐘轉身走，猛虎回頭扎後方；
　　　　順風撲蝶退轉拍，立地金剛站中堂；
　　　　二郎擔山跳轉進，金雞啄眼奔上樑；
　　　　回身拉叉仆地錦，反抱琵琶吐鋒芒；
　　　　反抱琵琶連二番，蘇秦背劍立峰樑；
　　　　翻天覆地胸背花，玉帶纏腰旋八方；
　　　　大海揚波斜撩勢，泰山壓頂砸頂樑；

順馬落帶回壓叉，羅漢指山立身望；

夜叉巡山走行步，仙人坐洞先繞樑；

仙人指路回身勢，謝步請示招法藏；

若問此路名和姓，少林鋼叉威名揚。

6. 套路圖解

（1）叉　譜

①持叉上勢

②仙人指路

③迎風挑燈

④泰山壓頂

⑤登山刺虎

⑥老僧挑袍

⑦回馬轉峰

⑧老僧拄杖

⑨金雞顧影

⑩馬上揮扇

⑪反抱琵琶

⑫金蛇探頭

⑬懷中抱月

⑭撥打雕翎

⑮黑虎攔路

⑯撥雲觀日

⑰怒拍頑石

⑱回頭望月

⑲金龍旋身

⑳臥看秋雲

㉑大蟒翻身

㉒登山刺虎

㉓夜叉探海

㉔二郎趕山

㉕泰山壓頂

㉖一鶴沖天

㉗反抱琵琶

㉘金蛇探頭

㉙陸地行舟

㉚猛虎回頭

㉛老僧撞鐘

㉜猛虎回頭

㉝順風撲蝶

㉞立地金剛

㉟二郎擔山

㊱金雞啄眼

㊲仆地錦勢

㊳反抱琵琶

㊴蘇秦背劍

㊵翻天覆地

㊶玉帶纏腰

㊷大海揚波

㊸泰山壓頂

㊹順馬落帶

㊺羅漢指山

㊻夜叉巡山

㊽仙人坐洞

㊼仙人指路

㊾謝步請示

（2）套路圖解

預備勢

兩腳併攏，成立正姿勢，右手握叉於
體右前側，左手自然貼於左胯側，頭正、
頸直，兩眼平視。（圖1）

① **持叉上勢**

左腳向前上步，同時左手上舉，掌心
向前，右手提叉離地，右腳跟抬起，兩眼
目視前方。（圖2）

圖1

上動不停，右腳上步與左腳成併步；同時右手持叉落於
右體前，左手向下按掌，目視左側方。（圖3）

【動作要點】：上步按掌要連貫，力在掌根。

② **仙人指路**

左手外旋向左上直臂挑起，然後向上，屈肘收回再立掌
左推，指與眼平，目視左側方。（圖4）

圖2

圖3

圖4

圖5　　　　　　　　圖6

【動作要點】：挑掌、推掌動作要連貫。

③迎風挑燈

左腳向左移半步，腳掌點地；同時右手持叉上提，左手握叉下把段。（圖5）

上動不停，左腳向左跨步，屈膝成弓步，重心前移，右腿屈膝成騎龍步，腳跟抬起，腳前掌著地；同時兩手持叉向右下、向斜上方用力上挑，稍高於頭，目視叉尖。（圖6）

【動作要點】：左腳向前跨步，左腿拉開，上體稍前傾。

④泰山壓頂

身體先立起，右腳稍前移步，雙手持叉向右下方擺撥；接著左轉體，右上步成馬步；同時雙手持叉繼續向後、向上，隨上步向右側劈壓，叉尖平放，兩臂微屈，力達叉尖，目視右側方。（圖7）

【動作要點】：起身時先向右下掛叉，然後用力向右側

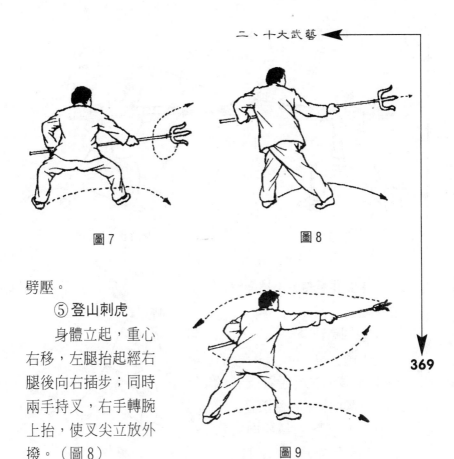

圖7

圖8

圖9

劈壓。

⑤ 登山刺虎

身體立起，重心右移，左腿抬起經右腿後向右插步；同時兩手持叉，右手轉腕上抬，使叉尖立放外撥。（圖8）

上動不停，上體右轉，右腿抬起向右上步成右弓步，左腳尖內扣，左腿蹬直；同時兩手持叉向右刺叉，目視右前方。（圖9）

【動作要點】：左插步、右撥叉要一致，右上步成右弓步刺叉要一致。

⑥ 老僧挑袍

左腿抬起向右前上步成左弓步，右腿蹬直；同時右手持叉向右肩側屈肘，左手持叉下把段向前挑把，目視前方。（圖10）

圖 10

圖 11

【動作要點】：挑把時，左手鬆握。

⑦ 回馬轉峰

上體右轉，重心右移，右腳尖外展，右腿屈膝成右弓步，左腳內扣，左腿蹬直；同時兩手持叉隨右轉體向右刺叉，目視右前方。（圖 11）

圖 12

【動作要點】：左弓步直接轉成右弓步，同時刺叉。

⑧ 老僧拄杖

上體右轉，右腳抬起向後落步蹬伸，左腳內扣，左腿屈膝；同時右手握上段屈肘收於右肩側，左手持下把段向左腿前推把拄地，目視左下方。（圖 12）

【動作要點】：右退步、左下推擋，左手稍上收。

⑨ 金雞顧影

上體右轉，左腳抬起經右腿後側向右插步；同時兩手持

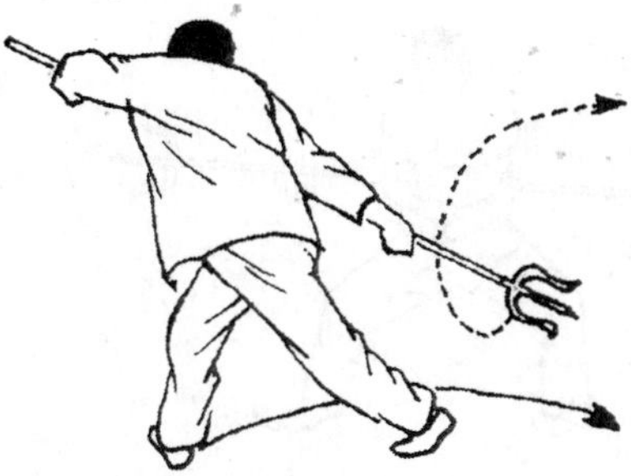

圖13 　　　　　　　　　　　圖14

叉隨轉身向右後下方倒刺，目視右後方。（圖13）

【動作要點】：轉身後刺要與左插步一致。

⑩馬上揮扇

上體微右轉，右腳抬起向右側落一步，左腳尖內扣，兩腿屈膝成馬步；同時雙手握叉，叉尖立放，向右前、向上、向右畫弧橫擊，叉把貼身，目視右側方。（圖14）

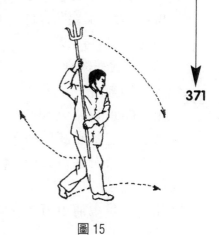

圖15

【動作要點】：要隨移上步之勢，右手持叉用力畫弧右拍叉，叉尖立放，叉頭不要右斜。

⑪反抱琵琶

身體立起右轉，重心前移，左腳跟抬起；同時雙手握叉向下，經右腿側向後、向上擺起，右手上舉，左手握下把段移往右側。（圖15）

上動不停，左腿向前上步，腳尖內扣，右腳尖外展，兩腿屈膝成馬步；同時雙手持叉繼續擺動，右手向左下壓叉，左手向右腋下推把，雙手成合抱勢，目視左側方。（圖16）

圖16

【動作要點】：隨轉身上步，叉要在體右側掄一立圓再下壓。

⑫ 金蛇探頭

上體左轉，右腳內扣，右腿蹬直，左腳尖外展，左腿屈膝成弓步；同時右手持叉內轉，叉尖平放，向前上扎出，目視前上方。（圖17）

圖17

【動作要點】：直接轉身前上扎叉。

⑬ 懷中抱月

左手換握上把段，右手下滑下把段，使叉頭下落；同時上體右轉，右腳尖外展，左腳尖內扣。（圖18）

上動不停，身體右轉，使兩腿交叉後下蹲成歇步；同時兩手持叉隨轉體從後向左前上挑，目視左前方。（圖19）

【動作要點】：叉尖平放，用力斜上挑後，稍高於頭。

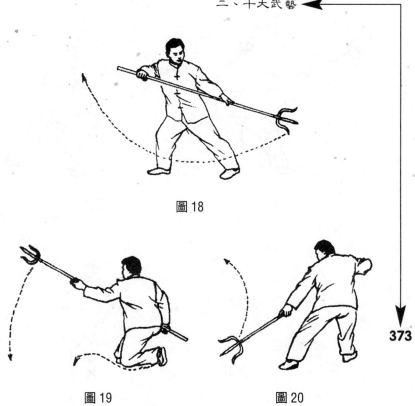

圖 18

圖 19　　　　　　圖 20

⑭ 撥打雕翎

　　身體立起，重心前移，右腿屈膝支撐，左腳向前上步成側虛步；同時右手握把端屈肘上抬，左手握上把段轉腕內旋，邊向左下撥邊轉腕，使叉尖立放，目視左下方。（圖20）

　　【動作要點】：左上步要和下撥叉一致，手心轉向下。

⑮ 黑虎攔路

　　上體微左轉，胯左轉下沉轉成正虛步；右手握下把段下壓，左手握上把段外轉腕，叉尖平放，向前上崩叉，目視前

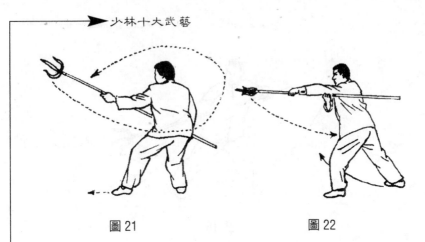

圖 21　　　　　　　圖 22

上方。（圖 21）

【動作要點】：兩手上
下合勁，短促用力彈抖，力
達叉尖。

⑯撥雲觀日

重心前移，左腳稍前移
步，左腿屈膝成左弓步，右
腳內扣，右腿蹬直；同時兩
手持叉使叉頭向上、向右後
向左平掃外撥，右手推把於
左腋下，目視左前方。（圖 22）

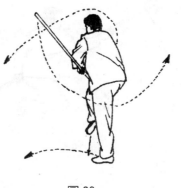

圖 23

【動作要點】：叉向右後擺時，上體應先向右轉一下，
再隨左撥左轉成弓步。

⑰怒拍頑石

重心前移，左腿支撐，上體微右轉，右腿抬起；同時左
手持上把段向右下擺動，右手鬆開手後，換握上把段。（圖
23）

374

圖 24

　　上動不停，上體左轉，右腳向前落步下震，左腳抬起向前上步，屈膝成左弓步，右腿蹬伸；同時左手下滑下把段，兩手持叉向上、向前下拍砸，目視前下方。（圖 24）

　　【動作要點】：右手換握把時應握在左手前，左手再滑把。

⑱回頭望月

　　上體右後轉，重心右移，右腳尖外展，右腿屈膝，左腳抬起經右腿後向右側插步；同時兩手持叉使叉隨轉體向右平擺；接著上舉向左、向前下雲頂，不停，左手鬆開，右手單臂持叉向右平擺，左手擺架於頭左上方，目視右後方。（圖 25）

　　【動作要點】：上體右轉時，兩手持叉雲頂，左下落後，再左插步右擺叉。

圖 25

⑲金龍旋身

上體左轉，左腳向前上步，左手左前落。（圖26）

上動不停，右腳向前跳步左後轉身，左腳蹬地抬起隨轉體左擺；同時在跨跳步轉時，右手持叉雲頂一周右擺，左手接握下把段。（圖27）

上動不停，上體繼續左轉，左腳向前落步，右腿屈膝成左弓步，右腳內扣，右腿蹬直；同時兩手持叉左轉體向左上方雲叉橫拍，目視叉頭。（圖28）

【動作要點】：上步跳轉，右手單手雲頂後轉腕使叉把落於體前，拍叉時要向左橫擊，力達叉尖。

⑳臥看秋雲

上體右轉，兩手

圖26

圖27

圖28

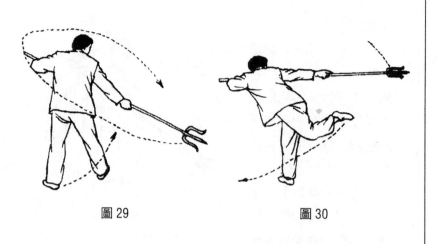

圖 29　　　　　　　　　圖 30

377

持叉向右下方擺叉。（圖
29）

　　上動不停，右腿支
撐、左腿向右後抬起；同
時兩手持叉繼續向右上、
向左、向前、向右平擺，
上體左前傾，目視右後
方。（圖30）

　　【動作要點】：兩手
持叉在體右側掄一立圓，
後再右擺叉，臥式平衡要穩。

圖 31

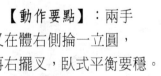

　　㉑ **大蟒翻身**

　　上體左轉，左腳向前上步；兩手持叉右側舉起。（圖
31）

　　上動不停，右腳向前上步，右腿支撐左腳提起，重心右
移，身體左轉；同時上體微右傾，兩手持叉向前下落叉。

（圖32）

上動不停，右腳蹬地騰空翻轉一周，左右腳依次落地，兩腿屈膝成馬步；同時兩手持叉隨翻轉一周下劈，目視右側方。（圖33）

【動作要點】：兩手持叉下落準備起跳時，應用力幫助蹬跳轉身速度，落步馬步劈叉要穩。

378

㉒登山刺虎

上體右轉，重心前移，右腳外展，右腿屈膝成馬步，左腳尖內扣，左腿蹬伸；同時左手握把端外旋，右手微鬆，使叉頭從右向左旋轉一周，向右前方扎出，目視右前方。（圖34）

【動作要點】：第二個登山刺虎是吐叉，邊旋轉、邊前扎。

圖32

圖33

圖34

圖 35

圖 36

㉓ 夜叉探海

上體右轉，重心前移，左手持把端屈肘上抬，右手持叉轉腕右下落，使叉尖從前向右下擺動。（圖 35）

上動不停，重心前移，左腳向前上步；兩手持叉使叉尖向右後、向上、向前、向左下運行。（圖 36）

圖 37

上動不停，右腳向前上步，腳尖內扣，身體左後轉，左腳隨轉體上抬；同時兩手持叉使叉尖向左後、向上、向右隨轉體向前下扎出，目視前下方。（圖 37）

【動作要點】：這是一個左右掛叉，轉身提膝下扎叉動作，上右腳左掛，上左步右掛，再上右步左轉身時，叉在體右側掄掛一立圓後，再左提膝前下扎叉。

㉔二郎趕山

左腳向前落步，右腳抬起；同時兩手持叉左手下落。（圖38）

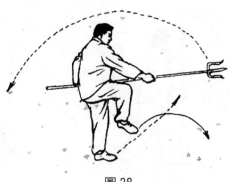

圖38

上動不停，左腳蹬地，右腳前跳，右腿支撐，左腳抬起；同時兩手持叉向前、向上、向右後擺叉。（圖39）

上動不停，左腳向前落步，左腿屈膝成左弓步，右腿蹬直；同時兩手持叉，叉尖平放，由右後下方向左前上方斜擺，前手腕內屈，力達叉側刃，目視叉頭。（圖40）

圖39

【動作要點】：上跳換步要連貫，叉要從下向前上畫弧上擺，力在外側刃。

㉕泰山壓頂

重心前移，左腳

圖40

支撐，右腳微抬前移，
兩手持叉使叉尖向右腳
側下格。

上動不停，上體左
轉，右腳向前上步，腳
尖內扣，兩腿屈膝成馬
步；同時兩手持叉繼續
向右後、向上、向右前
側方下壓，目視右側
方。（圖41）

【動作要點】：要
領同第4勢。

㉖ 一鶴沖天

重心右移，上體右
轉，右腳尖外展，左腳
尖內扣，左腿蹬直；同
時兩手持叉，右手右上
抬，使叉尖向右上挑
叉。（圖42）

上動不停，重心左
移，左腿屈膝全蹲，右
腿平仆；同時雙手持叉
向下拉叉，叉尖平放。
（圖43）

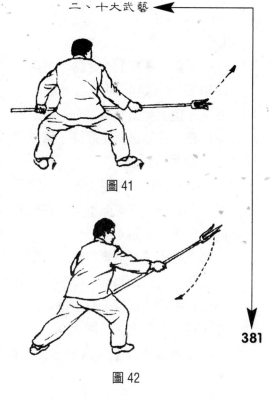

圖 41

圖 42

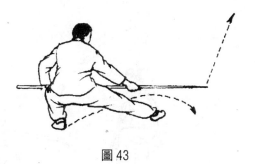

圖 43

上動不停，重心右移，左腳抬起向右腳前上步屈膝，右
腿向下彎曲；同時兩手持叉向右前上猛挑，目視叉尖。（圖

44）

【動作要點】：此動作包括三個環節，一是前挑叉；二是下壓叉；三是上步鎖喉叉。每一環節都要做好，三個環節要連貫一氣。

㉗反抱琵琶

重心前移，左腿支撐，右腿前抬；同時兩手持叉向下、向右後、向上舉起。（圖45）

圖44

上動不停，上體右轉，右腿向下震腳，左腳抬起向右腳左側橫落一步，兩腿屈膝成馬步；同時左手持把左推，右手持上把下落，使叉尖從上向左側下壓，目視左側方。（圖46）

【動作要點】：震腳上步，掄立圓下壓，成雙手合抱勢。

圖45   圖46

圖 47　　　　　　　　　圖 48

㉘ 金蛇探頭

重心前移，上體左轉，左腳尖外展，右腳尖內扣，右腿蹬直；同時右手持叉向前上推叉，目視前上方。（圖47）

【動作要點】：直接轉身右推叉。

㉙ 陸地行舟

重心後移，右腿支撐，左腿提膝前抬，右手持上把叉下落。（圖48）

上動不停，左腳向前落步，重心前移，左腿支撐，右腿向前抬起；同時兩手持叉，使叉尖向左側、向後、向上、向前、向右上、向上掛叉橫舉。（圖49）

上動不停，右腳向前下落步震腳，左腳抬起向

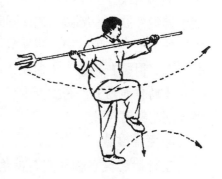

圖 49

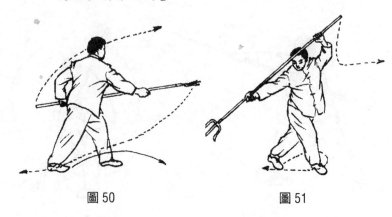

圖 50   圖 51

前上步，屈膝成左弓步，右
腿蹬直；同時雙手持叉向左
前方橫斬，力達外側刃，目
視左前方。（圖 50）

【動作要點】：雙掛叉
應該是左腳前落時向左掛，
右腳前抬時向右掛。

㉚ 猛虎回頭

圖 52

右腳抬起向左腳前落
步，腳尖外展，左腳跟抬起；同時上體右後轉體，隨轉體左
手持把上抬，右手向後，使叉尖從前向後扎出，叉杆斜架於
頭上方，目視右後方。（圖 51）

【動作要點】：右腳上步時，腳尖就要外展，落地就轉
體，同時轉臂後扎。

㉛ 老僧撞鐘

左腳抬起經右腳前向右蓋落步，重心右移，右腳跟抬
起；同時兩手持叉向左搗把，目視左側方。（圖 52）

【動作要點】：
直接上蓋步後倒把。

㉜猛虎回頭

　身體右後轉，左
腳尖內扣，右腳抬起
向左擺落步，重心左
移，左腿蹬直，左腳
跟抬起；同時兩手持
叉隨轉體使叉尖向右
後下方扎出，目視右
後下方。（圖53）

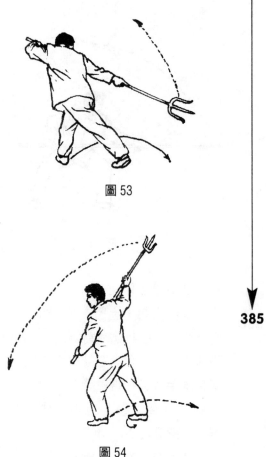

圖 53

385

【動作要點】：
猛虎抱頭、老僧撞
鐘、猛虎抱頭三個動
作要緊密配合，步子
不停，連續走一周，
上肢動作是兩個後扎
一個左搗把。

㉝順風撲蝶

圖 54

　重心後移，上體
左轉，右腳抬起向後落一步；同時兩手持叉上舉。（圖
54）

　上動不停，上體繼續左轉，右腳尖內扣，左腳抬向左後
退一步，兩腳屈膝成馬步；同時兩手持叉向右側方下拍，叉
尖平放，目視右側方。（圖55）

【動作要點】：連退兩步成馬步下拍，身械要協調。

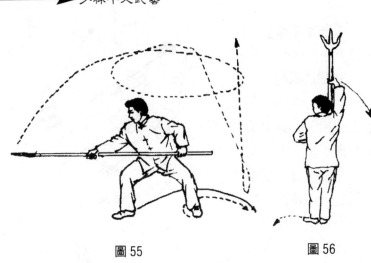

圖 55　　　　　　圖 56

㉞ 立地金剛

　　身體立起，上體右轉 180
度後移，右腿抬起隨轉體向右
跨落一步，左腳向右腳併步；
同時兩手持叉在轉體時在右前
方掄一立圓上舉，目視左側
方。（圖 56）

　　【動作要點】：轉身右跨
步時掄叉，上舉叉時左腳再併
步。

圖 57

㉟ 二郎擔山

　　左腳向左跨步，兩手持叉右落。（圖 57）

　　上動不停，上體左轉，重心前移，左手先鬆手，右手持
叉平掄，往左肩上擺叉，左手立掌扶叉把。（圖 58）

　　上動不停，上體繼續左轉，左腳尖外展，右腳向前橫上

圖 58

圖 59

一步;同時右手先推把後,使叉杆繞脖子擔於兩肩,右手再扶上把段,目視右側方。(圖59)

【動作要點】:此勢是上轉跨步擔叉,叉要繞脖。

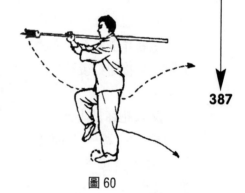

圖 60

㊱ 金雞啄眼

身體繼續左後轉,右腿碾地內扣,左腳隨轉體上抬;同時左手先鬆手,右手隨轉體繼續繞脖拉叉;至轉體提膝時握把向前送叉,右手虎口向後,後叉杆在右肩上;在右手前送叉時,左手攔肘,目視前方。(圖60)

【動作要點】:金雞啄眼的前部分應是二郎擔山的後部分,二勢緊密相連。

㊲ 仆地錦勢

上體右轉,左腳內扣,右腳隨轉體右後落步;同時左手在右肩前握叉杆,右手持上把段隨轉體向右前拉叉,目視右

圖61

圖62

前方。（圖61）

【動作要點】：手腕下屈，直接隨右後轉身向右拉叉。

㊳反抱琵琶（一）

重心後移，左腿支撐，右腿抬起；兩手持叉，使叉尖向下，向右後擺叉。（圖62）

圖63

上動不停，上體繼續右轉，右腳向下震腳，左腳隨轉體上橫步；同時兩手持叉，使叉尖向上、向前、向左下壓叉，目視左側方。（圖63）

【動作要點】：右提膝掛叉和左上步壓叉要身械協調一致。

反抱琵琶（二）

上體右轉，左腳內扣，左腿支撐，右腿屈膝上抬；同時兩手持叉，向上、向右後隨轉體向右下掛叉。（圖64）

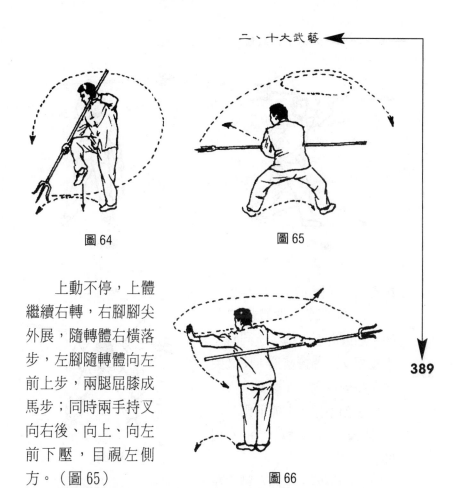

圖 64

圖 65

圖 66

上動不停，上體繼續右轉，右腳腳尖外展，隨轉體右橫落步，左腳隨轉體向左前上步，兩腿屈膝成馬步；同時兩手持叉向右後、向上、向左前下壓，目視左側方。（圖 65）

【動作要點】：

與上動要領一致，唯方向相反。

㊴蘇秦背劍

身體立起，右腿伸直，左腳向右腳併步；同時左手鬆開，右手單手持叉向後做雲頂叉後擺叉，目視左側方。（圖 66）

㊵翻天覆地

上體左轉，左腳向前上步；同時左手下落，右手單手上

389

圖 67

圖 68

舉雲頂。（圖 67）

　　上動不停，身體繼續左轉，右腳向右上橫步；同時左手換握叉，繼續雲頂，使叉尖從左轉向右側。（圖 68）

　　上動不停，上體前俯，左手繼續雲叉至背上。（圖 69）

圖 69

　　上動不停，上體左轉，左腳向後插步；同時右手背後接叉繼續雲頂。（圖 70）

　　上動不停，上體繼續左轉，兩腿叉開；同時左手持叉繼續雲頂。（圖 71）

　　上動不停，上體前俯，左手雲叉後背。（圖 72）

　　【動作要點】：此勢是上

圖 70

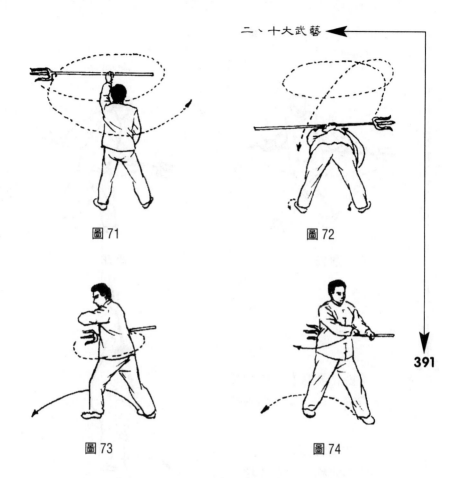

圖71　　　　　圖72

圖73　　　　　圖74

步轉體，前後雲叉胸背花，注意立體和背後交換手的時機。

　㊶**玉帶纏腰**

　　上體立起左轉，右手背後接叉，直接轉臂往小腹前擺叉。（圖73）

　　上動不停，上體繼續左轉，右腳向右橫上一步；同時叉繼續纏腰。（圖74）

　　上動不停，上體繼續左轉，左腳向後插步；同時兩手繼續撥叉纏腰。（圖75）

圖 75

圖 76

392

上動不停，上體繼續左
轉，叉繼續纏腰。（圖
76）

【動作要點】：此勢是
轉身連續上步，叉杆隨轉體
纏腰。

㊷ **大海揚波**

重心前移，左腿支撐，
右腿前抬；同時右手握上把
前抬，左手鬆開手後至體前
握叉下把段。（圖 77）

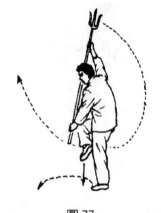

圖 77

上動不停，右腳向前落步下震，左腳向前上步；同時兩
手持叉向後、向左斜上方挑叉，目視前方。（圖 78）

【動作要點】：玉帶纏腰後，直接前擺後再斜上挑叉。

㊸ **泰山壓頂**

身體立起，左腿支撐，右腳抬起向左腳側點步；同時兩

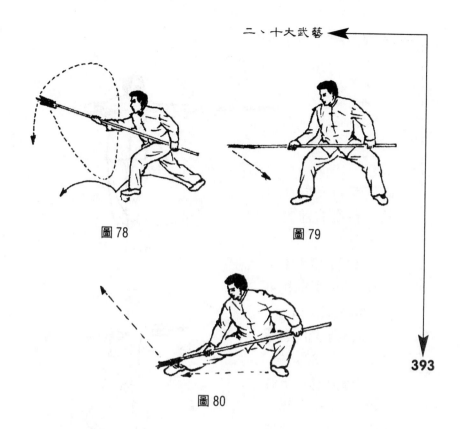

圖78

圖79

圖80

　手持叉向右後擺掛。

　　上動不停，上體左轉，右腳向右橫落步；同時兩手持叉
向後、向上、向前下壓叉，目視右側方。（圖79）

　　【動作要點】：要領同前。

　　㊹順馬落帶

　　重心左移，左腿屈膝全蹲，右腿平仆；同時兩手持叉隨
右移重心拉帶，目視右側下方。（圖80）

　　【動作要點】：拉叉連壓順帶。

　　㊺羅漢指山

　　上體立起，重心右移，右腿支撐，左腳向右腳併步；同

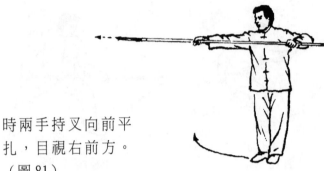

圖 81

時兩手持叉向前平
扎，目視右前方。
（圖81）

【動作要點】：
起身直接併腳前扎。

㊻夜叉巡山

右腳抬起向右擺
落步。（圖82）

上動不停，上體
右轉，左腳向右腳前
上步；兩手持叉隨轉
體。（圖83）

圖 82

上動不停，右腳
抬起向右前擺落步，
左腿蹬伸，左腳跟抬
起，目視右側方。
（圖84）

【動作要點】：
繞圈行步雲叉。

㊼仙人坐洞

左腳向右腳左側

圖 83

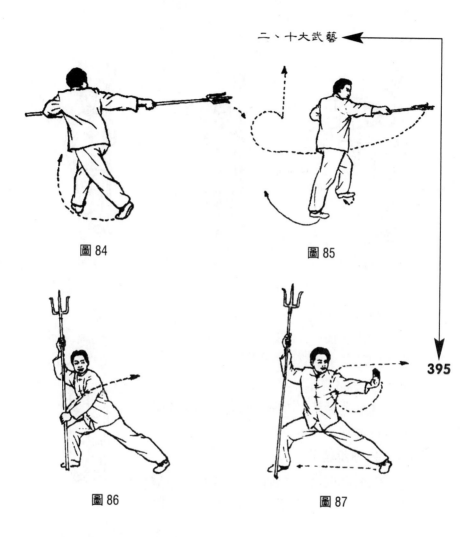

圖 84

圖 85

圖 86

圖 87

上步。（圖85）

　　上動不停，上體繼續右轉，右腳抬起向右擺落步；同時
兩手持叉，使叉尖隨轉身向右雲叉，然後轉臂柱叉上舉，目
視左前方。（圖86）

　　上動不停，左手鬆手後向前方推掌。（圖87）

　　【動作要點】：繼續雲叉成轉身右弓步柱叉推掌。

圖 88　　　　　　　圖 89　　　　　　圖 90

396

㊽ 仙人指路

　右腳伸直，上體直立，左腳向右腳併步；同時左手繞立圓左側推掌，目視左側方。（圖 88）

　【動作要點】：左手先向上、向後屈肘再前推掌。

㊾ 謝步請示

　右腳向後退一步；同時右手持叉微離地面，左手向下、向後、向上舉齊。（圖 89）

圖 91

　上動不停，左腳後退一步與右腳併攏成立正姿勢；左手向下按掌，目視左側方。（圖 90）

　上動不停，頭轉正前方，右手持叉下落，右手轉腕，五指貼於左胯側。（圖 91）

　【動作要點】：退步要連貫，收勢頭轉正前方。

（九）九耳連環鏟

1. 器械構造

鏟的結構包括前鏟、鏟杆、後鏟三部分，前鏟部分包括外月刃、鏟庫、鏟環；鏟杆部分分前把段、中段、下把段；後鏟部分包括內月刃、鏟庫、鏟環。（見下圖）

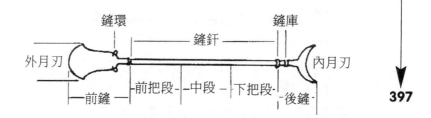

2. 基本動作

（1）扎　鏟

雙手握把，鏟叉平放，平臂前扎，力在鏟刃。

（2）劈　鏟

雙手握把，鏟刃平放，由上向下或斜下力劈，力在鏟刀。

（3）撩　鏟

雙手握把，鏟刃平放，由下向上弧形撩擊，力在鏟刃。

（4）擺　鏟

雙手握把，鏟刃平放，由下向上弧形擺撩，力在側刃。

（5）挑　鏟

雙手握把，由下向前上方挑起，力在右側刃。

（6）削　鏟

雙手握把，由右上向左下畫劈，力在鏟刃。

（7）拍　鏟

雙手握把，腕內旋，從上向體前拍壓，力在鏟頭。

（8）掄　鏟

雙手握把，鏟在胸部以上向左或向右掄半周以上。

（9）雲　鏟

雙手握把，鏟在上方向左或向右平圓繞環一周。

（10）送　鏟

鏟在肩上，雙手對握，向前平推，力在前刃。

（11）搖　鏟

兩手握把，前手正握，向側方畫立圓。

（12）絞　鏟

兩手握把，前手反握，向側下方畫立圓。

（13）舞花鏟

鏟貼近身體，左右掄立圓，動作要連續。

（14）胸背花

鏟隨身體的俯仰，使鏟在胸、背上連續雲轉，注意兩手的交接。

3. 風格特點

九耳連環鏟是月牙鏟套路中的一種，因其有九個鐵環而得名，是僧侶使用較多的一種特殊器械，在武術器械中屬長器械。

月牙鏟主要是以扎、劈、撩、挑,攉、拍、削、絞、戳、掄、雲、壓等鏟法結合舞花、胸背花等動作所組成的套路練習。演練時要注意兩鏟的運用,鏟與身法、步法要協調配合,做到動之沉實潑辣,靜之穩如泰山,開合有度,招實意明,穩健有力。

月牙鏟的特點是:氣勢雄偉,穩實有力,簡明快速,動靜分明。

4. 重點提要

本套路的主要動作由鐵鏟揚塵、毛竹橫攔、急轉法輪、盤柱點燈、泰山壓頂、倒撞金鐘、樵夫擔柴、老僧拜佛、回身拂塵、羅漢開簾、蝎子翹尾、推窗望月、書童上山、深山探路、蹬山撞碑、鷂鷹翻身等動作組成。練習月牙鏟要做到簡明、穩實,動靜分明,本套路使用的月牙鏟應是凸月和凹月的組合鏟,演練時應勢用兩端,側重有別。

5. 套路歌訣

扶鏟迎風老僧笑,仙人指路始發招;
浪子踢球舞花勢,老僧背杖指路標;
鐵鏟揚塵連進勢,毛竹橫攔錯月刀;
金雞探翅獨身懸,進步轉輪雙攉撩;
盤柱點燈側身揮,泰山壓頂拍靈霄;
倒撞金鐘後偷步,一路斜跺雙騰蛟;
龍盤虎踞斜背鏟,烏雲遮月平攔掃;
樵夫擔柴騎馬勢,柴擔撞山雙肩搖;
樵夫轉肩旋身跳,老僧拜佛雙架橋;

開山尋徑斜踩勢，鐵鏟探澗懸身撩；
回身拂塵仆地錦，寒雞宿翅報晨曉；
羅漢開簾左右番，蹬山挑燈轉擢挑；
蝎子翹尾後搗鏟，坐盤望月斜上瞧；
欲撞山門先驪馬，書童上山前後搖；
扶杖轉肩迎風掃，丹風朝陽偷步撩；
朝拜山門施抱禮，深山探路雙掄拋；
鐵鏟撞碑蹬山勢，回馬轉峰奔頂霄；
鶻鷹翻身三劈進，烏雲蓋頂平鏟削；
轉身挑燈迎風勢，謝步請示收鏟招；
若問此路名和姓，連環大鏟佛門驕。

6. 套路圖解

(1) 鏟　譜

①扶鏟迎風　　⑫一路斜踩　　㉓羅漢開簾
②仙人指路　　⑬龍盤虎踞　　㉔蹬山挑燈
③浪子踢球　　⑭烏雲遮月　　㉕蝎子翹尾
④老僧背杖　　⑮樵夫擔柴　　㉖坐盤望月
⑤鐵鏟揚塵　　⑯搖擔撞山　　㉗欲撞山門
⑥毛竹橫攔　　⑰樵夫轉肩　　㉘書童上山
⑦金雞探翅　　⑱老僧拜佛　　㉙扶杖轉肩
⑧進步轉輪　　⑲開山尋徑　　㉚丹鳳朝陽
⑨盤柱點燈　　⑳鐵鏟探澗　　㉛朝拜山門
⑩泰山壓頂　　㉑回身拂塵　　㉜深山探路
⑪倒撞金鐘　　㉒寒雞宿翅　　㉝鐵鏟撞碑

㉞回馬轉峰　　㊱烏雲蓋頂　　㊳謝步請示

㉟鷂鷹翻身　　㊲轉身挑燈

（2）套路圖解

預備勢

兩腳併攏，成立正姿勢，右手握鏟杆中上段於體右側，左手臂下垂，手掌自然貼於右胯側，頭正、頸直，兩眼平視。（圖1）

① 扶鏟迎風

左腳向前上一步，右腳跟抬起；同時左手上舉。（圖2）

上動不停，右腳向前上步，與左腳成併步；同時左手向下按掌，右手提鏟，目視左側方。（圖3）

【動作要點】：上步按掌時，右手提鏟微離地面。

② 仙人指路

右手外旋，左手向左直臂上抬，屈肘收於肩側再立掌前

圖1　　　　　　　圖2　　　　　　　圖3

圖4　　　　　　　　　　圖5

推。目視左側方。
（圖4）

【動作要點】：先挑掌，屈肘再推出。

③浪子踢球

右手握上把段向上提鏟，左手收回握鏟下把段；同時右腳右抬向左踢鏟下段。
（圖5）

圖6

上動不停，上體右轉，右腳向右落步，腳尖外展；同時兩手持鏟，使外月鏟向右前下方擺落。（圖6）

上動不停，上體繼續右轉，左腳抬起向左側插步；同時兩手持鏟使外月鏟向右後、向上、向左下擺動，目視左側方。（圖7）

【動作要點】：踢鏟轉身舞花鏟。

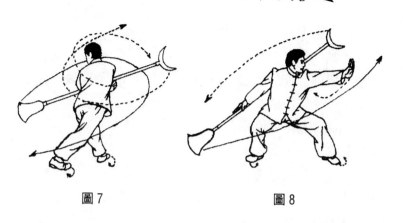

圖7　　　　　　　　　　　　圖8

④老僧背杖

　　身體繼續右轉，重心右移，兩腿屈膝，左腳腳前掌著地，腳尖衝前成半馬步；同時左手鬆開立掌前推，右手持鏟隨轉體後擺於背後，目視左前方。（圖8）

　　【動作要點】：在右手向後背鏟時，左手向右伸手，抹頂後前推掌。

⑤鐵鏟揚塵

　　上體左轉，重心左移，左腳落實前弓，右腳內扣，右腿蹬直；同時右手轉腕使鏟平放向前平擺，左手從右臂下握鏟杆。（圖9）

　　上動不停，重心前移，左腿支撐，右腿提膝前抬；同時兩手持鏟向左、向上、向右雲鏟

圖9

下落。（圖10）

上動不停，右腳向前落步震腳，左腳抬起向前上步，屈膝成左弓步，右腿伸直；同時兩手持鏟向右下、向左前平鏟上挑，目視前方。（圖11）

【動作要點】：第一次雲鏟也可做成兩手持鏟向後、向下、向上撩一次，再接做震腳上步前挑。

⑥ 毛竹橫攔

身體右轉，右腳尖外展，左腳尖微扣，兩腿屈膝成馬步；同時兩手持鏟隨右轉身左手用力左推，使內月鏟由左向右橫攔，目視左側方。（圖12）

【動作要點】：直接轉身攔鏟。

⑦ 金雞探翅

上體左轉，重心前移，右腳內扣，右腿蹬

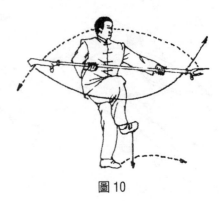

圖10

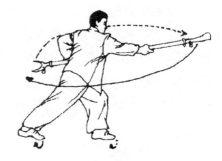

圖11

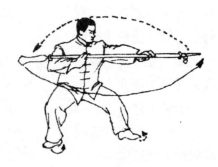

圖12

伸；同時兩手持鏟使
外月鏟向下、向前、
向上絞掄。（圖13）

圖13

上動不停，左手
向前絞掄，右手向後
絞掄。（圖14）

上動不停，兩手
持鏟使外月鏟前絞
掄。（圖15）

【動作要點】：原地雙手持鏟向前掄挑。

⑧ 進步轉輪

重心前移，左腿支撐，右腳前抬；同時兩手持鏟，右鏟
從前向上、向後擺動，左手持下把使內鏟向下、向前上挑
擊。（圖16）

上動不停，右腳向前落步，左腳抬起；兩平鏟繼續絞
挑，右鏟向前。（圖17）

上動不停，左腳向前落步，右腳向前上步；同時兩手持

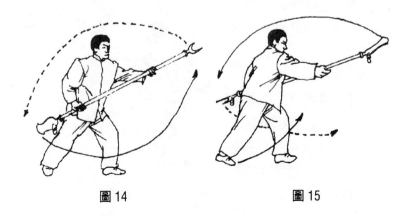

圖14   圖15

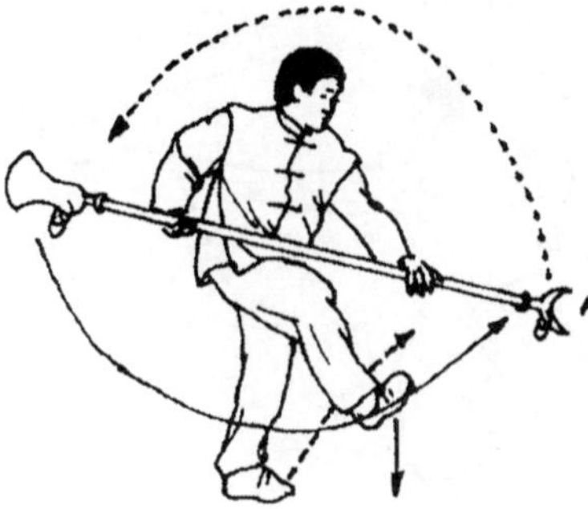

圖 16 　　　　　　　　　圖 17

鏟使左鏟向前絞挑。（圖
18）

　【動作要點】：連續
上步向前雙手持鏟絞挑、
輪轉。

　⑨ 盤柱點燈

　　上體左轉，重心右
移，右腳尖內扣，右腳屈
膝支撐，左腳抬起扣於右
腿後彎處；同時兩手持鏟
向側上方上挑，目視右側
方。（圖19）

　【動作要點】：本式
要和上二式連貫起來做，
演練時，進步和左右絞挑
要配合協調，盤柱點燈要
上體微右傾。

圖 18

圖 19

⑩泰山壓頂

左腳向左落步，重心左移，左腿支撐，右腳抬起靠於左腳側，腳尖虛點地面；同時兩手持鑔使右鑔向左、向下、向右腳外側後格。（圖20）

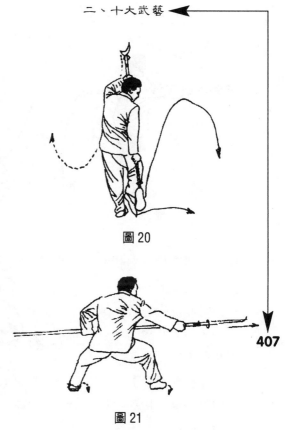

圖 20

上動不停，右腳向右橫落步，兩腿屈膝成馬步；同時兩手持鑔向後、向上、向右下拍壓，目視右側方。（圖21）

【動作要點】：左移步時，要使外月鑔畫弧下格，右上馬步，鑔要轉掄下拍。

圖 21

⑪倒撞金鐘

重心右移，左蹬右弓步；同時兩手持鑔，鑔刃平放，向右前扎鑔，力在鑔刃。（圖22）

上動不停，重心左

圖 22

圖 23

圖 24

移，左腿支撐，右腿前抬；同時上體左轉，雙手持鏟向左搗左鏟，鏟刃平放，力在鏟刃，目視左側方。（圖23）

【動作要點】：先向右扎一鏟，接著右腳蹬地左移提膝左搗鏟。

⑫一路斜踩

圖 25

上體右轉，重心前移，右腳支撐，左腳蹬伸，腳跟抬起；同時兩手持鏟隨右轉向右下擺鏟。（圖24）

上動不停，重心繼續前移，右鏟繼續向後，左鏟向前下擺動。（圖25）

上動不停，左腳向前上步；同時兩手持鏟，使右鏟繼續向上，向前下擺動，左鏟向下，經體右側向後、向上擺起。（圖26）

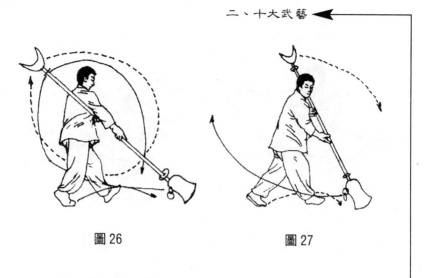

圖26　　　　　　　　圖27

上動不停，重心前移，右腳向前上步；同時兩手持鏟，使右鏟向左後、向上、向前、向右下擺動，左鏟隨絞花擺於左側上方。（圖27）

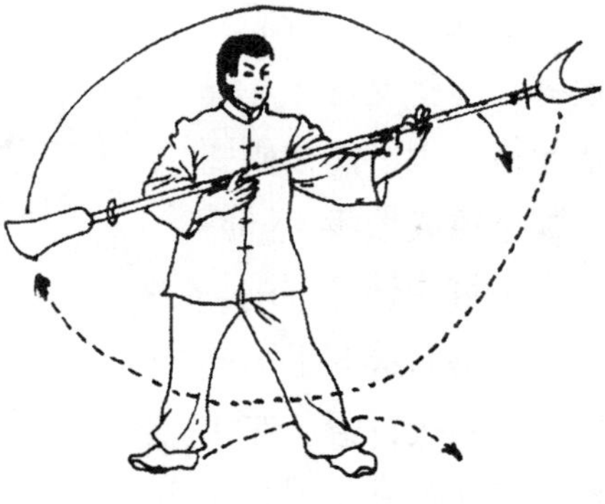

上動不停，上體右轉，左腳向前橫上一步；兩手持鏟使右鏟向

圖28

右後、向上擺動，目視左前方。（圖28）

【動作要點】：上步舞花鏟，上步和兩手絞掄要配合好。

⑬龍盤虎踞

重心左移，右腳抬起經左腿後插步；同時兩手持鏟使右鏟向上、向左蓋壓。（圖29）

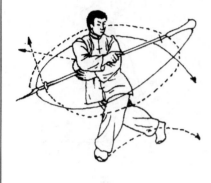

圖 29

圖 30

上動不停，身體右後轉，右腿支撐，左腳抬起後插步，然後兩腿屈膝下蹲成歇步；同時兩手抱鏟隨轉身平削；不停，轉右鏟向上、向前、向右後背鏟，左手鬆手左前推掌，目視左前方。（圖30）

圖 31

【動作要點】：插步右轉身後，右鏟平擺至右側時轉臂後背，左手在右鏟後背時推掌。

⑭ 烏雲遮月

右腳蹬地使身體立起，左腳向前上步；同時右手持鏟從後向前斜上轉舉。（圖31）

上動不停，右腳向前上步，右手使鏟在頭上方平雲一

圖 32　　　　　　　　　　圖 33

周，左手上舉接握鑱
杆。（圖 32）

　上動不停，上體左
轉，右腳尖內扣，左腳
尖外展，兩腿直立，上
體向前彎腰俯身；同時
左手握鑱向後轉掄轉
背，右手自然下垂。
（圖 33）

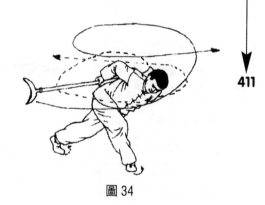

圖 34

411

　上動不停，上體左轉，左腳抬起後插步；同時右手背後
接鑱。（圖 34）

　上動不停，上體繼續左轉，兩腿立起；右手持鑱隨轉身
從後向左、向上舉起。（圖 35）

　上動不停，上體繼續左轉，右腳向前上步；同時右手平雲
一周，左手接鑱。（圖 36）

　【動作要點】：以上六圖示主要分解了上步轉身平掄鑱

圖 35

圖 36

412

和胸背花。身型、步法一定要和器械緊密配合，特別是雲鑔後的接鑔和背後接鑔要掌握好時機。

⑮ **樵夫擔柴**

上體左轉，右腳尖內扣，左腳尖外展，兩腿屈膝成馬

圖 37

步；同時左手接鑔後向左平轉，右手先鬆開手再轉正把握鑔，然後隨下蹲使鑔擔於雙肩，目視右側方。（圖 37）

【動作要點】：後落把鑔要和下蹲馬步一致。

⑯ **搖擔撞山**

重心右移，右腳尖外展，右腿前弓，左腿蹬伸；兩手肩兩側握鑔，使右鑔畫一立圓，同時搖晃雙肩。（圖 38、39）

圖 38

圖 39

413

圖 40

圖 41

　　上動不停，重心右移，右腿支撐，左腿上抬；雙手握鏟隨起。（圖 40）

　　上動不停，左腳向右前落步震腳，右腳向前上步，屈膝成右弓步，左腿蹬伸；兩手握鏟隨進步前撞，目視右前方。（圖 41）

　　【動作要點】：先晃肩一周後重心再前移左腿；左震

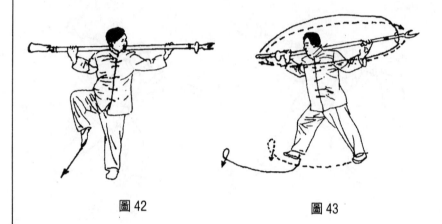

圖 42　　　　　　　　　　圖 43

414

腳、右上步向右前頂撞。

⑰ **樵夫轉肩**

　　右腳蹬地提膝，重心左移，左腿支撐；同時兩手持鏟隨身左撞，擺頭左視。（圖42）

　　上動不停，向右擺頭，重心右移，右腳向前上步。（圖43）

圖 44

　　上動不停，右腳蹬地騰空旋轉一周落步成馬步；同時兩手持鏟隨跳轉平旋一周。目視右側方。（圖44）

　　【動作要點】：右腳落地即蹬，左腳前擺時騰空平旋轉一周。

⑱ **老僧拜佛**

　　兩手向上推鏟，重心左移，左腿支撐，右腳抬起放在左

膝上；同時兩手胸前合掌，兩肘外展，使鏟在空中向下平行落於兩肘裡，目視前方。（圖45）

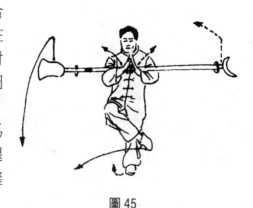

圖45

【動作要點】：馬步時推鏟，向左擺落腿要與雙合掌一致，推鏟時斜前上用力。

⑲開山尋徑

左腿蹬伸，左腳尖內扣，上體右轉，右腳向前落步；同時雙臂上振，使鏟向上拋起，兩手迅速接鏟向前下擺動。（圖46）

上動不停，左腳向前上步；同時兩手握鏟在體右側舞花掄立圓一周。（圖47）

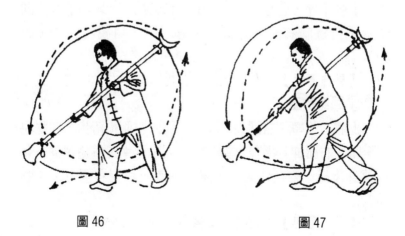

圖46　　　　　　　　　圖47

圖48　　　　　　　　圖49

【動作要點】：舞花鏟要貼近身體，左右掄立圓，動作要連貫，可連續上幾步再接下勢。

⑳ 鐵鏟探澗

上體左轉，左腳尖外展，右腳向前上步，腳尖內扣；同時兩手持鏟向左絞擺，使右鏟向左後、向上、向前下掄立圓下擺。（圖48）

上動不停，重心右移，左腿提膝上抬，上體右前傾；同時兩手持鏟向右前下方斜扎，鏟刃平，目視右鏟。（圖49）

【動作要點】：左舞花後，左提膝要與右下扎鏟一致。

㉑ 回身拂塵

上體右後轉，右腳尖外展，左腳向左側橫落步，左腿屈膝全蹲，右腿伸直平仆，腳內扣；同時兩手握鏟隨轉身下仆步轉身後掃，力在外鏟刃，鏟刃平放，目視右側方。（圖50）

【動作要點】：直接上步轉身，向右後掃鏟。

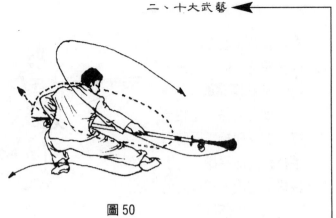

圖 50

㉒ 寒雞宿翅

左腳蹬地使身體立起，腳尖內扣，上體右轉，右腳抬起隨轉體向後插步；同時兩手持鑔上舉，使右鑔在頭上側平圓繞一環周前落。（圖51）

圖 51

上動不停，重心後移，右腿屈膝，左腿彎屈成左虛步；同時左手鬆開立掌前推，右手持鑔右後擺動成背鑔，目視左前方。（圖52）

【動作要點】：要和上動連貫起來，邊轉身邊掃舉鑔接掄繞環；

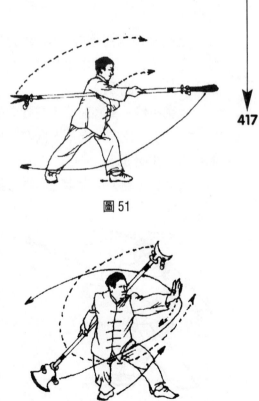

圖 52

右轉身時，右腳向右、
向後擺落，借力擺鏟。

㉓羅漢開簾

重心前移，左腿支
撐，右腳前抬；同時右
手持鏟向前平擺、左手
接握下把段，然後向前
上繞環一周落於右側。

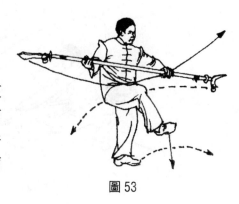

圖53

（圖53）

上動不停，右腳向下落步震腳，左腳向前上步成左弓
步，右腿蹬伸；同時兩手持鏟向左前上撥鏟，力在外鏟刃，
鏟刃平放。（圖54）

上動不停，重心前移，右腳向前上步；兩手持鏟使右鏟
先右、向上、向左、向下、向右，再繞環一周右撥，目視右
側前方。（圖55）

【動作要點】：上步左右雲撥鏟。

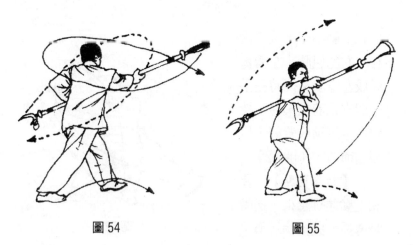

圖54　　　　　　　　　　圖55

㉔ 登山挑燈

重心前移，左腳抬起向前上步，腳尖外展，右腿伸直、腳跟抬起，上體左前傾；同時兩手持鑔向左下擺鑔。（圖56）

上動不停，身體左轉，右腳抬起向左腳側內扣跳落步，同時左腳後擺，兩手持鑔在體右傾掄一立圓後向右前上撩，目視右鑔。（圖57）

【動作要點】：上步絞鑔、跳轉身換步右撩鑔，右上跳步時右腳尖內扣。

圖56

圖57

㉕ 蝎子翹尾

重心後移，右腳抬起向左腿左側插步，兩腿屈膝成歇步；同時兩手持鑔向左後斜上搗鑔，擺頭目視左後方。（圖58）

【動作要點】：直接退步後上搗鑔，歇步不要蹲的太低，也可做成前俯身後叉步。

㉖ 坐盤望月

重心右移，右腳右上步，兩腿叉立；同時兩手持鑔右

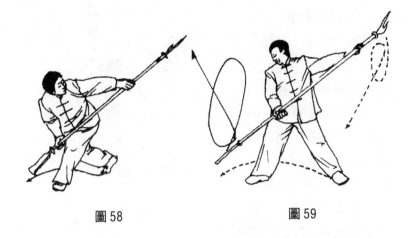

圖 58   圖 59

移。（圖 59）

　　上動不停，重心繼續右移，左腳向右後插步，兩腿屈膝下蹲成歇步（坐盤）；同時兩手持鏟先在體右側上下絞掄一立圓，再向右上側送鏟，目視右上方。（圖 60）

圖 60

　　【動作要點】：先絞立圓後再上歇步向右上斜鏟。

㉗ 欲撞山門

　　右腳蹬地使身體立起、左腳向左上步；同時兩手持鏟上舉於右肩上，左手左滑。（圖 61）

圖 61

圖 62

圖 63

上動不停，上體左轉，右手繼續滑把於內月鏟庫處，左手鬆開左擺；同時右腳抬起。（圖62）

上動不停，右腳繼續向前裡合擺腿、左手攔擊後，右腿下落前弓步，左腿前蹬；同時右

圖 64

手拉鏟前撞，左手扶於右腕，目視前方。（圖63）

【動作要點】：左上步後，右腿擺腿裡合，左手攔擊後隨前落步向前撞鏟，鏟刃平放。

㉘ **書童上山**

重心前移，左腳前掌扒地後抬；同時左手從裡向左側擺掌。（圖64）

上動不停，重心前移，左腳向前落步，右腳前掌扒地後

圖65   圖66

抬；同時左掌裡擺於右
手側，目視前方。（圖
65）

【動作要點】：書
童上山一般走 4～6
步，行進後抬腿腳要扒
地後抬，左手要配合行
步內外擺掌。

圖67

㉙ 扶杖轉肩

右腳向前上步，腳尖內扣，上體左轉，兩手握鑔下把段
隨轉身、使外月鑔頭從後向右前平擺，目視右後方。（圖
66）

上動不停，上體右轉，左腳內扣，右腿前蹬，右腳尖外
展，右腿前弓；同時左手先向前拉鑔，右手順杆後滑，接著
隨轉肩，右手持上把段轉於右肩上，左手持下把段隨轉身前
推下月鑔，目視左前方。（圖67）

【動作要點】：此勢是一個左右轉肩掃鑔，掃鑔時兩手

圖 68

圖 69

要隨勢滑動，突出掃鏟。

㉚ 丹鳳朝陽

上體左轉，右手持鏟上舉，隨轉身過頭下落於胸前，兩手成抱鏟。（圖68）

上動不停，重心右移、左腳抬起向右腿右側插步、腳跟抬起；同時右

圖 70

手持鏟向右側平擺，鏟刃平放，左手鬆手後向左上方擺掌橫架，目視右後方。（圖69）

【動作要點】：右上舉鏟時左轉身，插步時右擺鏟。

㉛ 朝拜山門

身體左後轉體，右腳碾地內扣，左腳碾地外展，重心前移，左腿支撐，右腳跟抬起前蹬；同時右手持鏟向前上方擺鏟，然後隨轉體向前下繼續擺動。（圖70）

上動不停，右腳抬起向前上步，腳尖內扣。右腳尖外

圖 71

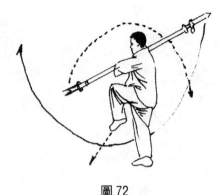

圖 72

展；同時兩手持鏟繼續向下，隨轉體從左後向上、向右擺鏟。（圖71）

上動不停，上體左轉，重心移於右腿成支撐腿，左腿屈膝前抬；同時兩手持鏟移於右肩上成扛鏟，右手握鏟中段，左手鬆手後於胸前立掌，目視前方。（圖72）

圖 73

【動作要點】：兩次轉身舞花、再提膝扛鏟。轉身舞花可連續做幾次後，再舞花轉身成提膝扛鏟。

㉜深山探路

重心前移，左腳向前落步；同時左手先握下把段，兩手使鏟向下、向前上擺撩。（圖73）

上動不停，右腳向前上步；同時兩手持鏟向後擺動，在繼續向左下落時，左手鬆手向前在右手前握鏟，右手下滑；

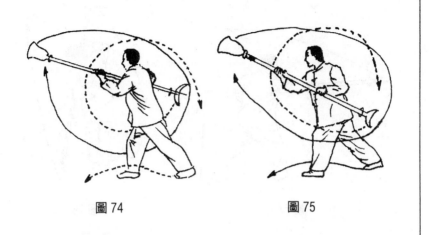

圖 74　　　　　　　　圖 75

兩手持鑔繼續向前攉
撩。（圖 74）

　　上動不停，左腳向
前上步，右攉撩鑔。
（圖 75）

　　上動不停，右腳向
前上步，左攉撩鑔。
（圖 76）

圖 76

　　【動作要點】：連
續上步左右攉撩鑔、鑔刃要立放，由下向斜上方弧形攉撩，
注意每次鑔向後落時換手，要掌握時機，不是撩鑔，是攉
撩。

　　㉝鐵鑔撞碑

　　重心前移，左腳向前上步成左弓步，右腿蹬伸；同時左
手從上把換握下拉鑔左推、鑔刃平放，右手向後屈肘拉鑔，
上把橫於右臂上，目視左前方。（圖 77）

圖 77　　　　　　　　　　圖 78

【動作要點】：左手換手時應貼杆下滑握下把段，直接轉臂前推，右手屈時鬆握。

㉞回馬轉峰

上體右轉、重心右移，右腳尖外展，右腿屈膝，左腳抬起收於右腳內側成丁步；同時右手拉鏟向右側下方點鏟，左手隨右轉向右握

圖 79

把，兩手持鏟點鏟時豎起，目視右下方。（圖 78）

【動作要點】：直接轉身成丁步右下栽鏟，鏟刃觸地。

㉟鷂鷹翻身

上體微左轉、頭擺向左側，左腳向左側上步；同時兩手持鏟上舉。（圖 79）

上動不停，上體繼續左轉，右腳向前上步，左腳提起；

同時重心右移，兩手持鏟
向前下落。（圖80）

上動不停，右腳蹬
地，騰空翻轉一周，落地
後成馬步；同時兩手持鏟
隨跳翻身繞立圓一周下
拍，目視右側方。（圖
81）

【動作要點】：右腳
落地就蹬，跳翻身落步成
馬步，兩手下拍時用力。

㊱ 烏雲蓋頂

重心前移，兩手持鏟
上托。（圖82）

上動不停，上體右
轉，左腳向前上步；同時
兩手持鏟隨左上步上舉雲
鏟下落。（圖83）

上動不停，身體右後
轉體，左腳跟碾地，右腳
抬起隨轉體向右前擺落成
右弓步，左腿蹬直；同時
右手持鏟隨轉體右轉平削
鏟，鏟刃平放，力在鏟
刃，左手鬆手後架頭的左
上方，目視右前方。（圖

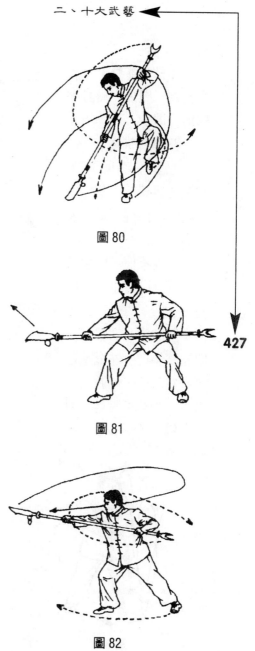

圖80

圖81

圖82

84）

【動作要點】：起身雲頂一周後，轉身平削鏟一周。

㊲ 轉身挑燈

上體左轉 90 度，右手持鏟轉前下落，左手右臂下握鏟下把段。（圖 85）

上動不停，兩手持鏟使外月鏟向上、向後、向下、向前方上挑；同時重心右移，右腿屈膝半蹲，左腳抬起擺於右腳前，屈膝成左虛步，腳前掌點地，目視右鏟。（圖 86）

圖 83

圖 84

圖 85

圖 86

圖 87　　　　　圖 88　　　　　圖 89

【動作要點】：先左擺握鏟，繞立
圓後再移左腳；右挑鏟要和左虛步一
致。

㊳ 謝步請示

右腳蹬地、左腳向後退一步；同時
兩手持鏟，左手上抬，右手轉腕下落，
使外月鏟落於右腿外側。（圖 87）

上動不停，右腳向後退一步；同時
兩手持鏟，左手向下，右手向後、向
上，使外月鏟立於體右側。（圖 88）

圖 90

上動不停，左腳向後退步，於右腳
成併步，左手鬆開後向左推掌，目視左側方。（圖 89）

收　式

右手持鏟，頭轉向正前方，左手落於左胯側，成立正姿
勢。（圖 90）

（十）大　刀

1. 器械構造

大刀的結構包括刀身和刀把兩大部分。刀身包括刀尖、刀刃、刀背、刀穗；刀把部分包括刀護手、刀把和把尖（攥），刀把又分上把、中把和下把。（見下圖）

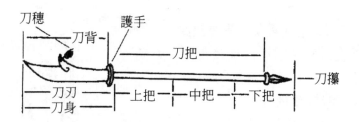

2. 基本動作

（1）斬　刀

雙手握把，刀刃朝左（右），右手握把向左（右）橫砍，力達刀刃。

（2）劈　刀

雙手握把，刀由上向下或斜下揮刀，力達刀刃。

（3）撩　刀

雙手握把，右腕外旋，由下向上畫弧，刀刃朝上。

（4）挑　刀

雙手握把，由下向上挑起。

（5）磕　刀

雙手握把，向左或向右短促用力，力在刃、背。

（6）刺　刀

雙手握把，刀刃朝下，向前直臂推刀，力在前刃。

（7）扎　刀

雙手握把，刀刃朝左，向前直臂推刀，力在前刃。

（8）砍　刀

雙手握把，向右下方或左下方斜劈。

（9）抹　刀

雙手握把，刀刃朝左（右），由前向左（右）弧形抹帶，力在刀刃。

（10）掛　刀

雙手握把，使刀背在體右下側畫一立圓。

（11）絞　刀

雙手握把，使刀在腰側畫一立圓。

（12）雲　刀

刀在胸部以上向左或向後平旋一周。

（13）舞花刀

刀貼近身體，刀刃始終朝外，左右掄立圓，力在刀刃。

（14）胸背花

刀隨身體的俯仰，使刀在胸背上連續雲轉，兩手交接清楚。

3. 風格特點

大刀在武術器械中屬長器械，在諸兵器中有「百兵之帥」之稱。大刀多以關公大刀套路為主，流傳較廣，民間贊

曰：「手使青龍偃月刀，虎牢關前逞英豪；左邊挎住銀邊月，轉身劈得鬼神嚎；翻扛倒海舞動暗，紫黑曹操獻紅袍；白馬坡前誅文丑，力殺軍卒是英豪；單刀赴會過江東，八路橋上斷曹操；刀斬蔡陽古城外，能保君王復漢朝。」

大刀主要是以斬、劈、撩、挑、砍、扎、抹、掛、絞、錯、圈刀等刀法以及舞花、胸背花所組成的套路練習。劈力、砍力是大刀的主要刀法，演練時右手要頂住刀盤，虎口對準刀背，無論是劈、砍、抹、截，還是挑、撩、圈、絞，虎口都要對準刀背，同時還要注意刀攥的運用，舞花時刀刃隨刀的運行方向。拳諺云「單刀看手，雙刀看走，大刀看頂手、虎頭鈎看扭」，就說明了各種器械有各種練法，各種要求，各種要領。

大刀的特點是：剛勁，沉穩，威猛豪放，雄偉潑辣，舒展大方。

4. 重點提要

大刀是古兵器中的主要兵器。一般來說，皆以關公大刀套路為主，但許多門派之中也有大刀套路。總之，動作名稱和使用方法大同小異，本套路介紹的主要是關公青龍偃月刀。主要動作由：關公理髯、踏蹬亮刀、立馬聽風、關公提刀過霸橋、化刀奪魂、偷步雲斬刀、盤營搗關、疾馬回斬、倒劈華山、遞酒挑袍、青龍翻身、青龍探水、刷刀回斬、背斬華雄、馬前誅將、嘯馬迎風、翻江倒海等動作組成。演練大刀時，右手要頂住刀盤，虎口對準刀背，這是前人根據刀術的性能，總結出來的「大刀看頂手」的經驗。同時還要注意刀攥的運用。練習大刀，動作要做得舒展大方、威猛豪

放、霸氣十足，才能體會出大刀的風格和特點。

5. 套路歌訣

　　　手持青龍郾月刀，理鬢擺掌逞英豪；
　　　踏蹬舉起銀邊月，立馬聽風盡逍遙；
　　　虎牢關前抖精神，信馬提刀過霸橋；
　　　躍身化刀奪人魂，回身偷步斬腰刀；
　　　青龍入水獨立勢，信馬提刀過霸橋；
　　　盤營搗關轉歇步，撥雲見日左右瞧；
　　　疾馬回斬拖地刀，十字舉刀架金橋；
　　　勒馬聽風登山勢，開陣舉旗刀先撩；
　　　倒劈華山前送劈，回身踏蹬先刷刀；
　　　遞酒挑袍探撩勢，轉身攬月懷中抱；
　　　青龍探頭轉身扎，化刀奪魂進身躍；
　　　青龍探水轉偷步，青龍翻身下劈刀；
　　　倒提青龍獨立站，墊步劈刀斷霸橋；
　　　化刀奪魂躍身進，獨騎攔關背提刀；
　　　青龍探水轉偷步，追身翻身三進刀；
　　　盤營搗關轉歇步，回身刷刀登山牢；
　　　踏陣奪魂連三進，速斬華雄背偷刀；
　　　馬前誅將先雲頂，坐盤望月回頭瞧；
　　　化刀奪魂連兩勢，倒捲竹簾臥斬刀；
　　　青龍入海先探爪，青龍翻身旋仆刀；
　　　迎看風雲勒嘯馬，翻扛倒海起狂潮；
　　　化刀奪魂隨身進，撥雲獻月攪掛撩；
　　　青龍歸海退絞刀，仙人指路收藏招；

若問此路名和姓，關公青龍郾月刀。

6. 套路圖解

（1）大刀譜

①手持青龍	⑰刷刀踏蹬	㉝背斬華雄
②理鬚擺掌	⑱遞酒挑袍	㉞馬前誅將
③踏蹬亮刀	⑲懷中抱月	㉟回頭望月
④立馬聽風	⑳青龍探頭	㊱化刀奪魂
⑤霸橋提刀	㉑化刀奪魂	㊲倒捲竹簾
⑥化刀奪魂	㉒青龍探水	㊳青龍探爪
⑦偷步雲斬	㉓青龍翻身	㊴青龍翻身
⑧青龍入水	㉔倒提青龍	㊵嘯馬迎風
⑨霸橋提刀	㉕霸橋斷流	㊶翻江倒海
⑩盤營搗關	㉖化刀奪魂	㊷化刀奪魂
⑪撥雲見日	㉗獨騎攔關	㊸撥雲獻月
⑫拖地回斬	㉘青龍探水	㊹青龍歸海
⑬橫架金橋	㉙青龍翻身	㊺仙人指路
⑭勒馬聽風	㉚盤營搗關	㊻謝步請示
⑮開陣舉旗	㉛刷刀登山	
⑯倒劈華山	㉜踏陣奪魂	

（2）套路圖解

預備勢

兩腳併攏，成立正姿勢，右手握刀杆上把段，刀刃朝左，屈肘立於右體側前面；左手自然下垂，貼於左胯側，頭

圖1

圖2

圖3

圖4

正、頸直，兩眼平視。（圖1）

①**手持靑龍**

　左腳向前上步，同時左手向後、向上舉掌，右手微提刀，使刀把尖提離地面。（圖2）

　上動不停，右腿向前上步、於左步成併步；同時左手向下按掌，右手持刀把尖觸地，頭左擺，目視左側方。（圖3）

　【**動作要點**】：右手持刀屈肘，手心向裡，使刀刃朝左握刀。

②**理鬢擺掌**

　左手轉腕向左側挑起，向上、向右、向下經右肩前落於胸前，掌心向上，目視左掌。（圖4）

　上動不停，左手向左側擺掌，至直臂時轉腕成推立掌，目視左側方。（圖5）

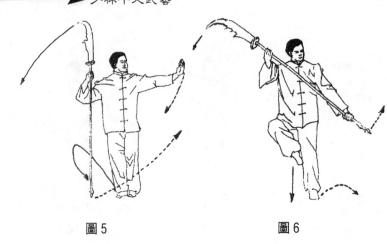

圖 5　　　　　　　　　　　圖 6

【動作要點】：左手是一個擺鬍鬚的動作，可以左擺時成仰掌，手心斜向上舉。

③踏蹬亮刀

右手微提刀離地面，左腿支撐，右腳先向右擺，然後再向左踢刀杆下把段，使刀把端向左上擺起；同時左手向下接握下把段，兩手持刀轉刀刃向上。（圖6）

上動不停，右腳向下落步震腳、右腿屈膝半蹲，左腳抬起向前上步成虛步；同時兩手持刀斜上舉刀，右高左低，目視左前方。（圖7）

【動作要點】：右震腳後，成虛步亮刀一致，同時上體微左轉。

④立馬聽風

重心前移，左腳落實，左

圖 7

圖 8   圖 9

腿支撐，右腳尖外展，右腿屈膝側抬；同時兩手持刀，左手右推、右手向左下推把，使刀頭由後向左前下落。（圖8）

上動不停，右腳向左上步震腳，左腳抬起向左前上步，屈膝成左弓步，右腿蹬直；同時左手鬆開前擺握拳屈肘，右手持刀後擺成左弓步背刀勢，刀刃朝上，目視左前方。（圖9）

437

【動作要點】：屈肘時要先向左前擺，掌心向下，再屈肘握拳。

⑤霸橋提刀

上體左轉，右手持刀隨轉體向前擺舉，左拳變掌向右腋下握刀下把段。（圖10）

上動不停，上體右轉，右手持刀直臂上舉，

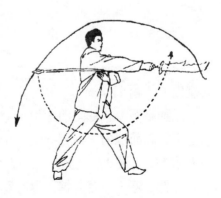

圖 10

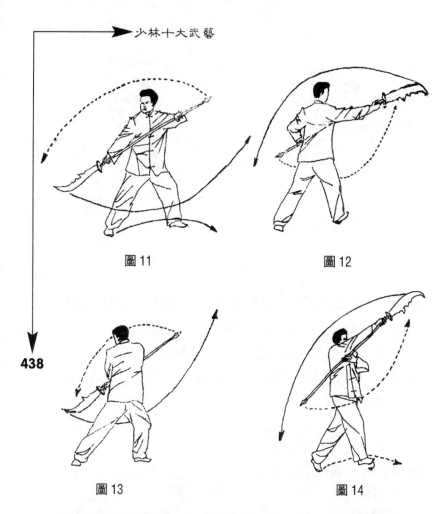

圖 11　　　　　　　　圖 12

圖 13　　　　　　　　圖 14

隨右轉體內轉腕使刀向右後下落，左手持下把段順勢向左屈肘擺提。（圖11）

　　上動不停，右腳向前上步，上體左轉；同時雙手持刀在右上步時向前撩刀，刀刃向上，左轉體時，再向左後擺落，刀刃朝下。（圖12、13）

　　上動不停，上體左轉，重心前移，左腳跟抬起；同時雙手持刀反臂向右上撩刀。（圖14）

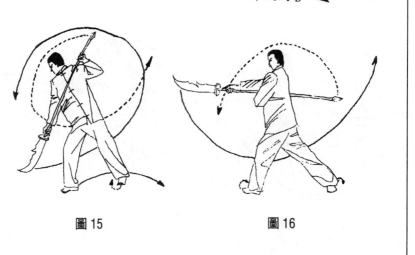

圖 15　　　　　　　　　　圖 16

439

　　上動不停，左腳向前上步、腳尖內扣，上體右轉，重心右移；同時雙手持刀隨上步右轉體向右下落刀。（圖15）

　　上動不停，上體繼續右轉、右腳向後落步；同時雙手持刀隨轉體退步向右後撩刀，接著轉腕向左、向前下落，刀刃朝下。（圖16）

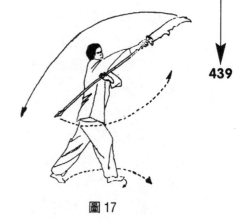

圖 17

　　上動不停，上體繼續右後轉身；同時雙手持刀，使刀刃繼續向下、向後，隨轉體向右上撩刀，刀刃朝上。（圖17）

　　【動作要點】：此勢圖示較多，原譜叫關公提刀過霸橋，主要以上步撩刀，轉身撩刀為主，整個動作要連貫，刀刃始終朝外，上步撩或轉身撩刀，刀都要走立圓。

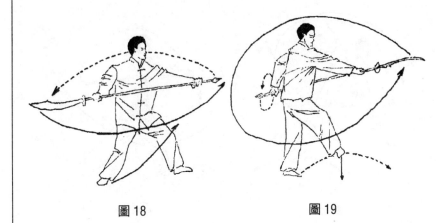

圖18　　　　　　　　　圖19

⑥ 化刀奪魂

上體右轉，左腳向前上步；同時雙手持刀繼續右後落擺。（圖18）

上動不停，重心前移，左腿支撐，右腳前抬、腳尖外展；同時雙手持刀前擺。（圖19）

上動不停，右腳向下震腳落步，左腳抬起向前上一步，屈膝成左弓步，右腿蹬

圖20

直；同時雙手持刀先向左前擺起，然後再向右、向後、向下、向左斬刀橫砍，刀刃朝左，刀達刀刃，目視刀頭。（圖20）

【動作要點】：向前震腳上步，雙手持刀先向前擺挑一立圓後，再向左橫砍，身械要協調。

圖 21

圖 22

⑦ 偷步雲斬

上體右轉,重心右移,右手轉刀刃向右,雙手持刀隨轉體向右平掃刀,然後上舉在頭上平旋一周。（圖 21）

上動不停,左腳抬起,經右腿後向右插步,前腳掌蹬地,腳跟抬起,右腿屈膝;同時左手向右後推把、右手持刀向右平斬,刀刃朝後,左手向左上擺掌,目視右側方。（圖22）

【動作要點】:此勢是轉身雲刀成叉步斬刀;右斬刀要和插步一致。

⑧ 青龍入水

重心右移,左腿支撐,右腿屈膝上抬;同時右手持刀向左平擺,左手在右腋上接握下把段,然後雙手持刀上舉向後、向前在頭上平旋一周後落於體前。（圖23）

上動不停,右腿向右前上步支撐,左腿屈膝前抬;同時雙手持刀向右前下刺刀,刀刃朝下,力在刀尖,目視右前下

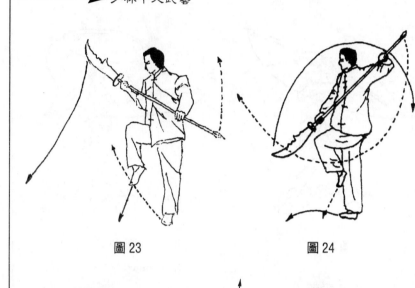

圖 23　　　　　　　　　圖 24

方。（圖24）

442

【動作要點】：向左
雲刀時，重心右移，右腳
可以直接向右橫上步，提
膝是個過渡動作，第二個
是右獨立左提膝，腳尖內
扣，上體要微右前傾。

⑨霸橋提刀

上體左轉，左腳向左

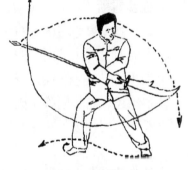

圖 25

落步；同時雙手持刀，轉腕使刀刃朝上、向上、向左、向下
擺動。（圖25）

　　上體繼續右轉，左腳向前上步；同時雙手持刀繼續向
右，隨轉體向右上撩刀，刀刃朝上。（圖26）

　　上動不停，右後轉體；雙手持刀向右後，隨轉本向右下
擺刀，刀刃朝後。（圖27）

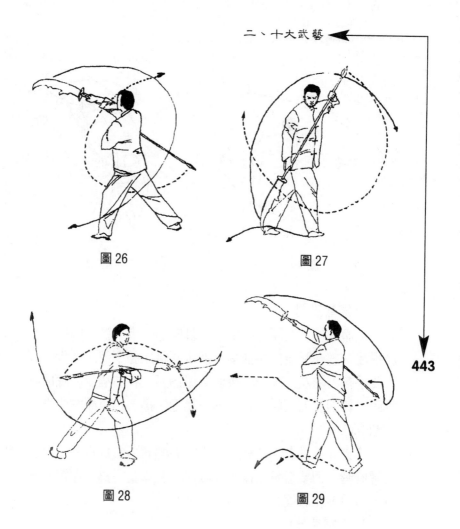

圖 26

圖 27

443

圖 28

圖 29

上動不停，右腳後退一步；雙手持刀繼續向後，轉刀刃朝上繼續向上、向前運行。（圖 28）

上動不停，身體繼續右後轉體；雙手持刀繼續向下、向後，隨轉體向右上撩刀，刀刃朝上，目視前方。（圖 29）

【動作要點】：此勢是關公提刀下霸橋，動作要領同上霸橋的動作要領一樣，只是一去一回，注意動作的連貫性。

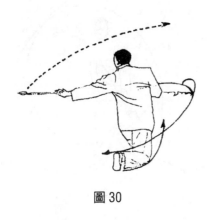

圖 30　　　　　　　　　圖 31

⑩ 盤營搗關

　　上體右轉，右腳尖外展，左腳向前上步，腳尖內扣，右腳提起，經左腿後向左插步，然後兩腿屈膝下蹲成歇步；同時雙手持刀隨左上步向右後側繼續擺刀，在右插步屈膝成歇步時，轉腕使刀刃朝上直接向左搗把（攥），目視左側方。（圖30）

　　【動作要點】：注意左上步，右轉體再右插步；左上步右轉體時，刀要盡量右擺，成歇步，要盡量左搗，左臂要伸直，右手要屈肘裡合。

⑪ 撥雲見日

　　兩腳蹬地起身，上體右轉，左腳尖內扣，左腿支撐，右腿屈膝上抬；同時雙手持刀轉腕使刀刃朝下，隨轉體向右下掛刀（圖31）。

　　上動不停，重心前右移，右腳向右斜前方落步成右弓步，左腿蹬直；同時持刀轉腕上舉、使刀在頭上方平旋一周落於左肩處再向右橫轉，刀刃朝外，目視右側方。（圖

圖 32

圖 33

445

32、33）

上動不停，重心左移，左腿支撐，右腿屈膝上抬，腳尖外展，同時上體左轉，雙手持刀向左雲刀後落於右側。（圖34）

上動不停，右腳向下落步震腳，左腳抬起向左斜前方落步成左弓步，右腿蹬直；同時雙手持刀向左斜方橫斬刀，刀刃朝外。（圖35）

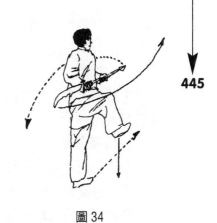

圖 34

【動作要點】：歇步搗把後，起身轉體上步，一個向右弓步雲撥刀，一個左轉震腳上步，向左弓步雲撥刀，兩次都是右、左斜上方。

⑫ 拖地回斬

身體右轉，左腳尖內扣，右腳尖外展，重心左移，左腿屈膝全蹲，右腿仆地伸直；同時雙手持刀轉腕使刀刃朝後，

圖 35　　　　　　　　　　　圖 36

在轉身仆步時用力後掃，刀身要平，刀刃朝右後，目視右側下方。（圖36）

【動作要點】：直接回身掃斬刀。

⑬ 橫架金橋

上體右轉，重心前移，左腳前蹬，右腿屈膝前弓成右弓步；同時雙手持刀轉腕同時向上舉架，刀刃朝上，目視前上方。（圖37）

圖 37

【動作要點】：重心前移，右轉，直接上舉成十字架刀。

⑭ 勒馬聽風

上體左轉，左腳抬起左前上步，腳尖外展，右腿屈膝上抬；同時雙手持刀向左、向下、向右背刀，左手鬆手後收於

胸前。（圖 38）

上動不停，右腳尖外展，向下震腳落步，左腳抬起向前上步，屈膝成左弓步，右腿前蹬；同時右手向後背刀，左手向左擺掌，再屈肘握拳橫擺架於體前，目視左前方。（圖 39）

【動作要點】：先左上步轉體從正面轉側面，先提膝背刀再震腳上步成右弓步背刀，擺掌時先下落再左上擺伸，再握拳屈肘。

圖 38

⑮開陣舉旗

右手持刀向左前抬，左手變掌右腋下握下把段；然後雙手持刀轉刀向上、向後、向下掄擺。（圖 40）

上動不停，右腳向左前上步，腳尖內扣，同時身體左轉，重心右移，右腿支撐，左腿屈膝上抬，腳尖內扣；同時雙手持刀由後向前，隨轉體向上舉刀，使刀豎於右體側，刀

圖 39

圖 40

圖 41

圖 42

刃朝左，目視左側方。（圖
41）

【動作要點】：在體右側
繞立圓上舉刀。

⑯ 倒劈華山

重心左移，左腳向前上
步，屈膝成左弓步，右腿蹬
直；同時雙手持刀用力前送劈
刀，左手握牢，右手用力順杆
下滑，目視前方。（圖 42）

圖 43

【動作要點】：借用左上步，重心左移之力，迅速劈
刀，劈刀時上體左轉，右手邊前送劈邊下滑手。

⑰ 刷刀踏蹬

左手握下把段後抽，右手順杆前移。（圖 43）

上動不停，身體右後轉，左腳碾地內扣、左腿支撐，右

圖 44

圖 45

腿屈膝抬起；同時雙手持刀轉刀刃朝後，隨右後轉體向後掛刀。（圖44）

上動不停，右腳向前下落步震腳，左腳向前上步，屈膝成左弓步，右腿蹬直；同時雙手持刀在體右側繞立圓後背刀，後背刀時，左手鬆開向前擺掌，然後屈肘握拳，目視左前方。（圖45）

【動作要點】：先順勢抽刀，右手頂握刀盤再轉身後掛刀，右繞立圓時震腳，左上步，右背刀時擺掌屈肘。

⑱遞酒挑袍

右手持刀前擺，左手右腋下接握刀的下把段，然後雙手持刀向上、向右後、向下繞立圓下落。（圖46）

上動不停，上體左轉，左腳尖外展，右腳向前上步，屈膝成右弓步，左腿蹬直；同時雙手持刀向前挑刀，刀刃朝上，目視前方。（圖47）

【動作要點】：向前挑刀時，左手握牢，右手順刀杆下滑，以雙手托住刀為度。

圖46

圖47

⑲懷中抱月

左手向左抽刀，右手前滑至刀盤處。

上動不停，身體向左後翻轉，左腳抬起隨翻體向左落步，兩腿屈膝成馬步；同時雙手持刀隨轉身上舉刀過頂，下落於胸前成抱刀勢，兩眼先隨刀目視胸前再轉視左側方。（圖48）

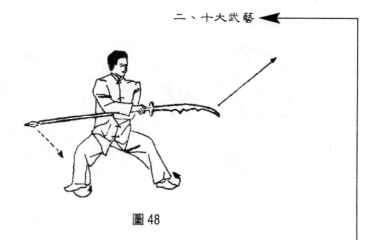

圖 48

【動作要點】：翻轉時，
兩手持刀上舉，身體先左轉後
仰，刀過體後再抬左腿左落，
屈膝成馬步抱刀，兩手轉體後
上下疊抱。

⑳ 青龍探頭

上體左轉，左腳尖外展，
右腳尖內扣，隨左轉右腿前
蹬；同時雙手握刀，刀刃朝
左，向前直臂前推扎刀，目視
前方。（圖 49）

圖 49

【動作要點】：直接轉身右手持刀前推。

㉑ 化刀奪魂

重心前移，左腿支撐，右腳向前抬起；同時雙手持刀向
上、向後、向下、再向前繞立圓，前擺至體左側。（圖 50）

上動不停，右腳向前下震落步，支撐，左腳抬起；同時
雙手持刀繼續向上、向後、向下擺刀。（圖 51）

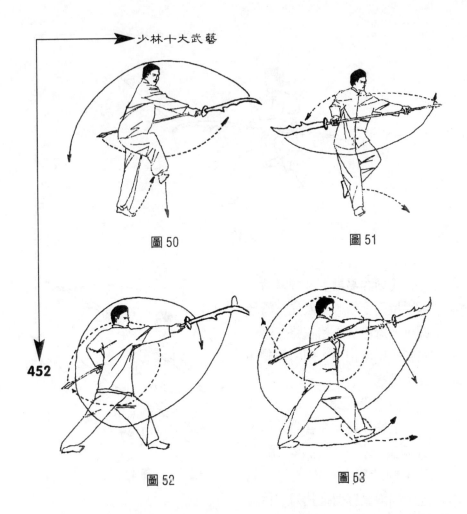

圖 50　　　　　　　　圖 51

452

圖 52　　　　　　　　圖 53

　　上動不停，左腳向前上步，屈膝成左弓步，右腿蹬直；同時雙手持刀向左前橫砍斬刀，目視前方。（圖52）

　　【動作要點】：雙手先繞立圓破開手後，再震腳向前挑刀，然後上步向左斬刀。

　　㉒青龍探水

　　雙手持刀，轉腕使刀刃朝下，向下、向後、向上、向前、向下立圓繞擺一圈。（圖53）

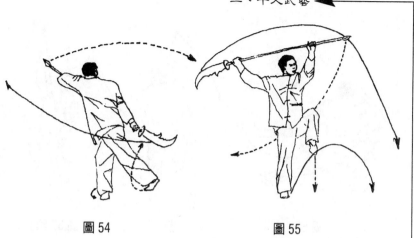

圖54   圖55

上動不停，上體左轉，右腳向前上步，腳尖內扣，隨轉體左腳抬起再經右腿後，向右插步；同時雙手持刀隨右上步使刀向下、向左擺刀，然後再隨左插步使刀轉腕向上、向右、向下成叉步點刀，目視右後方。（圖54）

【動作要點】：先右繞一個立圓，再轉身插步左繞立圓後點；刀運行路線右、左畫八字。

㉓ 青龍翻身

身體左後轉，右腳碾地內扣，右腿支撐，左腿上抬；同時雙手持刀隨轉體上舉，刀刃朝上。（圖55）

上動不停，右腳蹬地起跳前抬，同時與身體左轉，左腳、右腳依次落地，左腿屈膝全蹲，右腿仆地伸直；雙手持刀隨蹬轉下落時向右下劈刀，刀刃朝下，目視右側方。（圖56）

【動作要點】：翻身跳轉，騰空落地成仆步劈刀。

㉔ 倒提青龍

起身，重心右移，右腿支撐，左腿屈膝上抬；同時左手

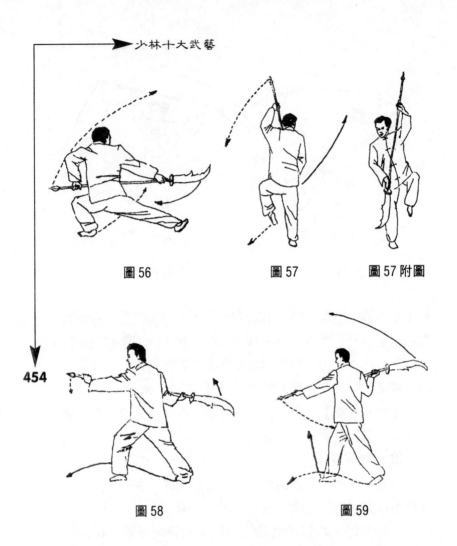

圖56　　　　　圖57　　　　圖57附圖

454

圖58　　　　　　　圖59

右上推移，右手左下落，使刀倒豎於體右側，刀刃朝左，目視刀身。（圖57）

【動作要點】：直接起身移重心成右獨立式倒提刀。

㉕霸橋斷流

左腳向左落步，雙手持刀使刀身向後落。（圖58）

上動不停，右腳向前上一步。（圖59）

上動不停，左腳向前上一步，同時右腿抬起；同時雙手持刀上舉。（圖60）

上動不停，左腳向前墊步，上體左轉，左腳屈膝全蹲，右腳前落，右腿平仆伸直；同時雙手持刀向左側下方劈刀，目視左側方。（圖61）

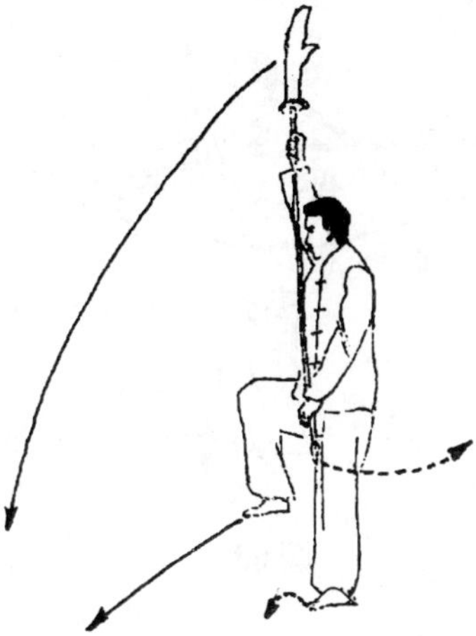

【動作要點】：連續上步，左腳接向前墊步成仆步下劈刀，仆步要和劈刀一致。

㉖ 化刀奪魂

身體立起，左轉，左腳尖外展，右腳內扣，左腿成弓步，右腿蹬直；同時雙手持刀轉腕，使刀平放，隨左轉向左前上擺挑。（圖62）

圖60

455

圖61   圖62

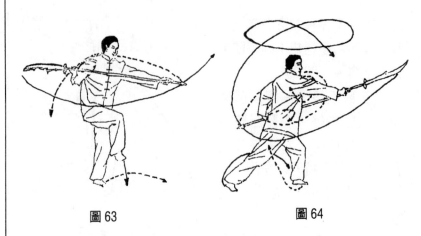

圖63　　　　　　　　　　圖64

上動不停，重心前移，左腿支
撐，右腿前抬；同時雙手持刀繼續向
上、向後、向下擺動。（圖63）

上動不停，右腿向下落步震腳，
左腳抬起前落，屈膝成左弓步，右腿
蹬直；同時雙手持刀向前橫砍，斬
刀，目視前方。（圖64）

【動作要點】：上步前挑擺刀，
震腳橫斬。

㉗ 獨騎攔關

圖65

身體右後轉180度，右腳隨轉體
右後擺落，獨立支撐，左腿屈膝上抬，腳尖內扣；同時雙手
持刀轉腕，使刀刃朝右，隨轉體向右後平掃、上舉，在頭上
繞立圓雲刀一周落於右側，右手持刀右平伸，左手在右手後
擺，右伸時鬆手，立掌左推，目視前方。（圖65）

【動作要點】：轉身掃刀，雲頂或獨立橫攔刀，左右臂

456

圖66   圖67

平伸。

㉘ 青龍探水

重心前移，左腳向前落步，腳尖外展，右腿蹬伸；同時右手持刀上舉，轉刀向前下落刀，刀刃朝下，左手向右腋下，握刀下把段。（圖66）

上動不停，右腳抬起向前上橫步，腳尖內扣，左腳抬起，經右腿後向右插步；同時雙手持刀向下、向左、向上、向右下繞立圓劈刀，目視右後方。（圖67）

【動作要點】：上步掄立圓成叉步劈點刀；刀刃掄轉時向外。

㉙ 青龍翻身

上體左後轉，重心右移，右腿支撐，左腿屈膝上抬；同時雙手持刀隨轉體右帶。（圖68）

上動不停，上體左轉，左腳尖外展向左橫上步，右腳尖內扣向前橫上步成馬步；同時雙手持刀隨上步向右側落刀。（圖69）

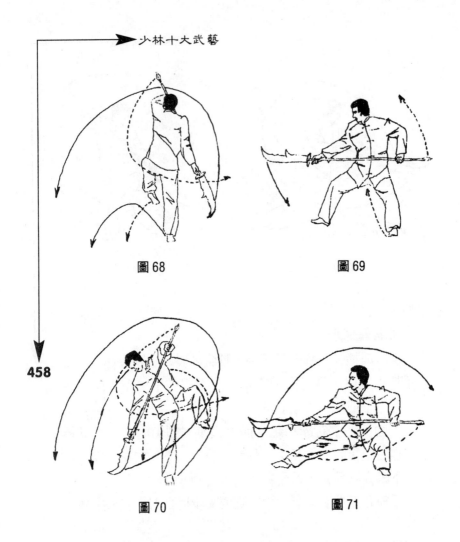

圖 68　　　　　　　　　　　圖 69

458

圖 70　　　　　　　　　　　圖 71

　　上動不停，重心右移，右腿支撐，左腿提膝；雙手持刀右下落。（圖 70）

　　上動不停，右腳蹬地左後跳轉身，左腳、右腳依次落地，左腿屈膝全蹲，右腳前伸，右腿仆步平伸；同時雙手持刀隨跳翻身成仆步劈刀，目視右側方。（圖 71）

　　【動作要點】：青龍翻身應連續三次跳翻身劈刀，前兩

次是落步成馬步劈刀，第三次是成仆步劈刀，演練時應做三次。

㉚ 盤營搗關

重心前移，右腿屈膝，左腿蹬伸；同時雙手持刀轉刀刃向上，使刀向上、向左、向下擺刀。（圖72）

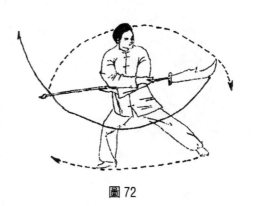

圖72

上動不停，上體右轉，右腳尖外展，左腳向前上步；同時雙手持刀繼續向下、向前、向右上方撩刀。（圖73）

上動不停，左腳尖內扣，右腳抬起，經左腕後向左插步，兩腿屈膝成歇步；同時雙手持刀繼續向右、向下，轉腕使刀刃朝上，雙手持刀向左搗把，目視左側方。（圖74）

【動作要點】：動作要領同第10勢。

459

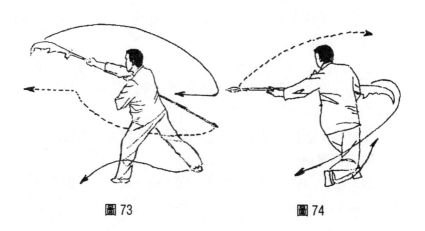

圖73　　　　　　　　　　圖74

圖 75

圖 76

㉛ 刷刀登山

左腳蹬地起身，右轉，左腿支撐，右腿抬起；同時雙手持刀轉腕隨右轉向後掛刀。（圖75）

上動不停，右腳向下震腳落步，左腳向前上步，屈膝成左弓步，右腿蹬直；同

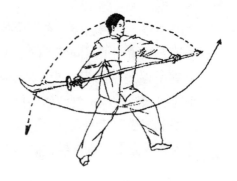

圖 77

時雙手持刀向上，轉腕向前、向下、向後繞立圓後背刀，在右手背時，左手鬆開左前擺掌，屈肘握拳，目視左前方。（圖76）

【動作要點】：轉身先掛刀，震腳上步繞立圓後背刀。

㉜ 踏陣奪魂

右手持刀向前、向上、向後、向下繞立圓，左手握下把段。（圖77）

上動不停，雙手持刀前擺。（圖78）

上動不停，重心前移，左腿支撐，右腿前抬，腳尖外展；雙手持刀向上、向後、向下擺刀。（圖79）

上動不停，右腳向前下震腳落步，左腳抬起向前上步，屈膝成左弓步，右腿蹬直；雙手持刀向左前橫砍斬刀，目視前方。（圖80）

【動作要點】：動作要領同「化刀奪魂」，但要連續前進步做三次。

㉝ 背斬華雄

左手握下把段向前推舉，右手握上把段向後直臂上舉。（圖81）

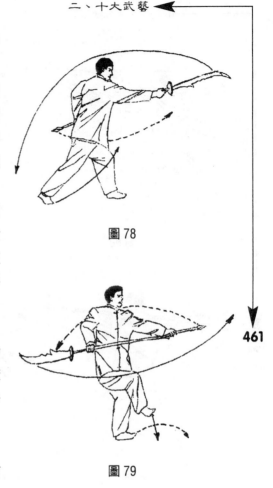

圖78

圖79

461

上動不停，上體左轉，左腳尖外展，右腳向右上步；同時左手屈肘，右手舉刀過頂落於胸前。（圖82）

上動不停，左腳經右腿後向右插步，上體左轉，前傾右轉；同時右手持刀，直臂後擺，刀刃朝後，左手鬆開，向左擺掌，然後屈肘，目視左後方。（圖83）

圖80

圖81

圖82

圖83

【動作要點】：背斬華雄要左前俯身，回頭右上看刀，右手單手持刀盡量反手上撩。

㉞馬前誅將

重心右移，左腳尖內扣，右腳抬起向右橫落步，兩腿屈膝成馬步；同時右手持刀左上雲頂刀，在右手擺至左側時，左手右伸握下把段，雲刀後，雙手持刀橫刀前斬，刀刃朝

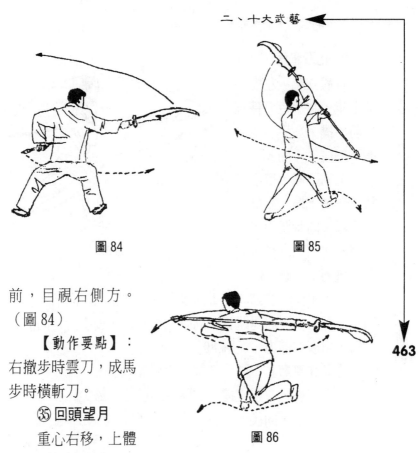

圖84

圖85

圖86

前，目視右側方。
（圖84）

【動作要點】：
右撤步時雲刀，成馬
步時橫斬刀。

③⑤回頭望月

重心右移，上體
右轉，左手前推，右
手上舉，使刀斜舉於體前。（圖85）

上動不停，上體左轉，右腳尖內扣，左腳抬起向後插
步，兩腿屈膝成歇步（或坐盤）；同時雙手持刀向下、向後
擺刀，左手在後背刀時前擺屈肘握拳，目視左前方。（圖
86）

【動作要點】：右背、直臂向斜上，上體左前傾，右轉
頭看刀。

㊱ 化刀奪魂

身體立起，左腳向前上步，右手持刀轉腕向前平擺，左手右腋下握下把段。（圖87）

上動不停，重心前移，左腿支撐，右腳向前抬起；同時雙手持刀繼續向左上、向後、向右下擺刀。（圖88）

圖87

上動不停，右腳向前下落步震腳，左腿抬起向前上步，屈膝成左弓步，右腿蹬直；同時上體右轉，雙手持刀向前平斬刀，目視右前方。（圖89）

【動作要點】：同第6式「化刀奪魂」。

重心前移，左腿支撐，右腿屈膝前抬，腳尖外展；同時雙手持刀向上、向後、向右下擺刀。（圖90）

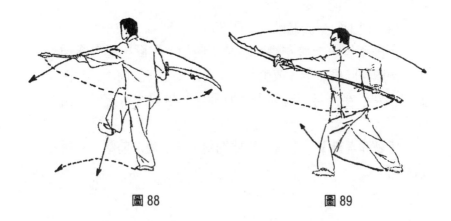

圖88　　　　　　　　圖89

圖 90

圖 91

上動不停，右腳向前下落步震腳，左腳向前上步，屈膝成左弓步，右腿蹬直；同時雙手持刀向前橫砍斬刀，目視前方。（圖 91）

【動作要點】：同第21式「化刀奪魂」。

㊲ 倒捲竹簾

身體右後轉，右腳碾地外展，左腳碾地內扣，從左

圖 92

465

弓步轉成右弓步；同時雙手持刀轉腕隨轉體向右後平掃，刀刃朝後。（圖 92）

上動不停，兩手持刀，使刀身向右上、向左、向前、向右繞平圓一周；不停，重心右移，右腳尖內扣，右腿支撐，上體前俯，右轉，左腳向後抬起；同時右手持刀向右平斬，左手鬆開向左上擺掌，目視右後方。（圖 93）

圖93

圖94

【動作要點】：右轉身掃刀時，重心要右移，上雲刀後，向右背刀時，左腿後抬成臥式平衡，右腳要內扣站穩，右後斬刀、左擺掌、左後抬腿要一致，整個動作要連貫。

㉘ 青龍探爪

上體左轉，左腳向左前落步；同時右手持刀轉腕使刀刃朝上，向上、向前下掄刀，左手右腋下握刀下把段。（圖94）

圖95

上動不停，上體繼續左轉，右腳向前上步，腳尖內扣，左腿抬起，經右腿後向右插步；同時雙手持刀在上步成叉步時在體前繞立圓下劈刀，目視右後方。（圖95）

【動作要點】：從平衡開始左上步時，右手單手轉腕使刀刃朝上，借轉體直接前下劈刀，接叉步繞立圓後劈刀，整

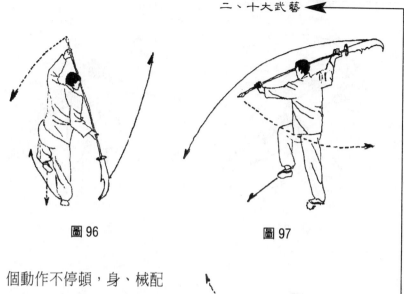

圖 96 　　　　　　圖 97

個動作不停頓，身、械配合要緊密。

㉟ 青龍翻身

身體左轉，重心移於右腿，左腿屈膝上抬；同時雙手持刀隨轉體拉刀。（圖 96）

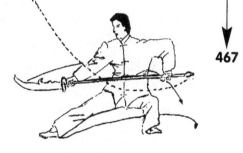

圖 98

上動不停，身體繼續左轉，左腳隨左轉下落，右腳抬起；同時雙手持刀上舉。（圖 97）

上動不停，左腳尖外展，左腿屈膝全蹲，右腳前伸，右腿平仆地；同時雙手持刀下砍，目視刀身。（圖 98）

【動作要點】：直接跳轉身成右仆步下劈刀；先要拉刀左轉，右移後再跳轉。

㊵ 嘯馬迎風

左腳蹬地起身，上體右轉，左腳尖內扣，右腳隨右轉體

圖 99

圖 100

468

向右後退一步；同時雙
手持刀隨轉體，轉腕使
刀身後擺，刀刃朝斜
上。（圖 99）

上動不停，重心移
於右腿成支撐腿，左腿
屈膝上抬，腳尖內扣；
同時雙手持刀繼續向
上、向左前、向下、向

圖 101

右後繞立圓後背刀，在右背刀時，左手鬆開，左前擺掌，然
後握拳屈肘，目視左前方。（圖 100）

【動作要點】：直接起身右轉撤步成右獨立提膝，刀直
接後擺體側繞立圓後背刀，刀刃朝後上。

㊶ 翻江倒海

上體左轉，左腳向前落步，右手持刀前擺，高於肩。
（圖 101）

圖102

圖103

上動不停，上體繼續左轉，左腳尖外展，蹬伸右腳向左腳前上步、腳尖內扣；同時右手持刀上舉在頭頂上方，轉腕平旋一周。（圖102）

上動不停，左手向上反手接刀，右手鬆開。（圖103）

圖104

上動不停，左手持刀體前轉腕旋轉一周後背；同時上體前俯，右手自然下落。（圖104）

上動不停，俯身左轉體，右腳尖內扣，左腳抬起向後插步，前腳掌著地；同時右手持刀左擺，左手鬆開。（圖105）

上動不停，重心左移，上體左轉、直起，同時右手持刀擺刀上舉。（圖106）

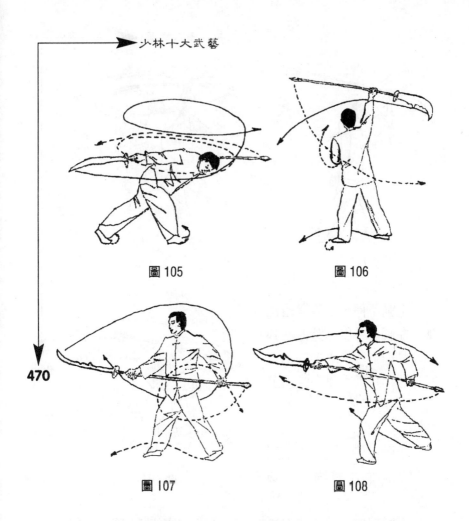

圖 105

圖 106

470

圖 107

圖 108

【動作要點】：本動作是一個胸前背花，刀要隨身體的轉、進、俯、仰，在胸前連續雲轉，兩手交接要清楚。

㉒ 化刀奪魂

上體左轉，左腳外展，右腳向前上步；同時右手持刀左擺，左手握刀把下段。（圖 107）

上動不停，左腳向前上步；同時雙手持刀向上、向右後、向下、向前繞立圓前擺，刀刃朝左。（圖 108）

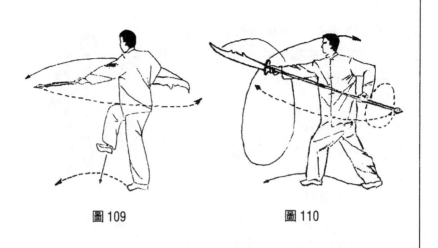

圖 109　　　　　　　圖 110

　　上動不停，重心前移、左腿
支撐，右腳前抬，腳尖外展；同
時雙手持刀後擺。（圖 109）
　　上動不停，右腳向下落步震
腳，左腳向前上步，屈膝成左弓
步，右腿蹬直；同時雙手持刀向
前橫砍斬刀，刀刃朝左，目視前
方。（圖 110）
　　【動作要點】：要領同前。

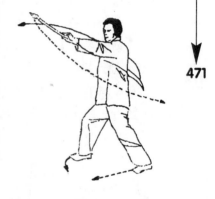

圖 111

㊸撥雲獻月
　　右腳向前上步，雙手持刀在體前繞立圓右擺；同時上體
右轉。（圖 111）
　　上動不停，上體左轉，右腳內扣，左腳擺於右腳前屈膝
成虛步；同時雙手持刀隨轉體向前橫砍，刀刃朝左、刀身高
於肩，目視前方。（圖 112）
　　【動作要點】：左上步時，雙手持刀在體前要圈刀繞立

圓右後擺刀，再隨轉體斬刀，在向右後擺刀時，左手持下把段左前上撩把尖（刀攬）。

圖112

㊹ 青龍歸海

右腿直立，左腳抬起向後落步；同時雙手持刀向後、向下擺刀。（圖113）

上動不停，右腳向後退步，與左步成併步；同時雙手持刀繼續向前、向上擺刀，使刀立於體右側。（圖114）

【動作要點】：退步絞刀。

472

㊺ 仙人指路

右手持刀，使刀刃朝左，左手鬆開向左挑掌、然後屈時回收再立掌推出，目視左側方。（圖115）

圖113

圖114

圖115

圖 116

㊻ 謝步請示

　頭轉視正前方，左手下落，手指自然貼於左胯側，成立正姿勢。（圖 116）

三、練習步驟、方法、要求及注意事項

>>>>>>>>>>>>>>>>>>>>>>>>>>>>>>>>>>>>>

1.練功步驟

十路少林器械是十種不同的器械，雖然各種器械有各種練法，但是，無論何種器械都有其特有的基本動作，一般來說在練習每一種器械前，都應習練相應的基本功、基本動作（包括組合動作）後再習練套路，在整個練習過程中還相應穿插一些有關的動作練習。

少林器械的基本功和基本動作練習，不是特有的基本功，而是建立在整個武術基本功上，武術基本功掌握得不好，步拳練得也肯定不到位，再加上器械就更難做好。因此說，習練器械，應拳為基礎，一般來說，步拳使得好，器械也能練好，拳練得一般，器械也好不到哪裡去。俗語云「未練兵器先練拳」和「拳為種」等，都說明了習練器械，拳是基礎。

關於武術基本功的練習步驟，在已出版的《十路少林鎮山拳》中已有敘述，在這裡不再單獨說明，但是作為基本動作和習練的順序，結合個人體會與大家權商，可作為參考。

（1）第一階段

為了給學習器械打好基礎，可以器械的基本動作為主。如學習刀術，先要習練纏頭裹腦；學習棍術，先要習練舞花、雲撥棍、劈棍等；學習鞭術，先要習練舞花，左右拐肘等……。也就是說，學習哪種器械，都需在學習套路前先把哪種器械的基本動作掌握，再習練套路時就容易得多了。

（2）第二階段

可結合著做器械的組合動作，或套路中有一定難度的動作，如刀術中的疊刀、背刀旋風腳，棍術中的行步撩棍接轉身批棍，鞭術中的十字披紅、左右纏脖等動作，要循序漸進，最好加一些輔助性練習，在基本動作方面，最好結合套路中的內容做一些組合練習。

475

（3）第三階段

主要放在難度動作上，如跌撲滾翻動作，或器械套路中有一定難度的動作。但有些動作並不一定要在基本功練習中去練，也可在學習套路期間，在學習前，把基本動作掌握好再學習，這樣一是有針對性，學什麼器械，就練哪種器械的基本動作；二是在學習套路中不至於停頓，學起來較為順手。

（4）第四階段

可開始學習套路，但在每次學習前，必須要先練完基本功或練幾路拳後再學習，主要是先要熱身，身體的各關節活

動開後，在學習新動作時，功架才能放得開、做得標準。

以上幾個階段，只是簡單介紹一下，基本上是以一種或幾種器械的練習步驟介紹的，在本書十路器械中，有長有短、有硬有軟，具體的練習步驟，一般應先從容易掌握的器械入手，武術界人士常說「未練長兵先習棍」和「年刀、月棍、久練的槍」等，這說明在習練長器械時，應先練習棍術，在掌握了棍術的基礎上，再學習其他長器械就容易得多了，再就是棍術容易學練，取械也容易。

對於短器械，可先學練刀術，有了刀的基礎學練其他短械也容易得多。雖然各種器械都各有風格和特點，但許多基本動作的要領都有其共性。在練習短械前也可以穿插一些較易掌握的套路或器械，如短棍、攔門厥等，都有其共性，俗語說「會了攔門厥，單刀不用學。」如學習九節鞭，可先用一軟繩，拴一個小沙袋練習，都有其事半功倍的效果。

2. 練功方法

在學習套路階段，練拳與練器械一樣，都要堅持重複練習法，使初學者有一個學習、提高、鞏固的機會，教授動作不宜過多，要因人而宜，要堅持在每次練習的基礎上，最後一段時間安排學習新的內容，每個套路學完後，要留有熟練和鞏固的時間，一般傳統的教練法多採用「定」、「盤」、「活」的練功步驟與方法，練拳與練器械都有相同之處。

(1) 定

「定」就是指初學者，在開始學習動作時，先要使動作定型，「先求開展，後求緊湊」，所採取的姿勢先往大裡

練，要力求架正，也就是外形上的動作規格，只有動作定了型，才不至於在以後的練習當中出現「滑、花」架子。

（2）盤

「盤」就是指練習者按套路內容，一勢接一勢地往下練，也就是通常說的盤架子，要堅持邊練邊整，邊整邊練的原則進行，在定勢的基礎上，力求將動作各個環節貫穿起來，手、眼、身、法、步、節奏表現出來，要逐漸加大動作的力度和速度。

（3）活

「活」就是指練習者要按照套路的要求，處理好整個套路的節奏和體力的分配，使全套的演練表現出動靜分明、快慢相間、剛柔相濟、抑揚頓挫，把本套路的風格、特點表現出來。

在「活」的過程中，不要先整套整套地往下拉，而要採用分段練習法，按套路本身趟或段的順序，一趟一趟地分段練習，待各趟符合要求後，再合起來整套練習；另一種方法就是對套路中的難點或薄弱環節先進行練習，然後再合起來拉整套，對完不成的動作，要由分段練習或重點練習來改進和提高。

十路少林器械學完後，要進行超套練習，在鞏固的基礎上提高，做到熟能生巧。另外，還要結合一些輔助性練習，有效地全面提高身體素質和技術水準。

練功方法一般採用重複練習法和綜合練習法，在以上練習步驟中已結合講過，不再重複。

3. 練功要求

練功要求包括四個方面的內容，即：練功前的準備工作；練功時間的安排；練功運動量的掌握；練功後的注意事項等。

（1）準備工作

少林拳、械同屬長拳類，動作大開大合，氣勢猛烈，在練功前一定要做到肺臟舒展、關節鬆開、血脈通暢，練前要先跑跑步，把腕、踝、胯、腰、頸等各個關節都要活動開再進行練習，防止運動創傷。

（2）時間安排

練功的時間最好安排在早晨和晚上兩個時間，早上空氣新鮮，環境安靜，如果運動負荷適度，一天精神感到充沛，早晨安排要以練為主，內容上的順序安排：準備活動、基本功、套路練習、功法練習、放鬆活動。

晚上時間練功能調劑和化解一天工作後的體力和腦力勞動後的疲勞，運動負荷不宜過大，時間不宜過長過晚，以不影響睡眠為度。

另外，練功時間還要因人、因時、因地制宜，甚至可化整為零，同樣有效。

（3）運動量的安排

練功的時間長短、遍數多少、架子高低、勁力大小、速度快慢都與運動負荷有關，掌握好運動負荷，對自身的調節

非常重要。一般來說，早晨練功，一天精力充沛，以下午不感到乏力為度。晚上練功後，以第二天醒後，身體不感到疲勞或酸痛為度，否則就是過量。因此，需根據自身的身體狀況，合理安排運動量，逐漸加大運動負荷。

4. 注意事項

練功後一定要注意調節、放鬆，不宜收勢後蹲下或坐下休息，而要保持練功狀態，緩步走幾分鐘，使生理機能從積極活動的狀態，慢慢緩和下來。特別是大運動量和大強度練習，血液循環加速，氣喘噓噓，不宜馬上收功，更不宜蹲下休息，正確的方法應是：收功後要保持練時狀態，兩手下按，慢步行走，氣沉丹田，鼻吸鼻呼，慢而均勻，達到心平氣和後，再恢復正常活動。

479

國家圖書館出版品預行編目資料

少林十大武藝／吳景川　主編
　　——初版，——臺北市，大展，2005〔民94〕
　　面；21公分，——（少林功夫；15）
　　ISBN 957-468-403-2（平裝）

1.武術—中國　2.兵器—中國
528.97　　　　　　　　　　　　　　94013115

少林十大武藝

ISBN 957-468-403-2

主　　編／吳景川
責任編輯／張清垣
發 行 人／蔡森明
出 版 者／大展出版社有限公司
社　　址／台北市北投區（石牌）致遠一路2段12巷1號
電　　話／（02）28236031・28236033・28233123
傳　　眞／（02）28272069
郵政劃撥／01669551
網　　址／www.dah-jaan.com.tw
E－mail／service@dah-jaan.com.tw
登 記 證／局版臺業字第2171號
承 印 者／高星印刷品行
裝　　訂／建鑫印刷裝訂有限公司
排 版 者／弘益電腦排版有限公司
授 權 者／北京體育大學出版社
初版1刷／2005年（民94年）9月

定　價／450元

推理文學經典巨著，中文版正式授權

名偵探明智小五郎與怪盜的挑戰與鬥智
名偵探柯南、金田一都讚嘆不已

日本推理小說鼻祖—江戶川亂步

1894年10月21日出生於日本三重縣名張〈現在的名張市〉。本名平井太郎。
就讀於早稻田大學時就曾經閱讀許多英、美的推理小說。
畢業之後曾經任職於貿易公司，也曾經擔任舊書商、新聞記者等各種工作。
1923年4月，在『新青年』中發表「二錢銅幣」。
筆名江戶川亂步是根據推理小說的始祖艾德嘉‧亞藍波而取的。
後來致力於創作許多推理小說。
1936年配合「少年俱樂部」的要求所寫的『怪盜二十面相』極受人歡迎，
陸續發表『少年偵探團』、『妖怪博士』共26集……等
適合少年、少女閱讀的作品。

1 ～ 3 集　定價300元　試閱特價189元